JN209451

離 島 研 究 VI

平岡昭利 監修

須山　聡・宮内久光・助重雄久 編著

東京都利島の集落（植村円香撮影）

海青社

は じ め に

　日本の地理学では島を対象とした研究が数多く蓄積されてきた。しかしそれらは農業地理学や漁業地理学、文化地理学、歴史地理学などの系統地理学の一環と位置づけられ、場合によっては研究者の「箸休め」的な研究とみなされてきた。そのため、研究事例は多岐にわたるにもかかわらず、「離島地理学」「島嶼地理学」といった対象地域の特性に注目した学問体系は構築されず、むしろ物好きで趣味的な研究と目されてきた趣がある。島の地理学は、農村地理学や都市地理学と比肩すべき地理学の一分野をなすに足りる。そこまで大風呂敷を広げずとも、せめて「人文地理」誌上の「学界展望」に、「都市」「農村」などと並んで「離島」という項目があってもよいのでは、と思っている。

　地理学分野における離島研究については、編者の宮内が『離島研究Ⅴ』で詳細にレビューしているが、その射程は人文地理学のほぼ全分野におよび、さらには地理学がなかなか口を出せずにいた政策や地域振興においても少なからず貢献している。とくに離島振興法の制定と運用には、山階芳正をはじめとする地理学者が深く関わってきた。

　監修の平岡昭利が中心となり、2004年の日本地理学会で「離島地域研究グループ」を設けて以来、島の研究はにわかに注目を浴びる存在となった。年2回の学術大会では、毎回研究グループの集会がもたれ、同研究グループ主催のシンポジウムもこれまで3回開催された。島に関する多彩な発表がなされ、ここで知己を得た研究者が共同して、いくつかの科研費も採択された。議論は常に和やかであり、互いの研究を肯定的に認め合い、励まし合う雰囲気がある。

　こうした研究の母胎から、『離島研究』シリーズが生まれた。『離島研究』Ⅰ～Ⅴまでは、平岡が編集を取り仕切ったが、本書では編者ら3人が原稿をとりまとめた。今回も各地の島のさまざまな様相を切り取る論文が12編寄せられた。

　本書は「島のかたち」「島のなりわい」「島のくらし」の3部からなる。

　第Ⅰ部を「島のかたち」としたのは、離島の一般的性格を描き出すことを意図したからである。収録された論文は、特定の島の事例研究の体裁を取っているが、日本の離島全体に通底する論点を扱っている。1章では須山が無人島の発生を取り上げ、それらが過疎の結果ではなく、むしろ政策的に作りだされたものであることを論じている。政治的産物としての無人島という考えは、離島のみならず、過疎地域全体にも共通する。2章で山元が論ずる宮古島の集落形成は、仲松弥秀以来の南島研究に一石を投ずる。南島論では集落を信仰と結びつけ、空間構造を理解しようとするが、山元はそれに加えて、地形や琉球王府の政策との関連で集落を論じている。3章の荒木論文は、山口県の周防大島を取り上げ、食料供給の面から離島の持続可能性を検討している。荒木が蓄積してきたフードシステム論を離島に適用し、近世末と現在の島の姿を対比すると、従来の離島観とは異なる島のかたちが見えてくる。

　第Ⅱ部「島のなりわい」は、「産業」いう単語では表現しづらい島の経済活動のあり方に焦点を当てた諸研究である。それは、単に自給的な第一次産業ばかりが離島の生業であるかのように語

られることに対する、筆者らの反論でもある。かといって、高度に観光化した島などというものもごく少数である。曖昧ながら懐の深い言葉をあえて選んだ理由はここにある。4章では淡野が愛媛県日振島の養殖業を取り上げ、その存立基盤を検討している。面白いのは、島で養殖に従事しているからといって、必ずしも島で暮らしている漁業者ばかりではないことであろう。島が「職場」化し、本土から島に「通勤」する者までいることは、島ならではの新しい動向である。植村による5章のツバキ実生産の論考は、労働とは何かを考えさせる。「遊び働き」とでもいうべき労働のあり方は、余暇や余生という言葉からはちょっとだけはみ出す。生きがいややりがいというのとも違う。6章では、宮内が沖縄県におけるコンビニエンスストアの立地と競合を論じている。全国展開するコンビニと、地場のコンビニがしのぎを削るありさまには目を見張らせるものがある。中條による7章の長崎県小値賀島の観光まちづくりについての論考は、島の住民が主導する観光化の事例である。住民の地道な取り組みとしたたかな戦略が、観光化には不可欠であることを、本論は雄弁に語っている。一方、助重は8章で、島外・本土資本主導でリゾート観光地化された沖縄県宮古諸島を取り上げ、急速な観光化が第一次産業やインフラに深刻な影響を与えていることを指摘している。

　第Ⅲ部は「島のくらし」とした。なにやらゆったりとした島の風が吹きそうなタイトルではあるが、島の風にはすべてを吹き飛ばす暴風もある。島のくらしは、優しくも厳しい。筒井は9章で東京都三宅島の祭礼を通じて、噴火による全島避難を経験した島の住民が、祭りを再興するありさまを描いた。祭りの意義も担い手も、その時どきの文脈に従って移り変わる。10～12章は、偶然ながらすべて鹿児島県奄美大島を対象としている。10章で高橋は、奄美大島に移住したIターン者について論じている。近年、各地の離島でIターン者が増加しているが、彼らが定住するには、その地域の論理を受け入れることが必要であることが示される。11章は、麻生による奄美大島のカトリック排撃の歴史に関する論考である。奄美大島における100年あまりのカトリック信仰の歴史は、無理解と理不尽にさらされた歴史でもあった。生々しい記述には戦慄を禁じ得ない。本書の掉尾を飾るのは、橋本の手になる12章、ハブについての論考である。物騒なヘビがすぐそばにいるのに、奄美大島の住民はハブを根絶やしにはしない。奄美の住民の自然環境に対する認識が垣間見える論考である。

　以上12編の論考は、いずれも刺激的な視点からの分析であり、重厚な内容をもっている。離島に関する研究が本書によっていっそう進展することを期待するとともに、読者諸賢が離島に対してさらに関心を深めていただければ、望外の幸せである。

　［付記］本書を2018年2月4日に逝去された古川春夫先生（元富山県立富山中部高等学校教諭、享年84歳）の墓前に捧げたい。古川先生は編著者3人の共通の恩師であり、とくに須山と宮内にとっては地理学を志すきっかけを与えてくださった方である。本書が先生への万分の一の恩返しとなることを念ずるとともに、ご冥福をお祈りしたい。先生、ありがとうございました。

2018年8月27日

須　山　　聡

離島研究 VI

目　次

研究対象の島の位置

周防大島
小値賀島
利島
三宅島
日振島
奄美大島
宮古島

［日本全図は森図房による］

I　島のかたち

移動販売車で賑わう愛媛県今治市岡村島の光景（須山　聡撮影）

1章　「究極の過疎」無人島の発生
──過疎化言説に翻弄された島じま──

Ⅰ　過疎化と島

1.　過疎化言説の生成

　国土縁辺地域において顕著に見られる人口減少に、「過疎」という語が用いられたのは、1960年代半ばであった。高度経済成長にともなう大都市圏への人口集中の鏡像として、山村や離島から、とくに若年人口が流出する現象が顕在化した。1962年に策定された全国総合開発計画が目標とした「地域間の均衡ある発展」という理念から、国土の現状が大きく乖離していることが、深刻な問題として捉えられた。1970年に過疎地域対策緊急措置法が制定されたことを契機に、過疎は都市の過密と対置されつつ、国土の不均衡発展を示す用語として概念化され、国民一般に理解された。

　1980年代には若年人口がいわば流出しつくしたことで、過疎化は小康を得たが、1990年代には死亡が出生を上回る人口の絶対減が発生した。いわゆる「新過疎」期の到来を背景に、過疎地域の実態とメカニズムを解明する研究が進んだ。その代表的な成果が大野晃の「限界集落論」である[1]。本来「限界集落」は、比較的ミクロスケールの地域における集落間格差を把握するための静態的な概念である。大野は集落を区分するために高齢人口率を用い、存続集落・準限界集落・限界集落・消滅集落を設定し、それぞれの生活環境や地域社会の機能を比較・分析する枠組みを提示した。しかし大野の限界集落論は、当時はとくに大きな社会的反響を呼ぶことなく看過された。

　2000年代において、限界集落論には新たな、そして大野が意図しない解釈が加えられ、独り歩きを始めた。1990年代の終末から2000年代の半ばにかけて「平成の大合併」が推し進められたことで、地方自治体の財政問題や地方の疲弊が、これまでとは異なる危機感を帯びて語られ始めた。その中で「限界集落」は、地方の危機を端的に表現する用語として流布された。

　2007年に国土交通省が発表した『国土形成計画策定のための集落の状況に関する現況把握調査』において、21世紀に入って全国で191の集落が消滅したとの報告がなされた。この報告書をきっかけに、限界集落論で示された消滅集落の語を、過疎地域における高齢化の終着点とする議論が、メディアや政治家の間で盛んに取り上げられた。「限界」や「消滅」という語のもつショッキングな響きが、多くの人びとに過疎問題の深刻さを印象づけた。

　世上におけるこうした議論には、大野からすれば不本意な無理解や誤解が含まれている。大野は限界集落論を将来予測として提示したのではなく、現状を分析する枠組みとして構築した。また、山村や過疎地域の将来を、いたずらに悲観的に捉える道具とされたことも、限界集落論に対する無理解に端を発する。大野の論考とは別の次元で、過疎化・高齢化→消滅集落という、きわめて単純な図式が形作られ、言説化されていった。

　日本の過疎政策は、常に「効率」や「合理性」に基づいて議論されてきた。すなわち、効率的な行政運営や産業振興にかなう人口分布を、政策的に誘導することが眼目とされた。そのため「選択と集中」が重要な戦略とされ、効率の悪いものや手間暇のかかるものを切り捨てることも厭わなかった。全国の過疎地域で現在も続く小中学校の統廃合や「平成の大合併」は、その最たるものである。「選択と集中」戦略は、住民の希望に必ずしも即してはおらず、時として居住継続の意志をくじくことすらあった。いわば「上から目線」が、日本の過疎政策にはつきまとう。

　「選択と集中」戦略は、2014年に日本創生会議人口減少問題検討分科会の報告書、いわゆる「増田レポート」で、何のためらいもなくその全貌を露わにした[2]。「増田レポート」は地方における「消滅自治体」の可能性を指摘し、国土縁辺地域における過疎化→地方消滅は、もはや不可避のコースであるかのように語られ始めた。

　「増田レポート」に対しては、農村社会学をはじめとする分野のフィールドワーカーや、地域振興に取り組む研究者らから激しい批判が浴びせられている[3]。また、限界集落論とは別に、集落の再編や拠点集落への機能の集中化といった、管理や効率を重視した研究が簇生した[4]。これらも、とどまることのない高齢化と過疎化に対する危機感から発した研究である[5]。

　過疎化→消滅集落という図式は、過疎地域や地方の実態観察と分析を欠いた、「上から目線」の言説である。日本全体が少子高齢化に起因する諸問題に直面する中で、過疎化言説もまた、この文脈に沿った問題の一つと認識された。そこに学問的な根拠として誤って据えられたのが限界集落論であり、それが政策提言の体裁をとったものが「増田レポート」である。これらは、いわば過疎化言説の象徴的な議論とみなされる。

2.　離島の過疎化に対する言説

　離島もまた山村と並んで過疎化の議論の対象とされてきた[6]。ただし、周囲を海に囲まれた離島の場合、集落の消滅は人が住まない島の発生に結びつく。離島の過疎化の行き着く先は、単なる無人化を通り過ぎ、「無人島化」にいたる。離島の過疎化の悲劇的イメージは、山村に層倍する。

　限界集落言説の延長線上で考えれば、離島の過疎には、過疎化→消滅集落→無人島化という、きわめてわかりやすい図式が描ける。これは過疎化言説の離島バージョンである「無人島化言説」と言えよう。陸路で到達可能な山村とは異なり、島の場合、いったん無人化すると、連絡船の運航が廃止され、到達自体がきわめて困難となる。無人島化言説にはこうした困難が織り込まれている。

　しかしそれでは、過疎化と高齢化の末に住む人がいなくなった島というのは、全国にいくつあるのだろうか？　本論の目的は、第二次世界大戦後日本において無人化した島を見いだし、離島の過疎の姿を客観的に評価する材料を得て、無人化島の発生プロセスを解明することである。目的を達成するために、離島地域の人口動態を概観した後、Ⅱでは無人化した島の計数方法を検討し、無人化した島を抽出する。その上で、無人化した契機を詳細に把握し、過疎以外の要因によるものを除外する。Ⅲでは抽出された島から顕著な例を3島取り上げ、無人化にいたるプロセスを検討する。それらの中から共通する要素を、位置的な特性と地域社会・行政の関わりに注目しつつ見いだし、島が無人化する条件を、住民の意志決定と行政の関与を中心に考察する。最終的に、無人島化言説が必ずしも実態を踏まえていないことを提示する。

　日本の離島地域における人口は、1955 年に 170 万 2514 人を数え、1960 年には 179 万 9182 人に達したが、1985 年には 122 万 2159 人に減少した[7]。1950 年代後半に離島の人口が極大値を示したのは、第二次世界大戦終結による復員者および海外からの引き揚げ者の帰還や、戦後の緊急開拓によるものであった。2011 年における離島関連 4 法指定の有人離島 305 島に[8]、2010 年国勢調査で居住が確認された 4 島を合わせた人口は 63 万 6811 人、法律指定外の 89 島の 41 万 2018 人を加えても 104 万 8829 人で[9]、1960 年以来、離島地域の人口は一貫して減少している。離島地域全体においては、自然動態・社会動態の両面において、出生より死亡、転入より転出が上回る絶対減が止まらない。多くの離島地域では、少子化と高齢化が同時に進行し、人口規模の縮小にともなって、学校の統廃合や医療施設の閉鎖など、行政サービスの後退が認められる。

　この半世紀で人口規模が 6 割弱にまで縮小してしまったこと自体、大きな問題と言わざるを得ないが、離島は規模を縮小しつつも、人間の居住空間として現在も機能し続けている。過疎化言説では、離島や山村の小規模な集落や自治体は、すぐにでも消滅するかのごとく語られてきた。過疎に関する懸念が人口に膾炙し、すでに半世紀が経過したが、居住地としての離島の空間的範囲は、言われているほど萎縮していない。

Ⅱ　無人化島の計量化

1．無人島に対する疑念

　過疎化言説では、過疎による人口減少の究極的な姿が、定住人口のない状態、すなわち廃村や無人化集落と考えられる。離島の場合は定住者がいない無人島の発生が、その最後の段階に想定される。かつて人間が居住していながら、現在は定住者がいなくなってしまった島を、人間が居住したことがない無人島とは区別するために、本論では「無人化島」と呼ぶことにしたい。

　それでは、無人化島は日本にいくつ存在するのであろうか？　大矢内は、1955 年以降に無人化した島が、全国に約 55 島あることを指摘し、無人化の要因を考察している[10]。それによれば、人口 100 人以上の比較的大規模な島では、①噴火などの天変地異、②移民・出稼ぎの送出、③石炭などの地下資源の枯渇または不採算、④石油備蓄基地など巨大プロジェクトの用地確保、⑤集落再編事業などの行政による働きかけ、が要因としてあげられた。さらにより小規模な島では、⑥用水不足、⑦港湾の不備、⑧艀荷役作業の困難化が指摘されている。これらの中には、災害や鉱山の閉山、石油備蓄基地など、過疎化とは関係のない要素が入りこんでいる。すなわち、無人島の発生は必ずしも過疎の帰結とはいえないのではないか、との疑念が生じる。

　同様の懐疑は、本土の過疎地域研究からも提起されている。前出の『国土形成計画策定のための集落の状況に関する現況把握調査』で指摘された 191 の消滅集落には、ダムや道路建設にともなう移転や、自然災害、および集落移転事業によるものが含まれ、過疎化や高齢化が行き着く先として出現した消滅集落は皆無であると指摘されている[11]。国土交通省のレポートは、無人化した集落を単純に集計した結果であり、高齢化や過疎化が無人化の直接要因とばかりは言えないことを隠蔽した言説である可能性がある[12]。離島が山村と同様のまなざしにさらされ、その「限界」を懸念され、過疎化の末に無人島が簇生するイメージが流布されているとすれば、それは客観的な観察と冷静な評価を経ていない無人島言説と言わざるを得ない。

2.　無人化島の計数と分類

　本論では、1945年以降居住者がいなくなった無人化島を対象とする。無人化島をカウントする基礎データは国勢調査であるが、国勢調査の基本的な集計単位は市区町村であり、島を集計単位としていない。離島の振興や相互交流を業務とする公益財団法人日本離島センターでは、国勢調査を島別に再集計した『離島統計年報』、および島のガイドブック『SHIMADAS』を刊行している。これらを資料とすることで、無人化島を見いだすことができる[13]。

　ここまでの議論から、無人化島であっても、それらが直ちに過疎化・高齢化の延長線上に位置づけられるわけではないことが明らかとなった。ことに面積が狭小な島の中には、居住可能な基本的条件を備えていないものも多い。『SHIMADAS』の記述を整理した結果、無人化島の発生要因として、過疎化以外に次のa〜eが得られた。

　　a.　戦後入植によって開拓された島

　　　戦後開拓は、海外からの引き揚げ・復員人口を吸収する手段として積極的に進められた。しかしそれらの多くは、水源が確保できなかったり、隔絶性が高かったため、高度経済成長期までに廃村化した。居住に必要な基本的条件を満たしていない島は、一時的に居住が試みられたとしても、安定的な人口の再生産と地域社会の形成にはいたらなかった。

　　b.　企業や個人が所有する島

　　　長崎県長崎市の端島（軍艦島）に代表される鉱山島や、採石のために開発された島は、資源が枯渇したり経済的価値を失うと、無人化することがある。このような島は企業の論理によって存立し、そもそも人間の居住に適した空間ではなかった。

　　c.　灯台や土地管理のための居住があった島

　　　灯台の維持のため、海上保安庁の職員、いわゆる灯台守が交替で勤務する島では、島の土地資源に依存しない非生業的な居住しかみられない。近世から藩主や大商人が別邸・庭園として所有していた、管理人のみが居住する島もまた、非生業的という意味では同様である。

　　d.　いわゆる困窮島

　　　瀬戸内海や五島列島には、生活に困窮した住民を一時的に避難させ、生活を再建させる「困窮島」があったとされる[14]。困窮島の役割については疑義が呈されているが[15]、一時的な居住があったことは間違いない。しかし、永続的な居住を前提とせず、独自の地域社会を形成することもなかった。

　　e.　極小規模島

　　　本土・主島に近接し、人口規模があまりにも小さい島は、生活基盤を本土や主島に依存する。これらの島は、土地所有・社会的関係の上からも、本土や主島に立地する集落の一部として存立する。このような島に居住者があっても、地域社会としては本土・主島の集落に属し、島が独立した地域社会を形成していたとは見なせない。

　これらの要件に該当する島は、人口動態の上では無人化していても、それが過疎によるものとは言えない。逆に言えば、無人化島から、a〜eに該当する島を除外し、残った島こそが、過疎化の果てに無人化した島と見なすことができる。こうした無人化島は、無人島化言説のイメージにも符合する。本論ではこのような無人化島を、「過疎―無人化島」と呼称する。

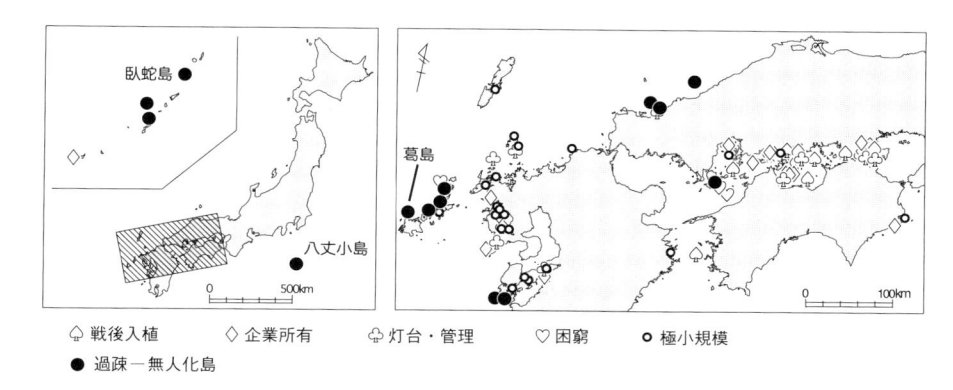

図 1-1　第 2 次世界大戦後無人化した島の分布
（『SHIMADAS』および『離島統計年報』より作成）

3. 過疎 ─ 無人化島の検出

　前項で設定した手続きに従って、過疎 ─ 無人化島の抽出を試みる。まず 1945 年以降、居住者がいなくなった島を、主に『SHIMADAS』の記述を根拠に抽出した。**図 1-1** に示したとおり、それらの総数は 78 島にのぼった。2010 年国勢調査に基づく日本離島センターの推計では、本州・北海道・四国・九州・沖縄島をのぞいた日本の有人島は 305、これに法律指定外の 89 島を加えても 394 島であるから、78 島はその約 2 割に相当する。この数字だけを見ると、日本の離島では戦後確実に無人化が進行してきたとみなされそうである。

　しかし 78 島のうち、前節に示した、a 戦後入植島は 14、b 企業・個人所有島は 15、c 灯台・土地管理島は 9、d 困窮島は 3、e 極小規模島は 22、合計 63 島を数える。それぞれの条件を備えた島の分布には特徴がある。戦後入植島は、瀬戸内海中部に分布する本土や主島に近接した島を主体とする。企業・個人所有島は地下資源の分布に規定され、炭鉱が開発された長崎県西彼地域と、花崗岩の採石業が発展した瀬戸内海中部に分布する。一方、極小規模島は、長崎県西彼地域と天草諸島の沿岸部に集中する。戦後入植島と極小規模島はともに本土・主島へ近接するが、戦後入植島が瀬戸内海、極小規模島が九州北部で顕著に観察される点は興味深い。

　無人化島の発生年代は、1960・70 年代に集中する（**図 1-2**）。この時期には、島と本土・主島を結ぶ航路、および島内の道路や電力・水道などのインフラストラクチュアが依然として整備途上であった。連絡船が接岸できる岸壁を持たない島では、島外からの物資搬入を若・壮年男性を主体とする艀荷役に依存せざるを得なかった。電力や水道といったライフラインの整備も、とくに隔絶性の高い離島では十分とはいえず、生活環境の未整備が人口の流出につながった。

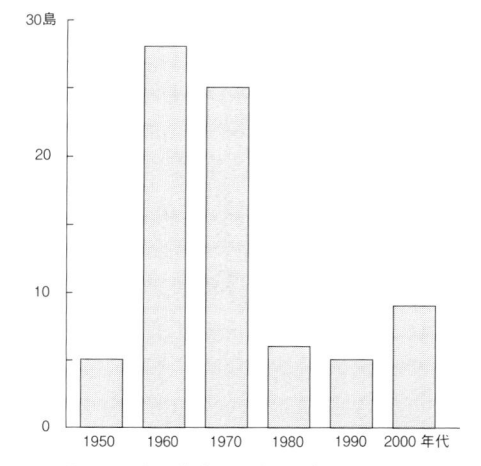

図 1-2　無人化島の発生年代（1950 年以降）
（『SHIMADAS』および『離島統計年報』より作成）

　しかし、インフラストラクチュア整備が進展した1980年代以降では、それぞれの10年間に無人化した島の数は10を下回った。このことは、インフラストラクチュア整備には、島の無人化を抑止する効果がある程度あったことを示す。

　a～eに該当する63島を除外すると、残りはわずか15島となる。この15島が、過疎化を主な契機として無人化した島、すなわち過疎―無人化島である。前述の78島は瀬戸内海と九州北部に集中しているが、過疎―無人化島に限ると、瀬戸内海には1島あるのみで、伊豆諸島・山陰西部・五島列島・南西諸島・天草諸島に分布する（図1-1）。

　表1-1に、過疎―無人化島15島の一覧を示した。沖縄県久米島町の硫黄鳥島は、火山活動の活発化により居住継続が困難となり、1959年に住民全員が集団離島した島である。島根県益田市の高島でも、1975年の集団離島の契機は、1972年の集中豪雨であった。両島の無人化は過疎化・高齢化とは異なる要因による。

　15の過疎―無人化島のうち、長崎県新上五島町の荒島をのぞく14島は、小学校またはその分校・分教場を有していた。学校の存在は、一定の人口規模とその再生産機能が島にあったことを示す。逆に言えば、小中学校の廃校は、無人島化の大きな契機となりうる。このような地域社会の解体こそが、過疎問題の重要な論点であろう。

　過疎―無人化島として抽出された15島のうち12島までが、最終的に集団離島により居住の歴史に終止符を打った。集団離島にいたる経緯では、硫黄鳥島や高島のような自然災害、長崎県五島市の姫島、および新上五島町の荒島にみるブラジル移民もあったが、多くの島では行政からの勧奨があった。行政側では、離島した住民のための住居整備や就業の斡旋を行った。集団離島した島には、人口100人前後のものもあり、比較的余力のある段階で離島を実行したことがうかがえる。

　過疎―無人化島15島のうち、集団離島によらずに無人化した島は、山口県周防大島町の立島、長崎県小値賀町の藪路木島、および沖縄県伊是名村の具志川島のみである。過疎化が極度に進行

表1-1　戦後発生した過疎―無人化島

島　名	島嶼群	都　県	市町村	本土・主島からの距離(km)	面積(km²)	離島時の状況				小学校	備　考
						離島年	人口	世帯数	集団離島		
戸島	天草諸島	熊本県	牛深市	1.1	0.5	1958			○	○	
硫黄鳥島		沖縄県	久米島町	65.0	2.5	1959			○	○	火山噴火
荒島	五島列島	長崎県	新上五島町	0.1	0.2	1959	12		○		ブラジル移民
姫島	五島列島	長崎県	五島市	2.4	0.5	1965	38	7	○	○	ブラジル移民
八丈小島	伊豆諸島	東京都	八丈町	4.8	3.1	1969	91	21	○	○	
臥蛇島	トカラ列島	鹿児島県	十島村	36.0	4.1	1970	16	4	○	○	
具志川島		沖縄県	伊是名村	2.2	0.5	1970				○	明治期に入植
折島	五島列島	長崎県	新上五島町	0.9	0.3	1971			○	○	
羽島		山口県	萩市	1.7	0.3	1971	44	8	○	○	
藪路木島	五島列島	長崎県	小値賀町	2.2	0.5	1972				○	
葛島	五島列島	長崎県	五島市	1.6	0.5	1973	122	23	○	○	過疎対策事業
尾島		山口県	萩市	8.8	0.2	1973	19	7	○	○	
大島	天草諸島	熊本県	牛深市	2.3	0.5	1974	100	31	○	○	
高島		島根県	益田市	12.0	0.4	1975	26	11	○	○	集中豪雨
立島	周防大島諸島	山口県	周防大島町	2.8	0.2	1985	1			○	

（『SHIMADAS』および『離島統計年報』より作成）

した結果居住者がいなくなった、いわば「人口消滅島」とでも呼ぶべき島は、過疎－無人化島のなかでも、この3島のみである。現在までのところ、多くの人びとが認識するような無人島化は、日本の離島において一般的な現象ではない。

Ⅲ　過疎－無人化島の発生要因

　前節の分析から、過疎の結果としての過疎－無人化島、すなわち人口消滅島は、むしろ例外的な存在であることが判明した。過疎－無人化島の多くは、行政の勧奨による集団離島の結果発生していた。そこで本節では、個別の過疎－無人化島を取り上げ、無人化にいたるプロセスを検討し、それらに共通する要素を抽出する。事例とする島は、東京都八丈町の八丈小島、鹿児島県十島村の臥蛇島（がじゃ）、および長崎県五島市の葛島（かずら）である。

1．過疎－無人化島の事例
（1）八丈小島

　八丈小島は東京都伊豆諸島の八丈島の西4.8kmに位置する。全島が標高616.8mの太平山の急峻な斜面からなり、居住や耕作に適した平野はない。島の全周の海岸線は崖であり、船が接岸できる場所もない（**写真1-1**）。八丈小島には、1947年の地方自治法施行まで名主制が残存した。島内には鳥打村と宇津木村の2村があり、人口わずか50人にすぎなかった宇津木村は、村議会ではなく有権者が村政に関する議決権をもつ直接民主制が施行された、日本唯一の自治体でもあった[16]。

　漁港整備がなされなかったため、テングサ採取以外の漁業は不振で、自給的な麦・イモ作に商品作物としてツバキと桑の栽培、牛の繁殖とわずかな酪農がなされた[17]。しかし戦後の島の生活を支えたものは、失業対策としての公共工事であった。

　八丈島西岸の八重根港との間には連絡船が月4回往復したが、島内の水源は天水で、各家にはコンクリート製の天水桝が設置されていた。また学校に設置されたディーゼル発電機による時間給電がなされていたようである[18]。

　『八丈町勢要覧 2013』をもとに、八丈小島の無人化の経緯を検討しよう（**表1-2**）。八丈小島のインフラストラクチュアは、失業対策事業の一環として整備途上にはあったが、天水に依存し、荒天時には八丈島との交通が途絶する生活は、依然として厳しかった。1966年には八丈小島の住民の総意として、離島に対する支援を八丈町に仰ぐ請願が提出された。同年7月には小島引き揚げ対策協議会が八丈町議会に設置され、集団離島が具体化した。1968年10月には土地買収や代替地についての協議がまとまり、1969年6月の小中学校廃校をもって、八丈小島は無人化した。集団離島時の人口は、鳥打が15戸60人、宇津木が9戸31人であった。

写真1-1　八丈小島

表 1-2 　八丈小島・臥蛇島・葛島における集団離島にいたる過程

年	月	八丈小島	臥蛇島	葛 　島
1952	2 5		十島村が中之島への引き上げを提案。 住民が県知事に対して移転反対を表明。	
1960			島ぐるみ修学旅行。	
1964			全国離島審議会小委員会の「小島の 大島への移住」意見書提出。	
1966	3 7	住民全員の離島を決定、町議会に 「移住促進、助成に関する請願書」 を提出。 町議会が小島引き揚げ対策協議会 を設置。		
1967	9	都に対して「八丈小島住民の全員離 島の実施に伴う八丈町に対する援 助」を陳情。		
1968	8 10	 土地買収価格などについての協議 成立。	第3次離島特別振興事業計画策定の ため、県調査団が来訪。中之島への移 転を提案。	
1969	1 6 12	離島開始。 小中学校廃校。全員離島。	 「離島対策による助成方の嘆願書」を 村に提出。	
1970	1 3 4 7		十島村「離島計画書」を策定。 村議会で離島計画を公表。 集団移住。	 過疎地域対策緊急措置法公布。
1971	3 6 9		住民の全員移転希望を確認。 過疎対策事業(葛島集落再編成事業) 起債計画書を策定。 町議会に過疎集落再編成対策特別委 員会設置。	
1972	3 10			移転先造成工事竣工。 跡地買上問題決着。
1973	3			分校閉校。葛島教会最後のミサ。全 員離島。

(『SHIMADAS』・『八丈町町勢要覧 2013』・皆村 (2006)・南日本新聞 (1981)・『葛島集落整備事業概要』より作成)

　八丈小島の場合、全員離島の希望が島の住民からなされ、町議会および行政がそれを支援し
た。また、島全体では最後の離島時で 91 人の人口があり、人口が極端に減少してから離島を決
断したのではないことがわかる。2 つの集落にはそれぞれ小中学校があり、電力供給もなされて
いた。八丈小島には生活基盤が決定的に欠如し、基本的な生活が維持できなかったのではない。
地域社会に、まだ住民の意志をまとめるだけの余力がある段階での集団離島であった。

(2) 臥蛇島

　鹿児島県十島村の臥蛇島は、九州の南に延びるトカラ列島の中央に位置する。島内のほぼ全
域が傾斜地で、海岸線のほとんどは断崖である。集落は海岸から約 200 段の、幅 1 m にも満たな
い石段を上った、標高 60 〜 80 m の平坦面に立地していた (図 1-3)。明治から昭和初期にかけて
はカツオ漁とかつお節製造を主産業とし、焼畑での自給的な麦・イモ作を組み合わせていた。島
内には強固な村落共同体が形成され、「与えの一丁」と呼ばれる厳格な相互扶助・共同分配制度
が守られていた。島の人口は戦前期に 100 人を越えたが、カツオ漁獲量の減少と農業基盤の脆弱
性、および度重なる台風被害とネズミの食害により、出稼者や転出者が増加し、過疎化が進行

した。1960年代には、営農意欲が高い青年層が中心となり、従来からあった牛の放牧を拡大し、一時は90頭近くにまで増やしたが、価格の低迷と労働力不足のため、軌道に乗ることはなかった。鹿児島と十島村の各島をつなぐ連絡船「十島丸」は、月4回寄港したが、台風時や冬季には荷役作業ができず、欠航や「抜港」が多かった。

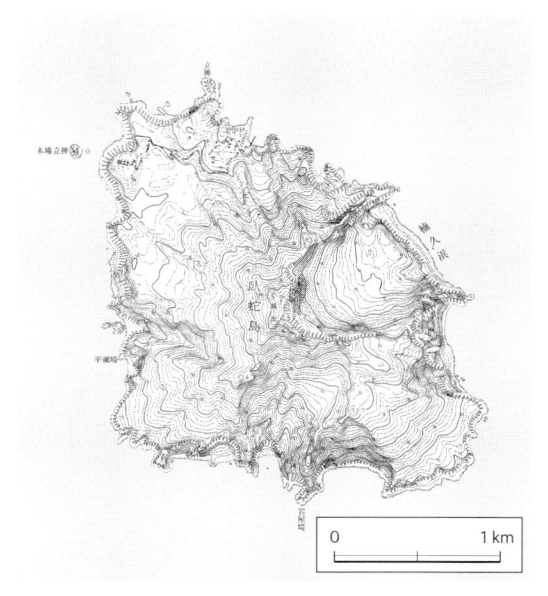

図1-3　臥蛇島の地形図
(国土地理院発行2万5千分1地形図「臥蛇島」(1970年測量))

　台風被害をきっかけに、臥蛇島には移住計画が再三持ちかけられた(**表1-2**)。1952年と1968年の2回、十島村は臥蛇島の住民に対し、約30km東に位置する中之島への移住を提案した。1968年の移住案の背景には、1964年の全国離島審議会小委員会の意見書として「小島の大島への移住」が提出されたことがある[19]。これは、より大規模な離島への移住を促進しようとする提案であった[20]。この提案に沿って、十島村では村内の小規模離島からの移住を進め、人口を集約しようとしていたと考えられる。住民はいずれの案にも反対し、島の存続を行政に願い出た。

　集団離島の機運を醸成するきっかけに、1965年に小中学生とその母親らが参加した、東京への「島ぐるみ修学旅行」があげられる。この旅行で本土の教育を目の当たりにした母親たちは、子どもの教育と将来を考え、離島に大きく傾いた[21]。1968年の中之島移住案の議論でも、男性は島の土地家屋や墓の継承に固執し、居住継続を主張したが、女性らからは中之島を飛び越えて本土での生活を希望する声が上がった。

　1969年に世帯数が8世帯に減少した段階で、住民は居住存続を断念した。とくに島の指導者と目されていた人物が移住したことで、住民は居住継続が不可能となったことを悟った。十島村は1970年1月に「臥蛇島移住計画書」を策定した。移転に際しては1世帯当たり130万円の見舞金が支給されたほか、土地家屋や農地・立木の処分代金が支払われた。しかしながら、移住先を行政が用意することはなく、住民らは家族や親戚を頼って本土各地に離散した。

　集団離島が最終的に決まった1970年5月の段階で、残った住民は4世帯16人のみで、艀荷役に従事できる男性はわずか3人、十島丸の乗組員も荷役を手伝わなければならず、臥蛇島はもはや形式的にも実質的にも、存続することが不可能であった。

(3) 葛島

　葛島は長崎県五島列島の奈留島から1.6kmに位置する。離島では全国初の過疎集落再編事業により、1973年3月に24世帯が、奈留島の樫木山に集団移転した(**図1-4**)。葛島の住民は1797(寛政9)年に入植した五島藩のキリシタンを先祖とし、1873(明治6)年以降カトリックに改宗した[22]。五島列島でキリシタンが入植した地域は概して生産力が低く、たびたび飢饉や風水害に見舞われ、そのたびに人口減少と再入植を繰り返した。

　葛島は奈留島に近接してはいるものの、居住に適した平地が少なく、水田はまったくなかっ

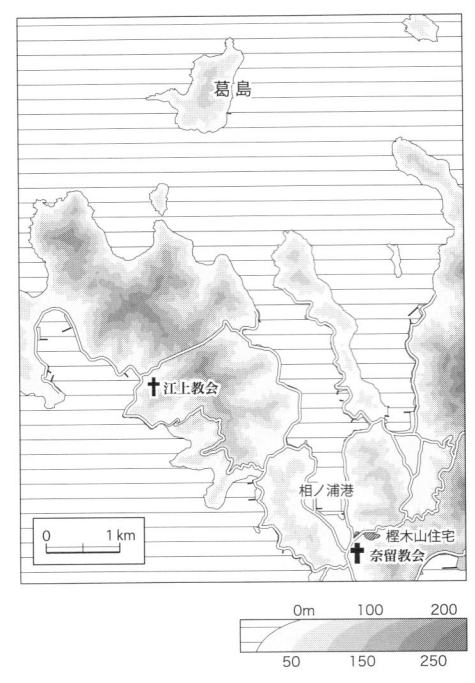

図1-4　葛島と樫木山住宅の位置

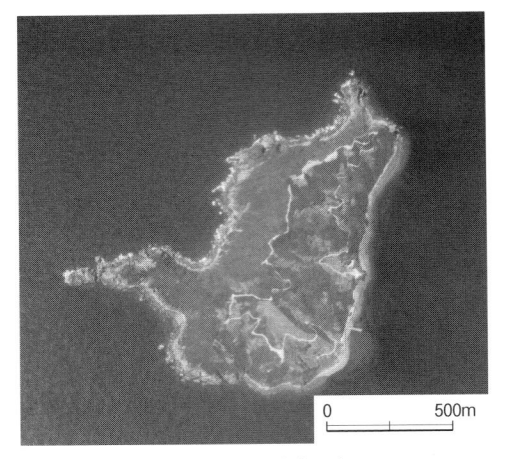

写真1-2　葛島の空中写真
（1976年、KU765X-C15-4）

写真1-3　葛島と奈留島を結んだ連絡船「葛島丸」
（『葛島集落整備事業概要』より引用）

た。1976年撮影の空中写真によると、島の南東側斜面は尾根線付近まで段畑が造成されていた（**写真1-2**）。生業の基盤は漁業で、小規模な一本釣りか、中通島の奈良尾（新上五島町）を根拠地とする旋網漁船の乗組員として雇用された。島には小学校分校と教会があり、奈留島の相ノ浦港との間に、スクールボートを兼ねた連絡船「葛島丸」が1日2便就航していた（**写真1-3**）。中学生はこの連絡船で奈留島の中学校に通学した。島内に水源はあったものの、自家発電設備が設置されたのは1966年で、後に海底ケーブルによる送電に切り替わった。

　葛島では1960年代後半には分校の老朽化と、接岸設備整備の費用負担が顕在化した。一方で、早い段階で離島し、本土で生活している元住民が、比較的安定した生活基盤を形成していることが、住民の離島に対する抵抗感を和らげた。また、連絡船の運用に年間300万円を要することも、行政の負担となった[23]。これらに加え、医療・教育・雇用など、離島に普遍的にみられる問題の存在も集団離島の要因であった。

　五島市奈留支所所蔵の『葛島集落整備事業概要』によると、1970年の過疎地域対策緊急措置法の公布を受けて、旧奈留町では1971年3月に葛島住民全員の移転希望を確認した（**表1-2**）。同年6月には「過疎対策事業（葛島集落再編成事業）起債計画書」が作成され、葛島の集団移転が決定した。事業年度は1971・72年の2年度で、総事業費は1億2411万円、そのうち77.1％に当たる9570万円は過疎債、国庫支出金は1499万円、町の一般会計からの支出は593万円であった。事業内容は、①移転先の樫木山住宅整備、②就労対策、③集会施設・接岸施設などの関連施設整

備、④居住跡地の買収であった。

　集団離島に当たっての住民側の希望は、全員が同一地区に居住し、1行政区を形成すること、一本釣り漁船を保有する世帯のために、相ノ浦港に係船施設を設置すること、移転跡地を町が一括買い上げすること、であった。奈留教会に隣接した樫木山には7590㎡の住宅用地が造成され[24]、23世帯分の町営住宅が建設された（**写真1-4**）。カトリックである島民にとっては、教会への近接が移転に際しての重要な要素であった。聞き取りによ

写真1-4　樫木山の町営住宅
（2014年9月7日、須山　聡撮影）

ると、島における岸壁からそれぞれの家屋までの距離を、奈留教会から移転先の住宅までの距離に置き換え、入居する住宅を決定した。

2.　立地環境の共通性

　事例とした3島における立地環境の厳しさは、インフラストラクチュアの未整備に端的に表れた。水道は天水に依存し、葛島をのぞいて小学校に設置した自家発電機による時間給電が続いた。3島とも無医島で、日常的な保健衛生の管理や感染症予防対策も十分には行き届かなかった[25]。八丈小島と臥蛇島では、連絡船が月に4回しか寄港せず、時化が続く冬季には、長期間の孤立に耐えなければならなかった。両島とも連絡船は直接接岸できず、集団離島時まで艀荷役に依存していた。もっとも灯台職員が常駐していた臥蛇島では、灯台管理用の船が連絡船とは別に寄港し、非常の際には利用可能であった。

　3島とも小学校はあったが、葛島では中学校進学時から奈留島に連絡船での通学を余儀なくされた。子どもたちにとって、中学卒業は島と家族との別れを意味していた。赴任する教師にとっても、これらの島での暮らしには、格別の覚悟が必要であった[26]。

　狭小性と環海性に由来する貧弱な生業基盤も、3島に共通する。いずれも島内に十分な耕地がなく、農業は焼畑や段畑での自給的な麦・イモ作を基本としていた。八丈小島と臥蛇島では牛の繁殖が補助的に試みられたものの、基幹的な産業にまでは発展しなかった。葛島はキリシタン入植地で、元来生産性の低い土地であった。

　島は孤立的であるが、八丈小島はテングサ採取、臥蛇島はかつお節製造によって、か細いながら本土の商品経済に接続していた。これらの島は決して自給自足ではなく、漁業を通じて現金収入源を島外に求めていた。ただし、その収益性は低く、自給的な生業基盤を補填するまでにはいたらなかった。また、葛島では零細な一本釣り漁業だけでは生計が維持できず、旋網漁業の根拠地である奈良尾の旋網漁船に乗り組むことで収入を得ていた。商品ではなく、労働力を島外に供給することができたのは、葛島が他島に近接した「近い離島」であったことを意味する。

　これらの島じまでは、漁業と農業を組み合わせた低レベルで自給的色彩の強い生業体系に依存していた。離島振興法による振興計画により、各島では港湾整備などの公共事業が実施され、島の住民に新たな生活基盤を提供した。すなわち、公共事業による建設労働に従事することが、教育や医療に必要な現金収入を確保する重要な手段となった。

　加えて自己完結的な地域社会が、これらの島には形成されていた。臥蛇島では「与えの一丁」に代表される相互扶助が維持され、共同作業と分配によって、生活困窮者を作らない仕組みが構築されていた。葛島もまた、カトリックの信仰を紐帯とし、その強固な結びつきは集団離島後の樫木山での生活にも引き継がれた。島での生活を維持するためには、こうした地域社会の相互扶助が必要であった。しかし、住民らの結束や自助努力のみでは、島での生活を支えることはできなかった。

　集団離島は、事例３島にみるように行政からの働きかけによって計画された。人口減少の末に無人化した人口消滅島に該当する長崎県の藪路木島は、1970年の国勢調査では人口47人で、1972年に無人化したことから、最後は集団移転であった可能性もある。

　むしろ、人口規模が一定水準以下に縮小した島には、行政が集団離島を勧奨するのが一般的であることがわかった。集団離島に際しては、行政側が移転に要する費用を負担することが多く、1970年の過疎法成立以降は、過疎債の起債によって移転先の住宅や漁港を整備することも可能となった。すなわち、無人化の最終判断は、行政の提案に基づき、住民が意志決定を下したと考えることができる。このことは、住民のみでは、離島の最終的な決定ができなかったことを示す。離島に際しては、移転後の生活基盤の構築や、島の土地家屋・農地・山林などの財産処分を考慮しなければならない。これらには相応の費用負担と諸手続が必要であった。そうした一切を、住民が自力で実行することは困難であった。そのため行政からの集団離島の提案は、住民にとって「渡りに船」の側面もあったであろう。しかしその一方で、住民の居住継続の意志を、行政の政策が打ち消してしまったとも考えられる。臥蛇島では村から２回の移転提案がなされ、いずれも住民は拒否したものの、３回目の提案でとうとう離島を決定した。

　事例の３島の経過から、行政の集団離島提案に対して、住民が迷いながらも冷静に対応したことがわかる。住民は島の現状を客観的に把握することができ、居住継続がもはや困難な段階にあることを理解していた。彼らはいたずらに島への思いに流されることなく、移転先での生活基盤の構築に取り組んだ。とくに子どもの教育に対する懸念は、離島を決断するインセンティブであった。

　過疎―無人化島のうち、離島時の人口がわかっている９島の平均人口は52人で、最大は葛島の122人、最少は長崎県新上五島町の荒島で12人であった。人口が50〜100人の段階で集団離島を決定した島が目立つ。また、事例３島以外にも、最後まで小学校が設置されていた島が多い。こうしたことを考え合わせると、これらの島は、ある程度の人口規模と地域社会の機能が維持されているうちに、集団離島を決定したといえよう。つまり「余力を残した」段階で離島した島が多い。このように考えれば、強固な結合を有する島の地域社会があればこそ、住民による集団離島の意志決定が可能であった。換言すれば、住民どうしが強く結びついた島では、むしろ無人化が早く進んだとも考えられる。

　集団離島の際に、多くの島では離島後も、元島民の集団居住を希望した。それは、生活環境が激変する中で、社会的関係を維持することで、「島の暮らし」を継続しようとする考えに根ざしていた。しかし、離島した元住民が移転先で集住し、島での地域社会を継続したのはむしろ稀な例である。葛島住民が移転した樫木山住宅はその一つであろう[27]。多くの場合、島民は先発移住者や本土に居住する子どもや親戚を頼って転出先を決定した。

Ⅳ　政治的産物としての無人島

　戦後、居住者がいなくなった無人化島は78島を数えた。しかし、過疎化の末に発生した過疎—無人化島はわずか15島、さらに人口減少の果てに居住者がいなくなった人口消滅島は、わずか3島にすぎないことが判明した。過疎—無人化島のうち12島は、行政からの離島勧奨によって集団離島した。すなわち、無人化島が発生する最大の理由は、行政による勧奨であった。

　集団離島した島の人口規模は50〜100人程度が主で、島内には住民の緊密な結合を基盤とする地域社会が存在した。結束が強い小規模な地域社会が機能していることが、集団離島を決定する上で有効に働いた。世帯による意見の差は小さく、むしろ男女による見解の相違が見られた。本土への移転を早い段階から積極的に支持したのは、子どもの教育を懸念した女性であり、土地家屋や墓の継承にこだわった男性は、移転の決断に時間を要した。そうした迷いの期間にあって、先発離島者らがある程度安定的な生活基盤を構築している姿を見聞きすることが、離島の決断を促した。

　行政は国家政策としての過疎対策の視点から対応した。本来は住民の居住を支援する立場にある行政が、居住の断念を住民に求めた背景には、「効率」の問題が潜在していたと考えられる。それは1964年の全国離島審議会小委員会の意見書にある、「小島の大島への移住」によって正当化された。効率と合理性を追求する「選択と集中」という原理が、暮らしの場にも適用された。効率や合理性は、過疎問題につきものの、「外からの」まなざしに特有の価値観である。それは、一種の「上から目線」の発想であり、島に暮らす人びとの意志に必ずしも即したものではなかったかもしれない。過疎地域の集落再編や集約化が議論されている現今の状況下において、集団離島という行政判断が、島の住民の意志と乖離していなかったかを振り返る必要はあろう。

　島の住民は自分たちの置かれた状況を客観的に認識していた。そして行政の権力や資金を利用して、ある意味ではしたたかに、集団離島を選択した。すなわち、過疎化した島が無人化する「最後のひと押し」が行政による集団離島の勧奨であり、有効な機能を備えながらも縮小した島の地域社会がそれに応えたことで、無人化島が発生した。このように考えると、過疎—無人化島は行政の勧奨が生み出した、政治的産物であると言えよう。

　21世紀に入っても、無人化島の数は10年間で10島を下回り、過疎—無人化島は1985年を最後に発生していない[28]。営々として続けられたインフラストラクチュア整備により、離島の生活環境は改善され、インターネットを利用すれば、購買に関する不自由も緩和された。かつてのような「離島苦」は日常的なものではなくなった。人口減少はどの島でもとどまる気配がないが、現在は無人島化のいわば静穏期にあると見ることができる。

　離島の過疎化は、短絡的に島の無人化に結びつかない。島の人口減少→無人化という無人島化言説を脱して、住民の意志を最大限に尊重しつつ現状を見つめる視点が、行政には求められる。近年では島の出身者が帰還するＵターンに加え、本土からのＩターン者が少なからぬ離島で定着しつつある。これらを考え合わせれば、行政には居住継続を保障する姿勢がいっそう求められよう。

　[付記] 本研究はJSPS科研費23501249および23520962の助成を受けた。

＜注および文献＞

1)　大野の著作は、1990 年代以降の論文をまとめたものであり、ちょうど新過疎が進行しつつある時期と符合する。大野　晃『山村環境社会学序説 ── 現代山村の限界集落化と流域共同管理 ──』農山漁村文化協会、2005。

2)　増田寛也編著『地方消滅 ── 東京一極集中が招く人口急減 ──』中央公論新社、2014。

3)　小田切や山下の批判は、第 1 に人口の自然動態ばかりを重視し、人口予測の手法が粗雑であること、第 2 に論理の根幹をなす「選択と集中」概念が地方の切り捨てにつながること、の 2 点に収斂する。さらにはこうした議論が安倍晋三政権の市場原理主義的政策に迎合し、生活空間としての地方を経済の論理によって評価しようとすることに対する反発が、彼らの批判には含まれる。①小田切徳美『農山村は消滅しない』岩波書店、2014。②山下祐介『地方消滅の罠 ──『増田レポート』と人口減少社会の正体 ──』筑摩書房、2014。

4)　①岡橋秀典「瀬戸内海島嶼部における人口流出と都市の同郷団体」内海文化研究紀要 15、1987、15 - 26 頁。②作野広和「中山間地域における地域問題と集落の対応」経済地理学年報 52、2006、264 - 282 頁。③林　直樹「過疎集落からはじまる戦略的な構築と撤退」農村計画学会誌 29、2011、418-421 頁。

5)　山村の地理学的研究では、廃村の発生要因に関する経済地理学的な研究蓄積がある。①坂口慶治「丹波高地東部における廃村化と耕地荒廃の過程」地理学評論 47、1974、21 - 40 頁。②坂口慶治「京都市近郊山地における廃村化の機構と要因」人文地理 27、1975、579-610 頁。

6)　①平岡昭利「奄美大島南部の過疎化に関する地理学的研究 ── 鹿児島県大島郡瀬戸内町の事例 ── 」鹿児島女子短期大学附属南九州地域科学研究所報 2、1985、1 - 19 頁。②岡橋秀典「21 世紀の日本の山村空間 ── その可能性と課題 ── 」地学雑誌 113、2004、235 - 250 頁。③浮田典良「鹿児島県甑島における過疎化の進行と近年の変化」人文論究 43-3、1993、59-71 頁。

7)　離島振興 30 年史編纂委員会編『離島振興三十年史 ── 上巻・離島振興のあゆみ ── 』全国離島振興協議会、1989。

8)　離島関連 4 法は、離島振興法・奄美群島振興開発特別措置法・小笠原諸島振興開発特別措置法・沖縄振興特別措置法の総称である。

9)　本論では離島関連 4 法で指定された離島を主な対象とするが、小笠原・沖縄の復帰による追加や、架橋などによる解除が頻繁に行われ、対象となる島は一定しない。とくに 1980 年代以降は、本四架橋をはじめとする架橋による指定解除が相次いだため、離島の人口を単純に時系列比較することは困難である。

10)　大矢内生気「解説」(本木修次『無人島が呼んでいる』ハート出版、1999) 291-301 頁。

11)　山下祐介『限界集落の真実 ── 過疎の村は消えるか？ ── 』筑摩書房、2012。

12)　前掲 11) 35 頁。過疎問題そのものが、住民とは関係のないところで行政や政治家の手によって作り上げられたという指摘がなされている。外からのまなざしによって、当事者が置き去りにされたまま議論が独り歩きする点に、過疎化言説の危うさが潜んでいる。

13)　とくに『SHIMADAS』は有人・無人に関係なく、国内の島すべてを記載対象としているため、各島の記述の中に国勢調査と住民基本台帳に基づいた居住の記述が見いだされる。それらを拾いだすことによって、無人化した島を把握することができる。

14)　桜田勝徳『桜田勝徳著作集第 2 巻　漁民の社会と生活』名著出版、1980。

15)　那須くらら「「困窮島」という神話 ── 愛媛県二神島／由利島の事例 ── 」社会学部紀要 (関西学院大学) 115、2012、135-150 頁。

16)　地方自治法 94 条に「町村は、条例で、……議会を置かず、選挙権を有する者の総会を設けることができる」との規定があり、同法 95 条でこれを町村総会と呼んでいる。

17)　農地が狭小であったことに加えて、ネズミの食害が激しく、風雨や日照り以上の被害があったという。八丈町教育委員会編『八丈島誌』八丈町役場、1993。(初版 1973 年)

18）本木修次『無人島が呼んでいる』ハート出版、1999。

19）皆村武一『村落共同体崩壊の構造──トカラの島じまと臥蛇島無人島への歴史──』南方新社、2006。

20）第 2 次離島振興計画の指針となる『地域別振興基本方針（昭和 38 年度〜47 年度）No.85 南西諸島（鹿児島県）』（日本離島センター所蔵）には、振興上の問題点として「地域内小島しょのうち開発可能性に欠けており民生安定のための条件整備が非常に困難である島しょについては、周辺島しょまたは本土への住民の移住を促進し……」と指摘している。過疎化の進展する離島に対する、行政の集団離島勧奨の根拠は、この文言に求められる。

21）南日本新聞社編『トカラ海と人と』誠文堂新光社、1981。

22）奈留島のキリスト教徒の多くは、江戸時代の信仰を現在も維持した「カクレキリシタン」であるが、葛島と奈留島江上集落のキリシタンは、明治初期にカトリックに改宗した。奈留町郷土誌編纂委員会編『奈留町郷土誌』奈留町教育委員会、2004。

23）過疎地域問題調査会『過疎地域問題調査報告書──集落再編成のあり方とその効果──』1973。

24）樫木山には家族構成に合わせて、74.48 ㎡の大型が 14 棟、46.27 ㎡の小型が 9 棟の町営住宅が建設され、元島民に低家賃で賃貸された。住宅の敷地はすべて 330 ㎡であった。

25）八丈小島では蚊が媒介するフィラリアが 1950 年代まで流行し、バクと呼ばれていた。上水道の未整備が、流行の主要な原因であった。小林照幸『フィラリア──難病根絶に賭けた人間の記録──』ティビーエス・ブリタニカ、1994。

26）臥蛇島で 13 年勤務した比地岡栄雄氏をはじめ、離島における教育に献身的に取り組んだ教師の姿は銘記されるべきである。

27）葛島以外では、島根県益田市の高島の集団離島の際にも、行政が移転先の居住地を市内の土田町に提供した（前掲 18）36 頁）。

28）新聞報道によると、鹿児島県鹿児島市の新島は 2013 年に 3 世帯 4 人が離島して無人化した。（2014 年 8 月 9 日朝日新聞東京本社朝刊最終版）

（須山　聡）

2章　沖縄県宮古島・狩俣集落の空間的構造と その変化
── 地形的条件および土地所有との関わりにも注目して ──

I　はじめに

　沖縄県宮古島市の狩俣集落は、宮古諸島の中心となる宮古島の北端に伸びる、東西を海洋に挟まれた幅約800〜1000 mと細長い半島のほぼ先端に発達した集落である（**図2-1**）。現在では、その先に浮かぶ池間島と池間大橋（1992年2月開通）によって結ばれたために、ここ狩俣集落を経由して宮古島と池間島とを行き来する観光客も多くみられるようになっているが、依然として狩俣集落は、宮古島の中でも独特な方言や伝統的な祭祀形態などを近年まで色濃く残していた集落として、民俗学をはじめとする様々な分野から注目を集め続けてきている[1]。

　こうした狩俣集落の特色が形づくられたのは、宮古島の北端という位置関係に加えて、その集落としての起源にある。琉球諸島の集落の多くは、12世紀から15世紀にかけてのいわゆる「グスク時代」には、外敵からの防御などのために丘陵上あるいはその中腹の見晴らしの良いところに立地していたのが、琉球国への統一を経て次第にその下方に位置を移動させ、とくに18世紀前半には首里王府の指導のもとで、さらなる集落の移動や創建、いわゆる「村立て」を経験した。さらに、それらの「村立て」時には、宅地や農地はあくまで共有のものとし、人々にはそれらへの居住権と耕作権とを計画的に配分するとともに、一定期間後に人口や収穫の状況に応じてそれらの土地の再配分・交換を求める土地旧慣「地割制」が前提となっており、また、宅地（屋敷地）や屋敷自体の面積にも規制が設けられていたことで、結果的に琉球諸島の多くの集落が、共通した景観をみせやすくなったとされる[2]。その景観とは、集落内を複数の街路がほぼ平行に南北・東西方向に並走し、それらの街路が交差することにより、方形に近い街区が整然と並ぶ集落形態であり、「ゴバン型集落」あるいは「格子状集落」などと呼ばれる。とくに琉球諸島においては、この「格子状集落」の中で、主に南北方向には一軒分、東西方向には複数軒分の宅地（屋敷

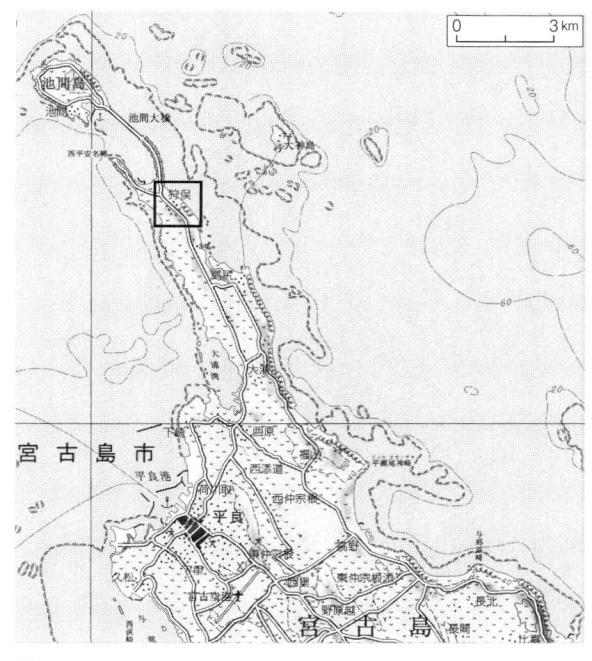

□は図2-3などの範囲

図2-1　沖縄県宮古島市・狩俣集落の位置
（国土地理院発行20万分1地勢図「宮古島」（2010年要部修正）に加筆）

地)が連なった、いわゆる「横一列」型の街区が卓越しやすかった。「横一列」型の街区の普及の背景としては、「地割制」を前提に、敷地に対して開口部(門−玄関)を南側に設けることを良しとする南入り指向を、多くの宅地(屋敷地)で満足させようとした選択があったことが指摘される[3]。琉球諸島においては「地割制」のもとで、限られた条件の良い平坦地を農耕地に譲り、一定の傾斜地を宅地(屋敷地)として最大限に活用しようとした際に、その平等性に加えて傾斜地ゆえの敷地活用の制約から、「横一列」型の街区および南向きの開口部の積極的な採用があった可能性がある[4]。

　そうした中で、宮古島をはじめとする宮古諸島は、首里王府と距離を置いてきた歴史があり、同王府の指示のもと各地で徹底された「地割制」などとは異なる、村位と年齢を基準に住民一人ひとりに一律の税を課す独自のいわゆる「人頭税」制度を、1903(明治36)年の廃止運動に至るまで継続してきた。そして、いわゆる「人頭税」は、資産や所得に応じて課されるものではなかったため、旧来の貧富の差が強調され、農民においても階層分化が進んでいたとされる[5]。宮古島では、こうした「地割制」の不徹底からか、典型的な「ゴバン型集落」あるいは「格子状集落」の比率が、首里王府のお膝元であった現在の沖縄島南部はもちろんのこと、例えば石垣島などと比べても少ないという分析がみられる[6]。そして、宮古島の中でも狩俣集落は、少なくとも15世紀以前にさかのぼる集落成立の歴史が明確であり、また、マラリアによる被害も比較的軽微であったとされ[7]、さらに、1771(明和8)年の旧暦3月に発生した地震による、石垣島から宮古島にかけて大きな被害をもたらした「明和大津波」も、ここ狩俣の集落自体にはさほど大きな被害をもたらさなかったとされる。こうしたことから狩俣集落は、先述したように伝統的な文化を残していると同時に、琉球国の版図の多くの集落が18世紀前半の「村立て」の中で経験した空間的構造の再構成の影響が、あまり及んでいない可能性がある。実際に現在の狩俣集落を見ても、「格子状集落」と見るには難しい空間的構造となっている(**図2-2**)。14世紀後半に最初に築かれ、段階的に強化されていったと伝えられる石垣が1910年代まで集落の周囲を囲っていた、という特色には特異性が強いものの、狩俣集落は、首里王府の支配がおよぶ以前の琉球諸島における集落の空間的構造の一端をうかがう上で、注目すべき集落の一つであることが期待される。

　しかしながら、狩俣集落についてはこれまで、集落内の各屋敷間でみられる「系統」などの社会的構造を記録したり[8]、1976年当時の詳細な各家屋の間取りの実測平面図化や屋根材質・家屋構造・開口部(門や玄関)の方向を記録したり[9]といったアプローチは行われてきたものの、同集落が一帯の中でどのような条件のもとで現位置および範囲に立地し、現在のような集落の空間的構造(道路網や家屋の位置関係など)をみ

図2-2　現在の狩俣集落の中心部
(2500分1国土基本図)

せるようになったのかについて、詳細な検討がなされているとはいえない[10]。とくに、狩俣集落のルーツとなった西側の旧根井間村と東側の旧狩俣村（現在は両村は融合）のそれぞれの立地過程については、後述する「ムトゥ（元家）」の存在とそれを軸とする伝統的な祭祀から、集落を構成することになった住民の由来とその当初の居住地について、住民の間でも深い知識が共有されていることが注目されるが、その当初の居住地から石垣に囲まれていたかつての範囲にまで集落が拡大していった過程についての言及は乏しく、崖下のわずかながらの水源（現地名：イヌガー、クスヌガー）を中心に集落が広がったとの認識が共有される程度にとどまっている。

　そこで本章では、現地調査に加えて標高データの取得などを通じて、狩俣集落とその周囲について詳細な地形的条件を把握した上で、他地域よりいくぶん早く、宮古諸島においては1899（明治32）年に開始された[11]「土地整理事業」を通じて整備された地籍図および土地台帳を分析することで把握できる、同集落の原型的な土地利用や屋敷地・農耕地の所有関係といった空間的構造に、それらの地形的条件がどのように関わっているのかを明らかにすることを目指す。さらに、同じく地籍図および土地台帳への「事業」後の加筆をもとに、同集落の近代以降の土地利用や土地所有関係の変化を確認し、それらの変化と一帯の地形的条件との関係などについても検討を加える。

Ⅱ　狩俣集落一帯の地形的条件

　狩俣集落は、北東側の太平洋岸からそびえ立つ、樹林に覆われた標高40m前後の丘陵群の麓から、南西側の東シナ海岸まで続く、緩やかな斜面上に展開されている。このうち丘陵群は、「5万分の1都道府県土地分類基本調査（宮古島・宮古島北部・伊良部島・多良間島）」の地形分類図[12]によると、断層を伴った石灰岩堤とされるが、その基盤には城辺層と呼ばれる、泥岩の層が横たわっているものとみられる。この北東側の丘陵群から見て南西側の、東シナ海の海岸までは、傾動した斜面に過去に裾礁がくり返し生成され、それらが離水したこと

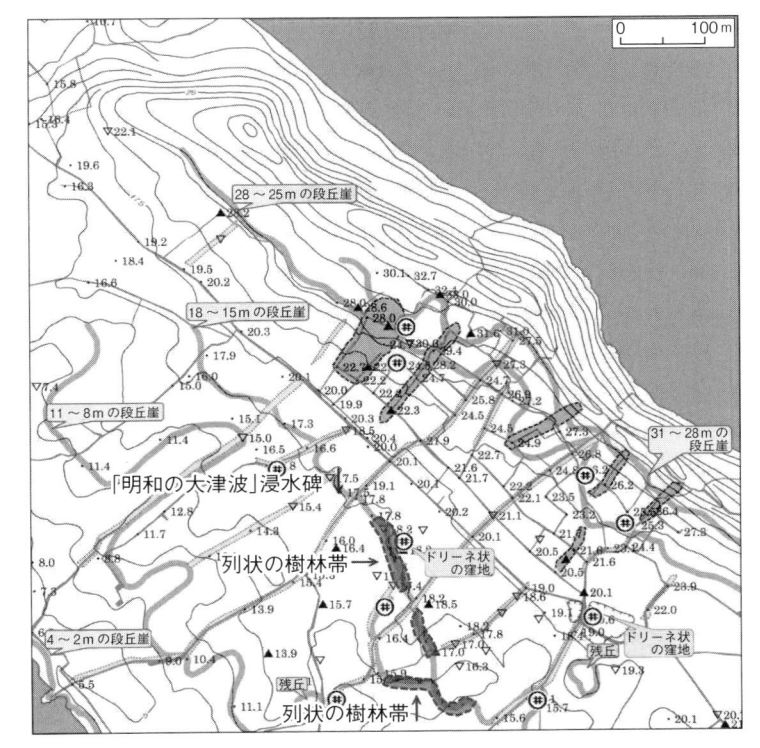

▲は凸地、▽は凹地
等高線は耕地整理前の1972年のもの。

図2-3　狩俣集落およびその周囲の地形概要と標高
（現地調査・国土地理院APIデータより作成）

写真 2-1　石灰岩が露出した下方の段丘崖
(2014 年 8 月 24 日、山元貴継撮影)

によって形成された緩やかな斜面となっている[13]とされる。

　そして今回、現地調査によって狩俣集落一帯における傾斜変化を細かく確認した上で、「傾斜変換点」となるところの直上・直下と想定された地点や、明らかに周囲より若干高い箇所(**図 2-3** 中の▲)および低い箇所(**図 2-3** 中の▽)、主要施設および道路の各交差部などを GIS ポイントとし、各地点の標高データを国土地理院 API より取得することで、より詳細な地形的条件を把握した(**図 2-3**)。その結果、同集落の一帯では、標高 40 m 前後の丘陵群から見て北東側の太平洋岸までは急斜面となっており、同じく南西側も標高 30 m くらいまで急斜面となっているものの、そこで急斜面は尽きて、その下方は最大でも 10 分の 1 程度の傾斜度となる緩斜面となっており、しかもこの緩斜面には、4〜5 段の段丘面が確認された。各段丘面間はそれぞれ標高差約 2〜3 m の段丘崖となっており、上位の段丘崖は風化と宅地化によってその存在と組成とが判りにくくなっているものの、例えば下位の段丘崖は、現在でも畑作地の中で明確に、表面には植栽を伴いながらも石灰岩質の土壌を露出させた崖となっている(**写真 2-1**)。こうした状況から、これらの段丘面はやはり、基盤となった丘陵群に裾礁として発達した過去のさんご礁の礁池(イノー)に次第に土砂などが堆積することによって形づくられた平坦面が、若干の傾動を伴っての隆起や、海水準の低下によって段階的に離水し、形成されたものと推測される。従来の調査では、宮古島には旧石器時代までに形成された標高 40〜80 m の中位段丘面と 10〜20 m の低位段丘面、そして、新石器時代以降に形成された標高 0〜5 m の沖積世段丘がみられることが指摘されている[14]が、細かく見ると実際には、もう少し多くの段丘面が確認できることになる。

　加えて、これらの狩俣集落の一帯の各段丘面は、侵食を受けて開析されたことによるものと思われる凸凹を伴っている。このうち凸部の多くは、北東部の丘陵群のピークから連なるように南西方向に伸び、段丘面の中でも若干標高の高まった尾根状の地形となっており、一方で凹部の多くは、丘陵群の鞍部から連なるように南西方向に伸び、段丘面を刻む谷状の地形となっている(**図 2-3**)。このように、狩俣集落の一帯を構成している各段丘面は、横方向(北西−南東方向)で見ると、おそらく北東側の丘陵群の高低に影響を受けつつ、結果的に尾根状のところと谷状のところとがそれぞれ約 50〜100 m の間隔で並走する、ひだ状あるいは波状の緩斜面ともなっている。また、隆起石灰岩地形が多くを占めることから、一帯にはドリーネ状の窪地が点在し、それらは後述するように、井戸として活用されているところが少なくない。

III　地籍図・土地台帳から見た明治期の狩俣集落の空間的構造

1.　明治期の土地利用や道路網の構造

　沖縄戦によって多くの地籍図および土地台帳が失われた沖縄島などと異なり、宮古諸島にお

いては「土地整理事業」当時の図
面および台帳が比較的良く残され
ている[15]。那覇地方法務局宮古
島支局に保管されているそれらの
図面および台帳をもとに、最も古
くさかのぼることのできる、1899
（明治32）年頃の狩俣集落一帯の
空間構造を見ていく。まずは、地
籍図から道路網や土地割、土地台
帳の最初の記載から各地筆の地目
（土地利用）を求めると、北東側の
丘陵群の麓に広がる緩斜面のいく
ぶん上方に展開されていた、かつ
ての狩俣集落の姿が浮かび上がる
（**図2-4**）。当時の狩俣集落の宅地
群は、1910年代まで残されてい
たとされて現在では一部復元が進
められている石垣とその大門（**写真2-2**）の内側
にほぼ収まっていた。大まかに見ると、北東
側の丘陵群は、若干の畑作地を斜面内に点在さ
せるものの、大部分が「山林」地筆となってい
た。そしてそれらの「山林」地筆は、急傾斜面
から段丘面に転じる傾斜変換点を境に尽き、そ
こから下方の一帯は基本的に、「拝所」と「畑作
地」、そしてわずかばかりの「原野」地筆を点在
させながらも、面積に大小のばらつきがみられ
る「宅地」地筆でほぼ占められていた。
　一方で、石垣があったとされるところの外側

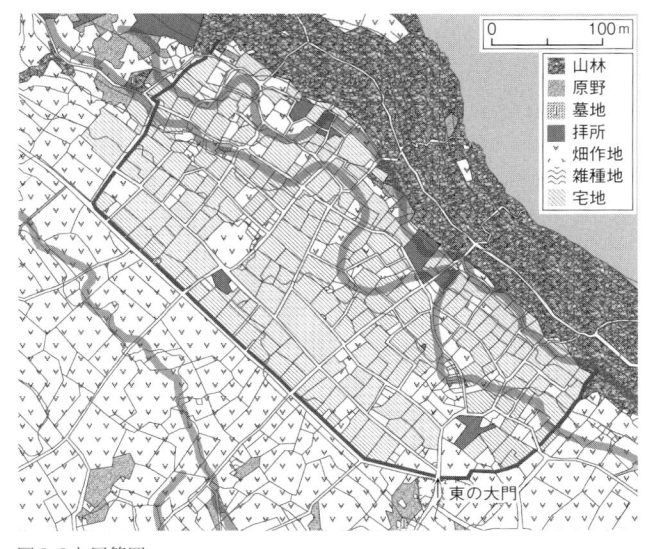

図2-2と同範囲
黒太線は撤去直前の石垣の推定位置
図2-4　1899年頃の狩俣集落一帯の地目（土地利用）分布
（地籍図および土地台帳より作成）

**写真2-2　東の大門「アースヌフジャー」（左奥）と「ウリ
ガー（降り井戸）」となっている「アーヌカー」（右手前）**
（2014年8月24日、山元貴継撮影）

および下方は、「原野」地筆を点在させた畑作
地が広く展開していた。この石垣の東西端は、北東側の丘陵群が標高40m以上かそれに近い標
高となっている範囲と一致しており、この石垣の外側に相当するところでは、北東側の丘陵群の
標高がだいぶ低いわりに急傾斜となっていて、またその下方の段丘面も不明確となっている。同
集落が、北東側に一定以上の高さの丘陵群をもち、北方からの冬の季節風や台風時の強風などを
避けやすいだけでなく、一定の傾斜内で居住・農耕環境を確保できるところを選んで、その範囲
を定めたことがうかがえる[16]。また、狩俣集落の南端となる、現在の県道に沿ったところに設
けられていたとされる石垣と門は、標高25〜18m前後となる、上から3段目の段丘面の若干下
方の、ちょうど標高約20mのところに相当するが、そこは、この地では標高17mあたりまで遡
上したとされる1771年の「明和大津波」の浸水域よりも高く、こうした認識も、20世紀初頭末
までの石垣の保存と、同集落の範囲規定とに関わっていた[17]可能性がある。なお、約18〜15m

の段丘崖の存在は「土地整理事業」時にも強く認識されていたようで、一帯の「畑作地」地筆など
ではこの段丘崖を境に、下位の段丘面に地番を付与し終わった後に上位の段丘面における地番の
付与に移るといった法則で地番がふられやすかった。

　そしてⅠで述べたように、狩俣集落内を走る道路については、琉球諸島において広くみられる
「格子状集落」とは異なり、直線的でないものが多い。また、道路に囲まれた各街区も、一般的
な「格子状集落」と比べて面積規模が大きいことが特徴である。その中で、道路の一本一本を詳
しく見ると、まず横方向（北西－南東方向）の道路は、標高の低い南西側では連続的かつ直線的と
なっているものの、丘陵群の直下に相当するような標高の高いところでは、かなり途切れ途切れ
となっており、かつ、大きく曲線を描いていた。このように標高の高いところで横方向の道路が
曲線的となる背景としては、Ⅱで述べた地形的条件があると思われる。これらの道路は、その多
くが段丘崖の直上を走っていることが多く、侵食によって段丘崖が後退しているところでは、そ
れに沿って道路は相対的に北東側に食い込むように走り、逆に尾根状のところでは、道路は余裕
をもって南西側に張り出して走る形となっている。

　さらに地形的条件を大きく受けているのが、上下方向（北東－南西方向）の道路である。基本的
にこれら上下方向の道路は、尾根状のところと谷状のところとをそれぞれ走ることで、一見する
と並走しているように映る。しかしながら、このうち狩俣集落を完全に貫くように走っている道
路は、谷状のところを走っている道路である。これら谷状のところを走っている道路は、丘陵群
の鞍部を出発点としているものも少なくなく、狩俣集落を上下方向に貫いた上で、多くが南西側
の東シナ海岸近くまで続いている。これらの道路は、緩斜面に刻まれた谷状の地形で、大雨が
降った時などには水の流れがみられていたところを、平常時には道路として人々の行き来に使う
ようになったものと想定される。自然発生的に生じた谷状のところを走っているためか、全体的
にみれば道路どうしは並走しているように見えるものの、道路どうしの間隔はまちまちで、狭
まったり広がったりすることになる。

　これに対して、尾根上のところを走っている道路の多くは距離が比較的短く、横方向の道路か
ら逆T字に分岐して斜面上方に伸びるものの、それらには、段丘崖または丘陵群の直下近くで
途切れてしまったり、クランク状に折れ曲がりつつ上方を目指したりしているものが多い。さら
に、その突き当たりには、比較的面積の大きい「宅地」や「畑作地」地筆がみられやすい。ほ
かに、先述したように1899年頃の集落の範囲の東西は、1910年代まで存在したとされる石垣に
よって規定されていた[18]が、この東西端の石垣も基本的には尾根状のところを走っており、石
垣自体の高さに加えてその土台となる地盤の高まりが、集落の防御のために期待されていたもの
と思われる。このように狩俣集落では、段丘面と段丘崖とが発達し、各段丘面内もひだ状の凸凹
が目立つ一帯の地形的条件の中で、集落を構成している道路が不規則な走り方をし、不定型な街
区を構成するようになっている。18世紀前半以降の「村立て」を経験して格子状の集落形態を発
展させた琉球諸島の多くの集落とは一線を画す、こうした狩俣集落の空間的構造は、一帯の地形
的条件に大きく従ったものといえる。

2.　明治期の住民の居住と土地所有関係

　1899年の「土地整理事業」で整備され、その後の加筆をみた地籍図および土地台帳は、あくま
で同時期以降の状況を記録しているに過ぎないという見方もあるものの、同事業が進められて

いた時期は、ここ宮古島においてはまだ「人頭税」制度が残っていた時期でもあり、「事業」当時の地籍図および土地台帳に記録された狩俣集落をはじめとする宮古島の集落の状況は、首里王府による支配や指導が及ぶ以前の状況を色濃く残していた可能性がある。とくに土地所有に関しては、住民の居住地や土地所有関係を大きく再構成させてきた「地割制」がここ宮古島では徹底されなかった可能性があることで、狩俣集落の一帯に人々が次々と移住してきて集落のルーツを形づくり、その後それらの人々が勢力を拡大して現在見るような集落の空間的構造をみせるようになった過程を、「事業」当時の住民の居住地や土地所有関係が反映していることが期待される。従来、こうした狩俣集落の拡大過程については、分家や移動に伴ってその居住地を移しても維持されてきた各屋敷の「屋号」を手がかりに、同集落の住民が次第に、相対的に南西方向にその居住を拡大させてきたことが注目されてきた[19]が、ここでは、土地台帳の土地所有者記載から同集落一帯の土地所有関係までも把握し、それをもとに、狩俣集落が明治期までに経験してきた拡大過程を想定したい。とくに土地台帳には、各地筆の土地所有者名だけでなく、その所有者の住所も記載されている。ただしその中で、非常に複雑な事情であるが、「土地整理事業」時点の土地所有者の住所は、同事業によって付与され、現在まで用いられている地番とは異なる地番で記載されており[20]、それらの地番が後の地番でいう何番地に相当するのかを特定する必要があった。そのために以降の分析にあたっては、いったん範囲内の土地台帳の記載をデータベース化し、とくに各地筆の土地所有者に関する記載内容を相互参照することで、土地所有者の実際の居住地の地番を特定する作業を行なった。この手法により居住地が特定できた、1899年頃の狩俣集落内居住の土地所有者は193名であり、この数は、1893（明治26）年の「宮古島各村戸数並人口」に示された狩俣村の戸数190と近似している[21]。

まずは、1899年頃の住民（ただし土地所有者）の居住地を確認した上で、その位置関係を地形的条件と重ね合わせて見てみると、狩俣集落のルーツとなった西側の旧根井間村と東側の旧狩俣村のそれぞれで、対照的な構造がみられた（**図2-5**）。具体的には、その旧村の名称が物語るように、西側の旧根井間村の方は、かつての住民の居住地とされ、現在では祭祀の拠点ともなっている「アラグフムトゥ」

図2-2と同範囲
図2-5　1899年頃における狩俣集落内の各家屋敷地分布
（土地台帳に記載された土地所有者住所の相互確認により作成）

写真2-3　丘陵直下に立地した「ウブグフムトゥ」
（2014年8月26日、山元貴継撮影）

や「ウプグフムトゥ」(**写真 2-3**)などの「ムトゥ(元家)」がみられる一帯で、1899 年頃でも根間家の関係者の居住、すなわち同家の屋敷地が多く確認された。そして、これら根間家の屋敷地は、丘陵群の麓(直下)の、標高 30 m 前後の最上位の段丘面においてみられやすかった。一方で、東側の旧狩俣村の方では、丘陵群の麓(直下)の最上位の段丘面に、狩俣家の関係者の居住、すなわち狩俣家の屋敷地の存在が目立った。こうした箇所はかなり標高が高いものの、Ⅱで述べたように樹木で覆われた丘陵群の存在によって冬の季節風などが和らげられるだけでなく、丘陵群に降った雨水が自然に溜まっていたり、隆起石灰岩の段丘面の地下深くに浸透する前の浅いところ

写真 2-4　「アラグフムトゥ」近くの拝所化した井戸
(2016 年 2 月 25 日、山元貴継撮影)

で地下水として得られたりしやすいところである(**写真 2-4**)。さらに、肥料となる樹木からの腐葉成分の供給なども期待できる位置であり、史跡地指定されている通り、古くから居住地として指向されてきた可能性が高い[22]。さらに旧根井間村の方では、その一段下の段丘面の中でも段丘崖の直下に近く、尾根状のところに狩俣家の屋敷地が、一方で旧狩俣村の方では、同様の位置に根間家の屋敷地が集中してみられやすかった。そこも、広く隆起石灰岩で構成された緩斜面の中では透水性の低い基盤層が地表近くにあって、比較的浅い井戸で地下水を得られる位置とみられ

る。そして、これらの、現在の狩俣集落の中でも相対的に上方にみられる根間家／狩俣家の屋敷地は、先述した上下方向の道路の上方の突き当たりにも相当しやすく、多くが開口部(門や玄関)を南側に向けていた。これに対して、上位の段丘面の中でも標高の低い、谷状のところを走る道路沿いや、段丘面の下方は、根間家および狩俣家に加えて、両家以外、とくに平良家および新里家の屋敷地[23]が多く占めた。とくに集落の南端の、石垣の近くに居住していた人々は、分家などによって、より広い屋敷地を求めて移り住んだ人々とされる[24]が、

図 2-6　1899 年頃における狩俣集落およびその周囲の各家土地所有
(地籍図および土地台帳より作成)

0　　　　100 m

	根間家所有地
	狩俣家所有地
	平良家所有地
	新里家所有地
	官有地
	村有地

そうした人々ほど、地形的条件や水の確保の上では必ずしも良い条件とはいえない箇所を埋めるように屋敷地を設けていったことがうかがえる。また、そうした屋敷地は、少なからず、その開口部（門や玄関）を谷状のところを走る道路、すなわち東西方向に向けることとなった。このように1899年頃、狩俣集落内の各家の屋敷地の位置関係には、地形的条件と対応すると思われる階層性がみられていた。

　そして当時、狩俣集落の周囲の広大な農耕地の所有にも、こうした階層性をそのまま斜面下方に延長したような関係がみられていた（**図2-6**）。すなわち、尾根状のところは根間家／狩俣家の関係者が所有する地筆（ほぼ畑作地、一部原野）となっていることが多く、谷状のところは両家以外、とくに平良家および新里家の関係者が所有する地筆で占められていることが多かった。一見すると谷状のところを走る道路沿いでも、根間家／狩俣家が所有する地筆で占められていたところもあったが、そこには井戸の存在がみられやすかった。これら下位の段丘面ではⅡで述べたように、隆起石灰岩地形ならではのドリーネが局地的に点在しており、これが「ウリガー（降り井戸）」（**写真2-2**）として活用できた[25]ため、その周囲が根間家／狩俣家によって率先して確保されていたものと想定される。

Ⅳ　地籍図および土地台帳から見たその後の狩俣集落

　宮古島では「土地整理事業」を通じて、例えば農民はいわゆる「人頭税」から解放され、農地の面積や、収穫を左右する地力（「等級」で示される）に基づいて農地の所有者が地租を納める地税制度のもとにおかれるようになった。そして宮古島では、隠れた膨大な「切替畑」が「発見」され、その耕作者を求めて所有者として認定していった。そうした過程において、それまでに「没落農民」となっていたとされる層に、いくばくかの土地が配分されたとの指摘もある[26]。こうした「事業」を経た狩俣集落における最大の出来事は、同集落を取り囲んでいた石垣の撤去であろう。狩俣字会の沿革記録によれば、1906（明治39）年8月に、訓導であった新里新穂氏、学校長であった平良新孝氏、字会長であった川満恵公氏が住民を説得して石垣を撤去し、住居区域を拡張することとなった[27]。そして1913（大正2）～15（大正4）年頃に、かつて石垣のあったところの南側を北西－南東方向に横断する道路とそれを延長した道路が、「ウプンツ（大道）」として整備された。現在ではこの道路がさらに拡張されて、県道230号線となっている。こうした出来事を経て、狩俣集落では、次第に住民が石垣跡

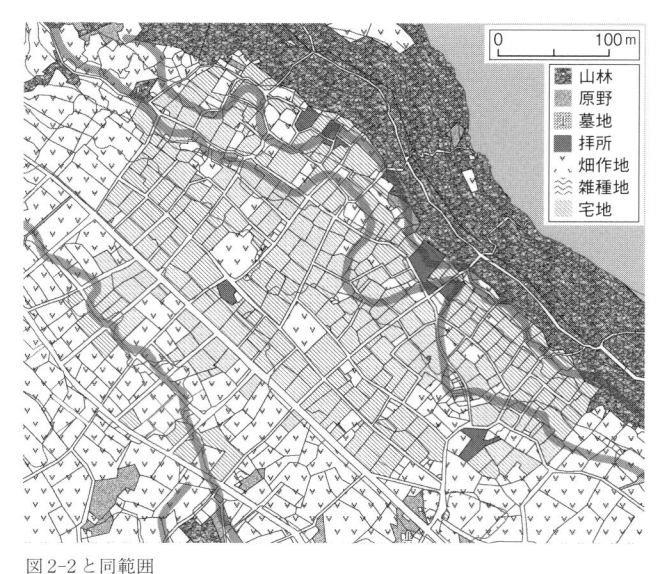

図2-2と同範囲

図2-7　1945年8月時点での狩俣集落一帯の地目分布
（地籍図および土地台帳より作成）

写真 2-5　集落が立地する段丘面の下方に新設された街路
（西側から撮影）
（2014 年 8 月 30 日、山元貴継撮影）

近くの「ウプンツ」を越えた南側に屋敷地を構えるようになるといった変化があったとされている。今回、地籍図および土地台帳への加筆記載を確認することで、そうした変化を具体的に確認していくこととする。

　まず土地利用については、やはり「ウプンツ」、すなわち現在の県道の南側における宅地の増加が目立つ（図 2-7）。その過程においては前提として、1915（大正 4）年 3 月を中心とした一部の宅地地筆の分筆（分割）によって、それまでは「ウプンツ」までは達していないところもあった上下方向（北東−南西方向）の道路が追加され、集落内から「ウプンツ」までのアプローチが改善されていた。加えて 1942（昭和 17）〜 44（昭和 19）年にかけては、「ウプンツ」の南側における、相対的に宅地と比べて 1 筆あたりの面積の大きかった畑作地の分筆と、同じく畑作地の分筆を伴った道路の新設が行われた。かつて石垣の南側は、先述したように基本的には谷状のところを走る道路、すなわち上下方向（北東−南西方向）の道路しかなく、しかもその道路どうしの間隔は非常に空いていた。これらを貫く横方向（北西−南東方向）の道路の新設と、上下方向の道路の追加があって、はじめて「ウプンツ」南側の畑作地の宅地への転換がみられたこととなる[28]。ただし、こうした現在の県道の南側の畑作地の宅地転換は、土地台帳への記載が終了する 1960 年代末に至っても、現在の県道の 100 m ほど南側を並走するように新設された、中位の段丘面の中でも標高約 15 m のところを走る道路（**写真 2-5**）の北側までにほぼ限定された。しかも、この道路までの畑作地の中でも、早期に宅地に転換されたところと、現在に至るまで畑作地のまま維持されているところがみられる。前者は、現在の県道のすぐ南側でも地形的条件としては尾根状のところ[29]か、同道から離れているものの井戸に近いところと一致しやすかった。とくにこれらの井戸は、新しい時代になって水質が大きく改善された[30]とされており、宅地の南進は、それらの条件改善を受けてのものと思われる。そして 1960 年代以降、1965 年に狩俣集落に上水道が開通した[31]ことを受けてか、現在までに宅地はかなり南西側までみられるようになっている（図 2-2）。それでも、やはり南西側の低位の段丘面のところまでは宅地化は達しておらず、現在ではそうした段丘面は、広くサトウキビ畑として利用されている。

　このように現在の県道の南側の宅地化が目立つ狩俣集落の変化であるが、ほかに 1917（大正 6）年前後に、同集落のかつての範囲のすぐ西側の原野地筆の畑作化が進展した。また、同集落のかつての範囲内においても、興味深い若干の土地割と土地利用の変化がみられた。まずは、主として尾根状のところに位置していた面積規模の大きい宅地（屋敷地）の何筆かが、分筆（分割）を経験した。なお、そこは位置的に根間家／狩俣家の屋敷地とも一致しやすかった。こうした分筆だけを見ると、狩俣集落が戸数の増加をみたように映るが、一方では相対的に標高の高いところを中心に、宅地ではなくなってしまった地筆も点在するようになっていた。こうした地筆は、多くが上下方向（北東−南西方向）の道路の突き当たりにあり、現在では建物はなくなっても敷地の周囲を樹齢の古い屋敷林に囲まれた景観をみせていて、その敷地がかつては有力な屋敷であったこ

とをうかがわせている（**写真 2-6**）。

　こうした狩俣集落における道路の新設や土地利用の変化の背景として、土地台帳をもとに少なくとも 1960 年代末まで追跡できる土地所有関係の変化を見てみると、現在の県道の南側では「土地整理事業」後、とくに第二次世界大戦をはさんだ期間に非常に多くの土地所有異動がみられた[32]ことが挙げられ、それ以降の異動と合わせて、一帯の土地所有はほとんど入れ替わっていたといっても過言ではない。狩俣集落における周囲の石垣の撤去は、現在の県道の南側に、単に景観的な変化だけでなくこうした土地所有の異動をも誘発した可能性がある。しかも、新たに土地を所有した人々には、「事業」時においては土地所有者として見あたらない家の関係者が多く含まれていた。とくに 1942 〜 44 年に集中した、現在の県道の南側の畑作地の分筆や宅地化は、こうした土地所有関係の「シャッフル」を前提として、まるで分譲のように進展したものと思われる。これに対して、狩俣集落のかつての範囲内における土地所有の異動は、相続によると思われるものを除くとかなり限定的で、それらは谷状のところを走る道路沿い（**写真 2-7**）にみられやすかった。そうした地筆では、

写真 2-6　上下方向の街路の突き当たりにみられる屋敷跡
（2014 年 8 月 24 日、山元貴継撮影）

写真 2-7　谷状のところを走る街路（手前横方向）から見た尾根状のところに立地した屋敷（奥）
（2014 年 8 月 28 日、山元貴継撮影）

屋敷地の相互交換とみられる動きもみられていた。一方で先述した、かつては有力な屋敷であったことをうかがわせる、尾根状のところに多く立地した宅地（屋敷地）やその跡の所有はあまり異動しておらず、多くは、その地筆から見て下方（南西方向）に居住する、子孫とみられる関係者に相続されていた。

V　狩俣集落の集落としての確立過程

　ここまで、「土地整理事業」当時の狩俣集落の空間的構造が一帯の地形的条件とどのように関わって形成されていたのかに加えて、同事業以降現在までに、同集落の空間的構造がいかに変化してきたのかについて述べてきた。同集落が人口の増加を受け、かつ、石垣の撤去を契機として宅地の範囲を大きく南側に拡大させ、そこに、かつての集落の範囲の居住者などが分家なども経て移住したことについてはすでに複数の文献で言及されているため、本章ではあえてより古い時代の、狩俣集落が集落として確立された過程について考察することを試みたい。それは、地籍図や土地台帳の分析によって把握できた、「事業」以降の土地利用や土地所有関係の変化を反転させると、「事業」以前の変化についても想定できることが期待されるためである。例えばⅣで確認したように、相対的に高位の段丘面のしかも尾根状のところに位置し、「事業」時には宅地で

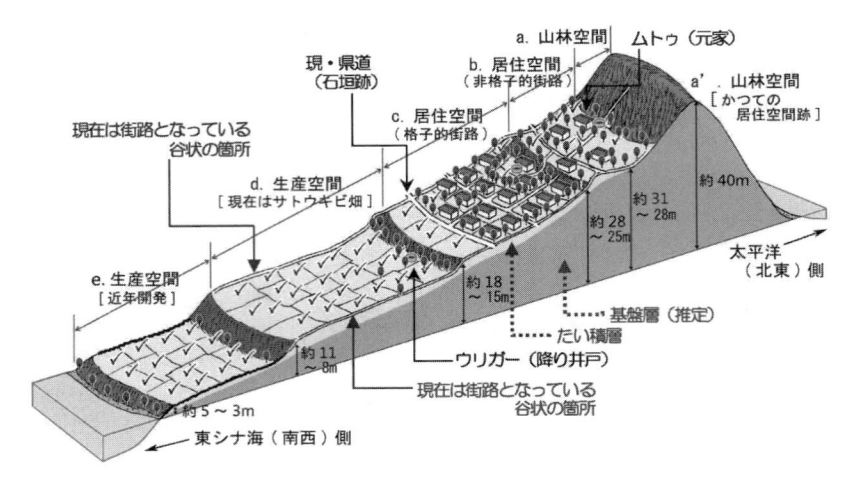

図2-8　狩俣集落周辺の地形的条件（模式図）
（現地調査などにより作成）

あった地筆には、その土地の所有こそ相続などで子孫に引き継がれているものの、その子孫自体は下方に移住し、宅地ではなくなってしまったところも少なくない。そうした過程は、丘陵群の直下にかつての住民の居住地として存在しているものの、その子孫自体は下方に移住しており、現在では祭祀の拠点となっている「ムトゥ（元家）」の成立過程とよく似通っている。

　そこで想定される、狩俣集落の集落としての確立過程は、以下のように整理される。まずは、北東の丘陵群を基盤として、その南西側に裾礁が段階的に発達しては離水して形成されたとみられる、緩やかな傾斜をもついくつかの段丘面で構成された一帯において、丘陵群の直下となる最上位の狭い段丘面の空間（**図2-8**のbの空間）に、最初の小規模な集落が求められた。ここは、丘陵群を越えて北東側の太平洋を見渡すのも容易で、かつ海岸にも出やすいという、琉球諸島において「グスク時代」に多くみられた集落立地と近いだけでなく、丘陵群に降った雨水の湧出も得られやすいといった自然的条件にも恵まれた位置でもあった。「事業」時の旧根井間村の方での根間家の屋敷地、旧狩俣村の方での狩俣家の屋敷地などは、これに相当する。しかしながら、そうした空間は面積が狭く、人口増加を許容できないことから、次第にそのすぐ下の広い段丘面（**図2-8**のcの空間）の活用が模索された。そしてまず、比較的浅い位置で地下水を得られる段丘崖の直下に屋敷地を求める住民が現れた。その後、さらに下の広い段丘面（**図2-8**のdの空間）の農耕地としての開発が進むと、その上の段丘面（**図2-8**のcの空間）に残されていた畑作地も次第に屋敷地で埋められていくことで、その段丘面を広く占め、石垣に囲まれていたかつての狩俣集落の範囲が確定された。そして、こうした住民の下方への移住過程において、当初の小規模集落が設けられていた最上位の段丘面の屋敷地のいくつかが、単なる空き家・空き地ではなく、祭祀の場「ムトゥ（元家）」となっていった。このように想定される狩俣集落の集落としての確立過程の先に、今回、地籍図および土地台帳の分析によって明らかになった、さらなる住民の下方への移住と、それに伴う宅地範囲の拡大とがある。相対的に上位の段丘面が人口増加に伴う屋敷の増加で埋め尽くされ、かつ、下方の段丘面（**図2-8**のd・eといった空間）で技術の向上により井戸の開削や改善が図られると、この下方の段丘面における農耕地の確保を前提に、住民はそれまで宅地（屋敷地）の範囲としてきた段丘面の一段下の段丘面にも宅地（屋敷地）を設けるようになる、

といった過程をくり返してきたものと思われる。

　また、段丘面が宅地（屋敷地）で埋め尽くされる過程においても、以下のような屋敷地の進出や再構成があったことが想定される。土地台帳の分析からは、段丘面の中でも標高の若干高い、尾根状のところに、特定の家の屋敷地群がみられやすいことが明らかになった。これらの屋敷地の中には「事業」後、分筆（分割）を経たところも少なくないことから、それを反転させると、「事業」時に特定の家の屋敷群であったところは、かつてはそれらを合わせた敷地を持つ、より大規模な屋敷地であった可能性がある（**図2-9**）。それを反映しているのが、そうした場所に現在みられやすい、樹齢の古いフクギなどによる屋敷林と、かつてはそれらの大規模な屋敷地へのアプローチであったかもしれない、そこで突き当たりとなることの多い短い上下方向（北東－南西方向）の道路の存在（**写真2-6**）ではないかと思われる。さらに当初は、その周囲の谷状の地形となっているところに近い一帯は積極的には屋敷地としては利用されず、農耕地などとして利用されていたと思われる。その後、尾根状のところに立地した大規模な屋敷地が細分化されるのと前後して、谷状となっているところも遅れて道路化して[33)]、その沿道が分家などで求められるようになった屋敷地に転換された過程が想定される。現在では約15〜20m四方の屋敷地がほぼすき間なく並ぶ狩俣集落は、当初は、面積規模の大きい敷地を持つ少数の屋敷地が尾根状のところにのみ点在する集落形態であったかもしれない。そして、段階的にそれらの屋敷地やその周囲の農耕地（現地では「アタイ」などと呼ばれる）が段階的に細分化される中で、人口増加を許容できる一定数の屋敷地が確保されるとともに、一見すると不定型な街区を並べている、現在見るような狩俣集落の空間的構造が形づくられた可能性がある。

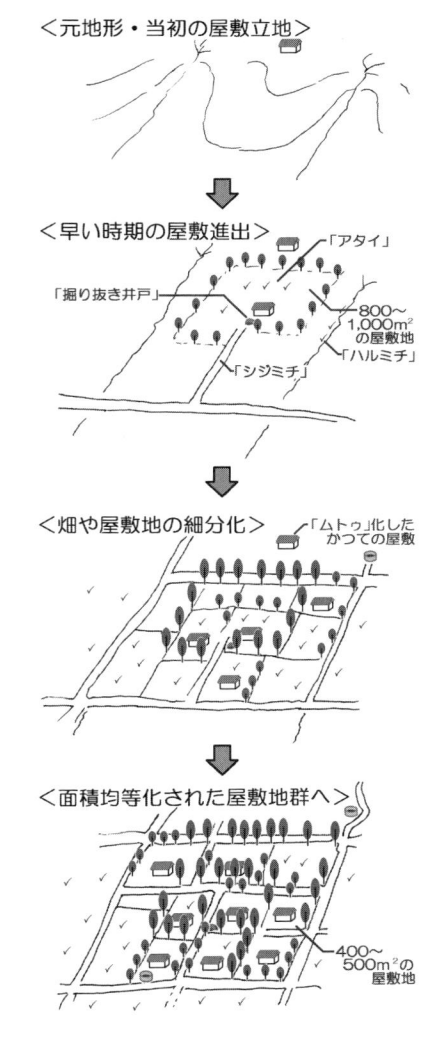

他地域ではこれに横方向街路が多く加わる。

図2-9　狩俣集落において想定された屋敷地の拡大・街区の再構成

VI　おわりに

　以上のように本章では、ここ宮古島では1899年頃開始された「土地整理事業」によって整備され、以降の情報が記載された地籍図および土地台帳の分析をもとに、同事業当時の原型的な狩俣集落の空間的構造を確認するだけでなく、詳細な地形条件との重ね合わせから、それらの構造が一帯の地形条件をもとにどのように形成され、また変化していったのかについて検討した。さら

に今回、それ以前の同集落の集落としての確立過程についてまでの考察を加えたが、この考察は、あくまで地籍図および土地台帳の分析をもとに推定したものであり、今後、発掘などを経た考古学的な検討を加えることでの検証を望んでいる。また考察においては、早い時期に進出したと思われる屋敷地あるいは屋敷地跡とそれらの範囲を示す可能性があるものとして、樹齢の古いフクギなどによる屋敷林の存在にふれたが、近年、フクギなどについては樹齢の推定方法が確立されつつあり、実際に狩俣集落における推定も試みられている[34]。それを用いて、各段丘面の屋敷林がそれぞれの段丘面開発の時間差を反映し、植えられた時期に違いをみせているのかを確認したり、同じ段丘面内でも尾根状のところと谷状のところとで屋敷林の樹齢が異なるかどうかを明らかにしたりすることで、今回の考察がより明確に検証されることも期待される。

　そして本章では、琉球諸島において広くみられる、18世紀以降の「村立て」を経験して格子状の集落形態を発展させた集落とは一線を画す、ここ狩俣集落の不規則な道路網や不定型な街区といった空間的構造の形成について検討したが、そこでは同集落の、特定の家の屋敷群が「土地整理事業」を経た後もしばらく、地形的条件を見ても比較的恵まれていると思われる箇所を占有してきた構造も明らかになった。しかしながらこうした空間的構造は、狩俣集落では問題視されていないものの、宮古島の各地では、いったん成立してしまった社会的階層性を固定し、従来研究で指摘されるように、伝統的にみられた富裕層と貧困層の格差の拡大をある程度維持してしまった可能性もある。これに対して、琉球諸島でも宮古諸島以外の多くの地域では、18世紀前半に「地割制」と屋敷地・農耕地の面積制限とを徹底して、既存の集落を移転させたり、新規に開発を行ったりする「村立て」を進めることで、とくに横方向の道路を充実させ、ほぼ全てが南入りとなっている屋敷地を整然と並べる「横一列」型の街区を多く配置した、「ゴバン型集落」あるいは「格子状集落」と呼ばれる集落形態を発達させている。こうした首里王府による「格子状集落」といった空間的構造の普及は、単に特徴的な集落景観を形づくるだけでなく、それまでにあった住民間の社会的関係の再構成にも切り込む、実に大きな試みであったのではないかと感じられた。

　沖縄戦により「土地整理事業」当時の地籍図および土地台帳が多くの地域で失われてしまっているという制約はあるものの、今後むしろ「格子状集落」がみられるところで本章のような分析を行い、そこでの空間的構造の成立と変化とを明らかにすることはもちろんのこと、今回の狩俣集落での分析と比較することで、あらためて「地割制」自体や、その制度が「格子状集落」の成立に与えたとされる影響についても検討を行いたい。

　　［付記］調査では、平成25〜28年度科学研究費補助金（基盤研究（B））「琉球の近世計画村落形成に伝統的祭祀施設と村抱護が果たした役割と意味に関する研究」（研究代表者：浦山隆一、課題番号：25289212）などの一部を使用した。なお、本章の内容は、2016年9月の狩俣報告会（於宮古島市）、同年11月の人文地理学会大会（於京都大学）における発表に大きく分析・考察を加えたものである。

＜注および文献＞

1）　例えば、独特な方言や伝統的な祭祀とその変遷についての研究としては、以下のような研究が挙げられる。①狩俣　進「宮古島平良市狩俣方言の活用」沖縄県の言語と文化5、2016、27-30頁。②島村恭則「民間巫者の神話的世界と村落祭祀体系の改変──宮古島狩俣の事例」日本民俗学194、1993、70-124頁。

2）　仲松弥秀「琉球列島における村落の構造的性格」人文地理16-2、1964、113-138頁。

3）　坂本磐雄『沖縄の集落景観』九州大学出版会、1989。

4) 琉球諸島の広い範囲で、「村立て」が行われた集落の立地の多くは、約10分の1の傾斜度を持つ舌状の緩斜面と一致しやすい。そうした傾斜度を持つ斜面で、首里王府による宅地面積規制を満たす奥行き15〜20m、間口20〜15m程度の宅地（屋敷地）を一定数配列しようとすると、「横一列」型の街区の採用が効率よく、また、宅地（屋敷地）とその上方を走る道路との標高差から、北入りとするのは困難であると想定される。山元貴継「沖縄島南部における「格子状集落」の立地と構造 〜地籍図から見た南城市・前川集落〜」しまたてぃ 74、2015、4-8頁。

5) 宮古島市史編さん委員会編『宮古島市史 第一巻 通史編 みやこの歴史』宮古島市教育委員会、2012、249-260頁。

6) 前掲3) 97-98頁。

7) 仲松弥秀「宮古諸島の地理」（琉球大学沖縄文化研究所編『宮古諸島学術調査研究報告（地理・民俗編）』琉球大学沖縄文化研究所、1966）15-25頁。

8) 仲松弥秀「村落構造と祭祀世界 本島 ── 祭祀的世界の反映としての集落構成 ── 」（日本民族学会編『沖縄の民族学的研究：民俗社会と世界像』民族学振興会、1973）1-63頁。

9) 前掲3) 226-233頁。

10) 一方で、狩俣集落の東南約2kmの、太平洋岸に位置した島尻集落については、本章で用いるような地籍図や土地台帳を活用した以下のような詳細な分析がある。中西僚太郎「宮古島北部村落の空間構造とその形成過程 ── 平良市島尻の事例 ── 」鹿児島女子短期大学附属南九州地域科学研究所報 11、1994、59-73頁。

11) 前掲5) 261-265頁。

12) http://nrb-www.mlit.go.jp/kokjo/tochimizu/F3/ZOOMA/4702/index.html（2018年1月1日閲覧）

13) 矢崎清貫・大山　桂『宮古島北部地域の地質』地質調査所、1979。

14) 安谷屋昭・砂川信夫・下地恵常ほか『郷土の自然』（宮古島市立平良図書館所蔵資料）。

15) 山元貴継「沖縄県における地籍図・土地台帳とその活用」アリーナ 14、2012、189-200頁。

16) こうした、背後に明確な丘陵のないところでは、冬の季節風に直接さらされやすくなることのほか、降水がすぐに地下に浸透しやすい隆起石灰岩地形が広く展開する中で、後述するように丘陵があれば地表の浅いところで飲用水を得られるという条件を求めにくくなり、かつては集落の拡大範囲として好まれなかったものと想定される。

17) 狩俣集落を取り囲んでいた石垣は、馬が乗り越えることは困難であったくらいの高さであったとされる。正式な石垣内外の出入りは、東の「アーズヌ」大門「フジャー」を通して行われることとなっており、石垣と門には、ムラに災いをもたらす諸々のものを食い止めてくれるという役目が期待され、祭祀も東の大門で行われてきた。ただし実際には、石垣のところどころは低く切り取られた「クインツ」となっており、実質の通用門化していたとされる。佐渡山正吉「地名と屋号で見る狩俣集落の変遷」平良市総合博物館紀要 1、1994、69-80頁。

18) 地籍図および土地台帳をもとに作成した1899（明治32）年頃の土地利用図では、狩俣集落西端の石垣の西側の通称「スムバリ（下原）」に若干の宅地がみられるが、これは、1892（明治25）年から1913（大正2）年までここにあった、狩俣小学校の敷地などを示したものである。同校が石垣の西端、通称「スムバリ境界線」を越えて設けられたことに触発されて、以降、石垣の外側への屋敷の進出が進んだとされる。なお、狩俣集落の一帯の地番は、この狩俣小学校のあった地筆のすぐ下方を起点として付与されており、小学校跡地は字狩俣3番地である。前掲17)。

19) 前掲17)。

20) この地番は、後に「土地整理事業」で付与されて現在でも引き続き使用されている地番とは異なり、「戸籍法」に基づく地番であって、あくまで屋敷地のみを対象に、かつ実質、家族単位にふられていた。春日文雄「沖縄の土地整理事業ノート ── 宮古を中心に(2) ── 」地域研究シリーズ（沖縄国際大学南島文化研究所）25 宮古・平良調査報告書(3)、1998、1-24頁。

21) 同資料によれば、当時の狩俣村の戸数は190、人口は男性446名・女性469名であった。

22) 「ウプグフムトゥ」には、その場所が風除けによって求められたとの伝承がある。また、その少し西側の「アラグフムトゥ」の北側の半径50mくらいの範囲の原野および畑作地は、周囲のそれらの地目の地筆と比べて面積規模が小さく宅地並みの面積となっており、地筆の形状も不自然である。さらに、それらの原野および畑作地の所有は、根間家および狩俣家の関係者によって占められている。そこは、井戸を核とした拝所もあり、かつて旧根井間村の中心地があったところとして史跡地化されているが、こうした周囲と大きく異なる原野および畑作地筆の状況は、そこがかなり古い時期に屋敷地として使われていた土地であったことを示している可能性があるため、考古学的な検討とのすり合わせを待ちたい。

23) 住民への聞き取りによれば、これら根間家・狩俣家以外の例えば平良家や新里家は、根間家・狩俣家の関係者が分家に際して別姓を名乗った可能性もあり、必ずしも後発の移住者とは断言できない。

24) 前掲17)。

25) 佐渡山正吉「狩俣地域の井戸造り —— 水の確保に苦労した人々 —— 」平良市総合博物館紀要 9、2004、23-30頁。

26) 前掲20)。

27) 前掲17)。なお、住民の聞き取りからはそれがこの説得の背景にあった可能性は否定されるものの、この石垣の撤去に関わった三役がいずれも根間家／狩俣家を名乗っていなかった人物であることは注目される。

28) 現在では1950年に施行された建築基準法における「接道義務」により、道路に2m以上接していない地筆を建築物の敷地にはできないということが規定されているが、こうした規定が無くても現実的には、道路に接していない屋敷地は想定しにくい。

29) 偶然かもしれないが、こうした尾根状のところは標高20mを越えているところが多く、「明和大津波」で浸水を免れた標高にも相当する。

30) 前掲25)。こうした現在の県道の南側の畑作地中の「ウリガー（降り井戸）」は、かつては水汲みの難儀もさることながら、地表水の流入による水源汚染にも悩まされていた。その後、石積みで周囲を固めて縦掘り型に改築し、地表水の流入を防いだことで、水質が大いに改善されたとされる。

31) 前掲25)。

32) 1960年代末までの農耕地の土地所有関係の変化で目立ったのは、新里家／平良家の所有農地の大きな減少であった。そのうち相当数の地筆が、根間家の関係者の所有となった。

33) こうした過程を物語るように、これら谷状のところを走る道路は、その両側に側溝がみられやすく、現在でも一帯における大雨時の排水を担っている。近年、こうした側溝の多くは暗渠化されることで、一見するとこれら谷状のところを走る道路は相対的に幅が広くなっており、自動車の行き来に多く用いられるようになっている。

34) Chen, B., Nakama, Y., & Urayama, T. Dimensions and management of remnant Garcinia subelliptica tree belts surrounding homesteads: A case study from two villages in the Sakishima Islands, Okinawa Prefecture, Japan. *Journal of the Japanese Society of Coastal Forest*, 15(2), 2016, 29-36.

（山元貴継）

3章　離島の暮らしの持続性と食料供給
── 山口県周防大島を例とした検討 ──

Ⅰ　はじめに

1.　目的とフレームワーク

　古くから農村の暮らしは、自給的な性格を持っていた。自らの暮らしを維持するための食料を生産できるからである。それが自給の大きな前提でもあった。こうした農村像は戦後の高度経済成長期まで続いたということもできる。基本的に、その場所で食べるものを確保することができれば暮らしは成立する。その文脈において、食料生産の多寡が暮らしの豊かさを決めるともいえる。実際、古くから米の生産量は重要な指標であった。食料生産が多いとそれだけ人口支持力も大きいからである。その一方、自らの暮らしを維持するための食料が生産できない地域では、他所から食料を調達する必要がある。都市がその典型でもある。都市には食料生産能力はないが、何がしかの対価、あるいは権力をもって、多くの人口を支える食料を他所から確保してきたといえる[1]。

　この食料自給と域外依存の関係は、状況によって変化する。他地域との交流が少ない時代や場所であれば、食料生産の多寡が豊かさと直結し、農業が重要な経済基盤となる。一方、今日のように他地域との交流が活発に行われている状況では、その地の農業が必ずしも有力な経済基盤とはならない。他地域からの潤沢な食料供給が低コストで実現できるようになると、食料供給能力の持つ重要性は小さくなる。

　こうした状況下で、現在の都市と農村の関係をどのように把握できるだろうか。**図3-1**のフレームワークを提示したい。上段は従来的な認識を示したもので、農村は自給を前提とし、その余剰を都市に供給する、という枠組みである。おそらく人類史の長い間、都市の食料供給はそのようにして担われてきたともいえる。

　一方で、そのような枠組みは現在の日本の都市・農村の枠組みの中で機能するのか、という疑問から筆者が描いたのが下段である。

　まず第1に、今日の農村部において食料が自給されているとはいえない。実際問題として、ほとんどの農村住民は少なからぬ食料を域外からの供給に依存している。現在の暮らしにおいては、都市であろうと農村であろうと、多くの食品は都市部の工場や流通機構

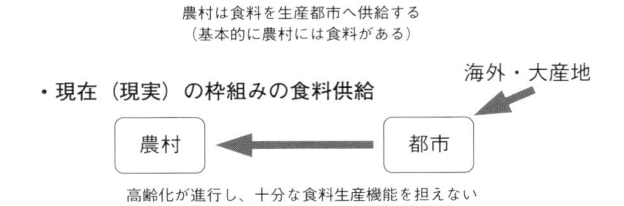

・従来の枠組みの食料供給

農村　→　都市

農村は食料を生産都市へ供給する
（基本的に農村には食料がある）

・現在（現実）の枠組みの食料供給

海外・大産地

農村　←　都市

高齢化が進行し、十分な食料生産機能を担えない
（基本的に農村には食料がない）

図3-1　現在の農村への食料供給を理解するための枠組み

を経由しないと食卓には届かないし、パンやコーヒーなど日常の食品の原材料の多くを海外からの供給に依存している。第2に、高齢化が進行する今日の農村では、農業就業者の高齢化に伴い、自給的性格を喪失しかけている。十分な食料供給機能を担えないばかりか、食料供給を他地域に依存せざるを得ない、という性格を強く帯びるようになっていることに留意する必要がある。すなわち、経済基盤としての農業が喪失するというだけではなく、食料の出荷はしなくとも、自家消費分の食料は近隣の農地で栽培できるというようなスタイルさえ継続できず、かつては自給していた野菜類も、店舗での購入によって確保するというスタイルが広がっているのである。そこには、都市からの食料供給を受ける農村という姿をみてとることができる。今日の日本の農村を理解する上で、**図3-1**上段の枠組みは十分ではないことを指摘したい。

表3-1　周防大島における藩政期の村名と明治以降の町村合併

『地下上申』における村名	『注進案』における村名	読み	1979年〜（明治12）	1889年〜（明治22）	それ以降の経緯	2004年〜
久賀村	久賀村・同浦	くか	東久賀村 西久賀村	久賀村	久賀町(1904-)	周防大島町
志佐村	志佐村	しさ	志佐村	小松志佐村	小松町(1916-)、大島町(1952-)、大島町(1955-)	
屋代村	小松村	こまつ	小松村			
		こまつかいさく	小松開作村			
	屋代村	やしろ	東屋代村 西屋代村	屋代村	大島町(1952-)、大島町(1955-)	
秋村	秋村	あき	秋村	沖浦村	大島町(1955-)	
出井村	出井村	いずい	出井村			
戸田村	戸田村	へた	戸田村			
横見村	横見村	よこみ	横見村			
日見村	日見村	ひみ	日見村			
三蒲村	三蒲村	みがま	東三蒲村 西三蒲村	蒲野村	大島町(1955-)	
椋野村	椋野村	むくの	椋野村		1956年大字椋野を久賀町に編入	
安下庄	安下庄・同浦	あげのしょう	東安下庄村 西安下庄村	安下庄村	安下庄町(1915-)、橘村(1955-)	
(平野村の内)	(平野村の内)	うかしま	浮島	日良居村	橘村(1955-)	
油良村	油良村	ゆら	油良村			
土居村	土井村	どい	土居村			
日前村	日前村	ひくま	日前村			
伊保田村	伊保田村	いほた	伊保田村	油田村	東和町(1955-)	
油宇村	油宇村	ゆう	油宇村			
森村	森村	もり	森村	森野村	東和町(1955-)	
平野村	平野村	ひらの	平野村			
神浦村	神浦村	こうのうら	神ノ浦村			
和佐村	和佐村	わさ	和佐村			
内入村	内入村	うちのにゅう	内ノ入村	和田村	東和町(1955-)	
和田村	和田村	わだ	和田村			
小泊村	小泊村	こどまり	小泊村			
西方村	西方村	にしがた	西方村	家室西方村	白木村(1941-)、東和町(1955-)	
外入村	外入村	とのにゅう	外ノ入村			
地家室	地家室	じかむろ	地家室村			
沖家室	沖家室	おきかむろ	沖家室島			
平郡島	平郡島	へぐり・へいぐん	平郡島	平郡村	柳井市に編入(1954-)	

注：町村合併の大枠を示しており、字など村域の一部の編入などについては表示していない。

　本章では、こうした状況下で離島の暮らしはどうあるのかを考えたい。離島を取り上げるのは、一般的に食料生産（農業）基盤も脆弱で、他所とのアクセスにおいても不利な条件を抱えるからであり、**図3-1**下段の状況下の農村を考える上での一つの典型ともいえるからである。こうした状況で離島の暮らしの持続可能性を検討することは、離島のみならず、広く**図3-1**下段の状況の農村にも敷衍できる議論を提供できると考えた。

2.　周防大島

　研究対象として着目するのが、周防大島（屋代島）である。同島は山口県東部に位置し、周辺の島々を含めて周防大島町を構成する。同町は2004年に大島町、久賀町、橘町、東和町の4町が合併して発足したもので、町村合併の経緯は**表3-1**に示される。概ね、藩政村の単位が1889（明治22）年の町村制以前の村、および現在の大字と重なる[2]。**図3-2**は合併前の旧4町とそれを構成する藩政村の位置を示したもので、ここではこの大字、藩政村、明治の町村制以前の村に相当する地域を「地区」と呼称する。以下、旧町ごとに概略する。

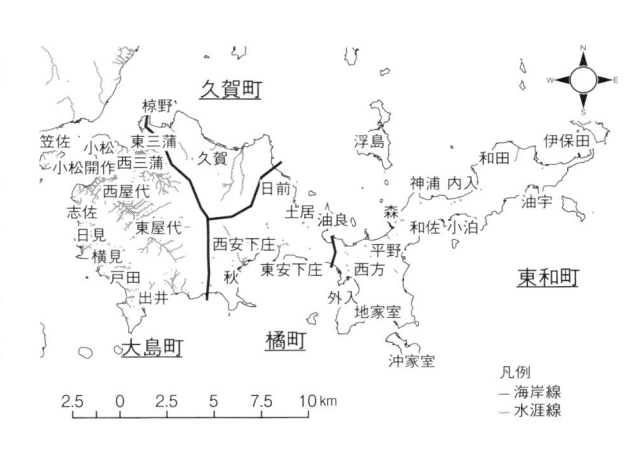

図3-2　調査対象地域

　旧大島町は島の西部にあり、大畠瀬戸を挟んで本土（本州）側と向きあう。1976年に架橋された大島大橋（1996年無料化）によって、対岸の柳井市と結ばれている。町の中心は小松地区で、1610（慶長15）年の検地帳では屋代庄の一部とされているが、幕末には小松村として独立している。古くから本土との交通の要衝であるとともに、元禄年間に干拓事業が実施され、これが小松開作村となる。製塩施設と港湾施設が築かれたとあり、塩の産出は4万4500石にのぼったという[3]。屋代地区は屋代川沿いに同島西部の中央に位置し、海に面していない。古代の屋代郷、荘園の屋代庄の地とされる。海に面していないため、島内では比較的農業の比重の大きかった地域でもある。また、北側の三浦地区も穀倉とされた地域で、域内を流れる大川に沿って平地が開ける。町域の西側には海岸線に沿って、北から志佐、日見、横見、戸田、出井の各地区が並び、本土との間には笠佐島がある。

　旧大島町の東、島の北側に位置したのが旧久賀町で、町の中心は久賀、藩政期の久賀村に相当し、1889年の町村制施行時に久賀村単独で自治体となり、以降2004年の合併まで存続した。

　旧橘町は旧久賀町の東に位置し、北は安芸灘、南は伊予灘に面する。北側の中心は土居、南側の中心は安下庄となる。安下庄は古く周防五浦（安下庄浦、久賀浦、室津浦、上関浦、室積浦）の一つとされ、最も勢力があったとされるほか、広範な漁業権を有していたとされる[4]。一方、旧日良居村であるが、日前、土居、油良の3村で構成される明治22年の行政村が母体である。現在の中心は土居地区であるが[5]、藩政期に土居村は日前村の支村であったとされ、古くは日前地区に中心があった。

　島の東側は旧東和町で、島の南側旧白木村の中心の外入地区、島の東端旧油田村の中心の伊保田地区、および旧東和町役場の置かれた平野地区などが中心集落となる。西方、外入、地家室の旧村に沖家室島を合わせた範囲が旧白木村（旧家室西方村）となる。旧白木村の東隣が、森、平野、神浦、和佐の旧4村から構成される旧森野村、さらにその東に旧内入村、和田村、小泊村から構成される旧和田村があり、島の東端に旧伊保田村と油宇村からなる旧油田村が位置した。特に旧東和町は、2000年の国勢調査による高齢者人口比率が50.6％と50％を超え、日本で最も高齢化が進んだ自治体といわれた。合併により、すでに東和町の名前は消滅したものの、周防大島町それ自体も早い段階から高齢化が進行している。2000年の国勢調査では大島郡の高齢化率が42.5％であったものの、2015年の国勢調査では51.9％、2017年4月の住民基本台帳による高齢化率は52.3％となっている。

　このように、周防大島は典型的な高齢化の進む島嶼と位置付けられ、冒頭に示した島の暮らしの持続性を考える上では、大きな困難を抱えているといえる。しかしながら、この島の歴史を振り返る時、今日とは全く異なる姿が浮かび上がる。本章では、藩政期からの島の変化という長期的な視点を取り入れつつ、そこに共通する食料自給の困難な島の存立の背景を論じたい。

Ⅱ　『防長風土注進案』にみる周防大島

　『防長風土注進案』（以下『注進案』）は、1841（天保12）年に編纂された藩政期の萩（長州）藩をめぐる地誌書で、地勢、人口、産業、民俗など広範な記述が特徴である[6]。これに依拠して、19世紀半ばの周防大島の姿を描き出したい。以下、特に注記のない場合、村別の人口などの数値は、注進案によっている[7]。ただし、『注進案』における島の範囲（大島宰判、大島郡）と現在の周防大島町の範囲は厳密には同じではない。平郡（『注進案』ではへぐり、現在の表記はへいぐん）島は、『注進案』では大島宰判に含まれているが、現在は柳井市であり、周防大島町ではない。同様に、現在の柳井市の遠崎地区は、当時は大島郡で、1876（明治9）年から玖珂郡に属した。遠崎村は萩藩領である大島宰判の本土側（岩国藩領）の渡航基地であったとされ（角川日本地名大辞典）、大島宰判に属していた。Ⅱにおいては、これらを含む範囲を周防大島の範囲として扱ったが、Ⅲでは含めていない。なお、宰判とは萩藩の行政区分の単位である。

1．萩藩における周防大島

　まず、図3-3は『注進案』に基づく人口分布で[8]、この島の人口の稠密さが見てとれる。藩内で人口が稠密な地域は三田尻（現在の防府市）周辺や熊毛郡周辺に見られるが、それらと比較してもこの島の稠密な人口、特に東部に至るまでほぼ全域に多くの人口を擁している。同様に、図3-4は村別の米の生産量、図3-5は村別の米の人口一人当り生産量[9]である。ここからうかがえるのは、藩の米の生産の主力は、中央部の南側に広がっていることである。その中で、この島の生産量は西部の屋代村などでまとまった量が認められるものの、総じて少ない。特に東部の生産量は、藩内でも最低の水準である。先の図3-3との対比、すなわち、人口が多い割に生産量が少ない、というこの島の特徴は顕著である。実際、図3-5からは、島の一人当り生産性の低さが顕著に読み取れる。

　図3-3〜5が描き出すのは、米の生産性は高くないものの、稠密な人口を誇る島の姿である。

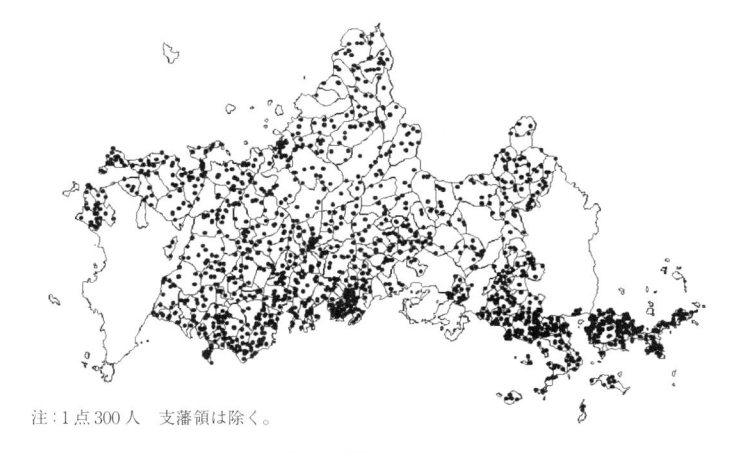

注：1点300人　支藩領は除く。

図 3-3　萩藩の人口分布
（『注進案』により作成）

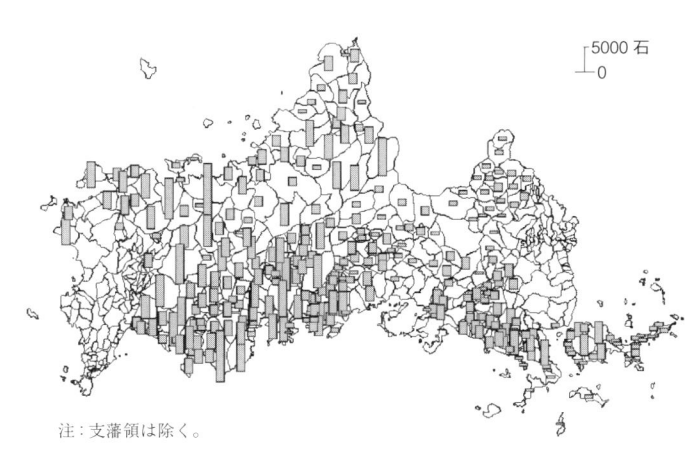

注：支藩領は除く。

図 3-4　萩藩の村別米の生産量
（『注進案』により作成）

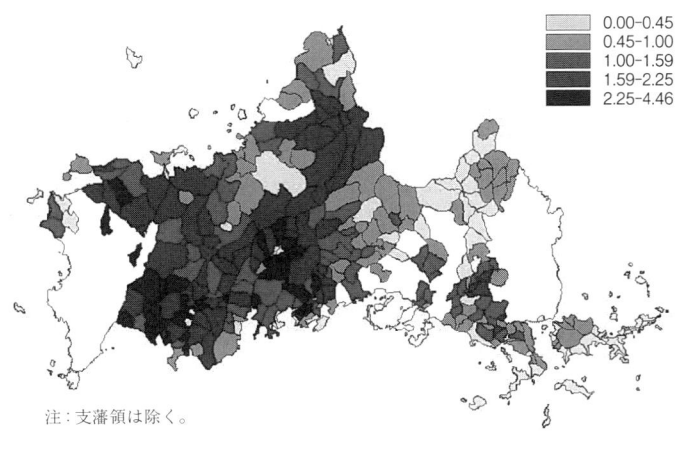

注：支藩領は除く。

図 3-5　萩藩の米の生産性（単位：石／人）
（『注進案』により作成）

表3-2　宰判別田畠、石高、戸数および人口

宰判名	総田畠町数	総石高	人　口	一人当り町数	一人当り石高
大　島	2,620	29,717	56,554	0.05	0.53
奥山代	2,017	16,368	16,728	0.12	0.98
前山代	2,599	22,365	16,648	0.16	1.34
上　関	2,978	39,069	35,968	0.08	1.09
熊　毛	3,476	50,703	32,839	0.11	1.54
都　濃	2,667	37,759	23,172	0.12	1.63
三田尻	3,790	60,011	32,344	0.12	1.86
徳　地	2,486	31,851	20,370	0.12	1.56
山　口	3,578	46,974	25,483	0.14	1.84
小　郡	5,218	59,666	38,843	0.13	1.54
舟　木	5,418	61,429	31,258	0.17	1.97
吉　田	4,600	61,292	24,280	0.19	2.52
美　祢	3,124	36,744	16,014	0.20	2.29
先大津	3,288	37,040	24,585	0.13	1.51
前大津	2,128	25,615	17,974	0.14	1.43
当　島	3,549	39,051	24,900	0.14	1.57
奥阿武	6,046	56,834	29,172	0.21	1.95
計	59,582	712,488	467,132	0.13	1.53

（『注進案』により作成）

当時からこの島が豊かな食料生産地域であったわけではない。しかしながら、『注進案』には大島宰判の人口は5万6554人、1万1293戸と記録されている。これは藩内のどの宰判の人口よりも多い。**表3-2**は『注進案』に依拠して、宰判ごとの田畠町数、石高、人口を集計したもので、大島宰判の人口は他の宰判の概ね2倍近い値を擁していることがうかがえる。その一方で、田畠の面積は決して多くなく、石高も高くない。例えば、人口規模では半分にも満たない山口宰判の田畠面積は約1000町、吉田宰判のそれは約2000町も多い。結果として、人口一人当りの町数は藩内で最低の水準になる。多くの宰判のそれが0.1町を越えるのに対して、0.05町にとどまっている。奥阿武宰判の0.21町、美祢宰判の0.20町、吉田宰判の0.19町などとの間には大きな隔たりがある。一人当り石高に関しても同様で、多くの宰判で1石を越えるのに対し、0.53石にとどまる。吉田宰判の2.52石、美祢宰判の2.29石、舟木宰判の1.97石などと比べて大きな隔たりがある。

　以上から、藩内でも農業基盤が決して充実しているわけではないものの、極めて稠密な人口の集積していた島の姿がうかがえる。いわば、人口が溢れかえる島であり、そこには今日の過疎・高齢化にあえぐ島の姿はない。このように農業基盤・食料生産力が高くない状況で、多くの人口を支えていた背景として、食料を外部に依存していたことがうかがえる。先の**図3-1**の枠組みからは、周防大島は特殊な島であったと考えられる。農村が十分な食料供給を生み出していたとは考えられないからであり、むしろ、都市的な性格を有していたこと、あるいは**図3-1**下段に示した今日のような食料供給を外部に依存する島の姿をみてとることができる。

2．周防大島の経済基盤

（1）村高と人口

　ここでは、相対的に貧弱な農業基盤しか持たないものの、極めて多くの人口を有した周防大島の経済基盤を、『注進案』の記述に基づいて明らかにしたい。**表3-3**は『注進案』による村別石高（村高）と人口を示している。人口に関しては、久賀村や屋代村、安下庄など、4000人を超える比較的人口の大きな村が西部に数か村認められ、その周辺に人口の少ない村が分布する、という傾向がうかがえる。例えば、志佐村、日見村、横見村、戸田村などいずれも人口2000人に満たない。一方で東部には、人口が飛び抜けて多い村は存在しないものの、決して人口が希薄ではなく、人口1000人から2000人規模の村が数多く分布している。また、石高は屋代村の約4500石を筆頭に、久賀村、三蒲村、安下庄、小松村、椋野村などの島の北西の村を中心に、高い石高が認められる。

　当然、石高や人口は村の規模によって差異が生じるため、人口一人当りの石高に着目したい。すでに**表3-2**より、他の宰判が1石以上であるのに対して、大島宰判のそれが0.5石程度であることを示した。**表3-3**からうかがえるのは、さらに低位な値である。一人当り石高で、島の最高値は横見村の1.12石で、それが唯一島内で1石を超える村であるが、同村は人口482人と、島内でも規模のかなり小さな村である。他に、三蒲村の0.99石や、屋代村と神浦村の0.92石などがみられるものの、0.5石に満たない村も相当数に上る。特に、沖家室は0.05石とほとんど石高を持たない。それに地家室の0.12、外入村の0.19、日前村の0.31、出井村の0.32、小泊村の0.33などが続き、おおむね東部で低値となっている。実際、旧東和町の領域で再集計した一人当り石高は0.33石、旧橘町では0.43石、旧久賀町では0.55石、旧大島町では0.75石であった[10]。

　その一方で、これら一人当り石高が低位の村の人口が、高位の村よりも多いということもまた事実である。例えば、沖家室の124石は最低水準であるものの、人口2394人は島で有数の規模である。旧東和町の領域にある13村で最大の人口を有するのは、西方村の2600人、961石であるが、一人当り石高は0.37石に留まる。961石という石高は島内でも上位に位置し、島の東部では最大である。このために、人口も一定程度の集積を見ていると考えることもできるが、これに次ぐ人口を有するのが上記の沖家室

表3-3　防長風土注進案にみる各村の状況

村　名	村　高	人　口	人口一人当り村高
	石	人	石／人
久賀村同浦	3,947	7,124	0.55
日前村	620	2,010	0.31
西方村	961	2,600	0.37
森　村	536	1,020	0.53
平野村	399	1,143	0.35
内入村	222	405	0.55
和佐村	414	592	0.70
和田村	632	1,103	0.57
小泊村	164	499	0.33
地家室	212	1,720	0.12
沖家室	124	2,394	0.05
安下庄	2,847	6,346	0.45
秋　村	719	1,489	0.48
出井村	209	648	0.32
戸田村	732	1,477	0.50
日見村	695	850	0.82
神浦村	225	246	0.92
油宇村	477	1,262	0.38
油良村	472	695	0.68
外入村	392	2,101	0.19
横見村	542	482	1.12
志佐村	618	1,148	0.54
屋代村	4,498	4,910	0.92
小松村	1,925	3,163	0.61
遠崎村	749	1,380	0.54
三蒲村	3,137	3,155	0.99
椋野村	1,108	1,711	0.65
土居村	449	1,095	0.41
平郡島	935	2,178	0.43
伊保田村	757	1,608	0.47
大島宰判全体	29,717	56,554	0.53

注：『注進案』の記載順　　　　　　　（『注進案』により作成）

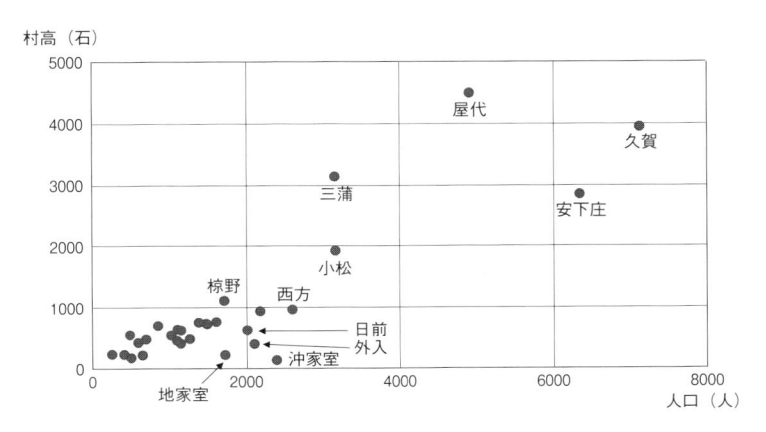

図3-6　大島宰判の村高と人口
（『注進案』により作成）

で、それに次ぐ2101人の人口を有する外入村は、一人当り石高が0.19石と、やはり低位にある。同様に、それに次ぐ1720人の地家室は石高わずか212石である。ここからうかがえるのは、石高に対して極めて多くの人口を抱えていた島の姿である。

　図3-6は村の人口と石高の関係を示し、縦軸は村高、横軸は人口である。島内で有数の人口を擁する久賀や安下庄、屋代、三蒲、さらに小松の各村は、概ね2000石を超える石高があり、一定程度の農業基盤を持っていたといえる。これに対して、沖家室をはじめ、地家室や外入、日前などの村は、人口の割には農業基盤が極めて貧弱である[11]。

(2)唐芋(サツマイモ)について

　藩政期の周防大島の人口増加を支えた要因として、唐芋の普及が早くから指摘されている。例えば、『山口県久賀町誌』には「イモの伝来と、木綿織の流行から、夥しい分家独立を見るに至る。(p.67)」という記述が見られる。また、『東和町誌』などにも類似の記述が見え、藩政期に唐芋が米の生産に劣るこの島の食料供給を支えたという認識が広く認められる。また、先行研究[12]にみるように、藩内においても同島がイモの生産に特化した地域であったことは疑いがない。しかしながら、唐芋生産が島の食料供給の一翼を担ったという考え方は、否定はしないまでも、その影響を過大評価することは避けたい。少なくとも、唐芋生産の増加によって、米の不足分を補い、概ね食料自給ができたとする考え方には、やや懐疑的である。

　『山口県久賀町誌』(江戸末期の生産力現況 pp.131-138)では、当時の米麦等の生産量と消費量、および現金収入に基づいた推計から、農業を基盤としていた久賀村地方においてさえ食料自給は困難で、1857石の不足が生じ、それを金銭で購入することによって補っていたことが示されている。むしろ、こうした状況、外部から金銭によって食料供給をしていたというのが、当時の島の姿ではなかったか。

　表3-4は『注進案』に基づいて筆者が行った試算である。村名に続き、米麦と唐芋[13]の産高[14]が示されている。表3-3では村高に基づいて一人当り石高を示したが、実際には年貢としての供出分が含まれていない。そこで、ここでは供出分を米の産高の半量と見積もって、実際に一人当りに供給できる米の量としてF欄の数値を得た。これに対して、推計される需要を一人当り一石／年として、一石を150kg、玄米100g当り355kcal(日本食品標準成分表)で換算した場合の一人当り必要カロリーは53万2500kcal／年となる。この値を基準値として、米の産高から得られる一人当り供給量との差、すなわち不足カロリーがG欄に得られる。一方、麦の産高は別にC欄に示され、そこから求められる一人当りの供給量とカロリーをH、I欄に、同様に唐芋のそれをJ、K欄に示した。その際、一貫を3.75kgとし、日本食品標準成分表に基づき、大麦(押麦)100g当りのカロリーを340kcal、サツマイモ(塊根、皮むき、生)100g当りカロリーを134kcalとした。その上で、L欄には麦と唐芋によって補填されるカロリー分を加算した一人当り供給カロリーを示した。マイナス値は年間に一人一石を必要カロリーとした場合、実際に米、麦と唐芋の産高によって供給されるカロリーではそれが補えないことを示し、少なからぬ村がマイナス値となる。また、M、N欄はそれぞれ不足カロリーの補填に唐芋と麦がどの程度貢献しているかを示したものである。

　伊保田や内入、和佐、神浦など唐芋が効果的であった村も確かに存在する。しかしながら、多くの人口を抱える久賀や安下庄、屋代などの村では、唐芋の補填する量は決して多いわけではない。無論これは一つの推計にすぎず、少ないながらも粟黍などの生産も確認できるし、一人当り

表 3-4 　『注進案』の産高にみる米、麦、唐芋の供給量

村　名	A 米	B A/2 半量を供出した場合	C 麦	D 唐芋	E 村の人口	F B/E 一人当り米供給量	G* (1-F)×532,500 一人当り不足カロリー	H C/E 一人当り麦供給量	I** H×510,000 同供給カロリー	J D/E 一人当り唐芋供給量	K*** D×3.75×1,340 同供給カロリー	L**** G-(I+K) 麦と唐芋の供給カロリーを加算した上での一人当り不足カロリー	M K/G 不足カロリーに占めるイモの割合	N H/G 同麦の割合
	石	石	石	貫	人	石/人	kcal/人	石/人	kcal/人	貫/人	kcal/人	kcal/人	%	%
久賀村同浦	3,611	1,806	1,698	126,770	7,124	0.25	397,536	0.24	121,526	17.8	89,419	-186,591	22.5	30.6
日前村	623	311	464	26,520	2,010	0.15	449,989	0.23	117,678	13.2	66,300	-266,011	14.7	26.2
西方村	839	419	1,044	127,500	2,600	0.16	446,634	0.40	204,779	49.0	246,418	4,563	55.2	45.8
森　村	435	218	629	52,250	1,020	0.21	418,901	0.62	314,299	51.2	257,408	152,805	61.4	75.0
平野村	376	188	475	80,000	1,143	0.16	444,953	0.42	212,133	70.0	351,706	118,886	79.0	47.7
内入村	134	67	204	30,470	405	0.17	444,605	0.50	256,705	75.2	378,054	190,153	85.0	57.7
和佐村	208	104	340	44,450	592	0.18	438,978	0.57	292,831	75.1	377,299	231,152	85.9	66.7
和田村	457	228	543	66,000	1,103	0.21	422,253	0.49	250,871	59.8	300,680	129,298	71.2	59.4
小泊村	77	38	156	24,850	499	0.08	491,649	0.31	159,070	49.8	250,243	-82,335	50.9	32.4
地家室	65	33	860	96,376	1,720	0.02	522,407	0.50	254,938	56.0	281,564	14,095	53.9	48.8
沖家室	0	0	530	65,000	2,394	0.00	532,500	0.22	112,866	27.2	136,435	-283,200	25.6	21.2
安下庄	2,303	1,151	2,025	183,430	6,346	0.18	435,884	0.32	162,752	28.9	145,247	-127,886	33.3	37.3
秋　村	524	262	617	63,200	1,489	0.18	438,852	0.41	211,175	42.4	213,284	-14,393	48.6	48.1
出井村	136	68	245	32,500	648	0.11	476,465	0.38	192,558	50.2	252,025	-31,882	52.9	40.4
戸田村	310	155	382	60,750	1,477	0.10	476,617	0.26	131,798	41.1	206,682	-138,137	43.4	27.7
日見村	558	279	382	30,600	850	0.33	357,671	0.45	228,948	36.0	180,900	52,177	50.6	64.0
神浦村	144	72	170	15,000	246	0.29	376,229	0.69	351,876	61.0	306,402	282,050	81.4	93.5
油宇村	337	168	671	89,440	1,262	0.13	461,444	0.53	271,035	70.9	356,130	165,721	77.2	58.7
油良村	316	158	284	33,583	695	0.23	411,544	0.41	208,042	48.3	242,812	39,311	59.0	50.6
外入村	248	124	909	137,592	2,101	0.06	501,056	0.43	220,613	65.5	329,081	48,638	65.7	44.0
横見村	339	170	195	17,955	482	0.35	345,090	0.40	206,040	37.3	187,186	48,136	54.2	59.7
志佐村	418	209	377	34,800	1,148	0.18	435,592	0.33	167,474	30.3	152,326	-115,793	35.0	38.4
屋代村	3,460	1,730	1,838	74,601	4,910	0.35	344,885	0.37	190,863	15.2	76,348	-77,674	22.1	55.3
小松村	1,043	521	641	31,304	3,163	0.16	444,731	0.20	103,322	9.9	49,732	-291,677	11.2	23.2
遠崎村	473	236	274	22,380	1,380	0.17	441,313	0.20	101,373	16.2	81,492	-258,448	18.5	23.0
三蒲村	2,258	1,129	1,233	56,862	3,155	0.36	341,923	0.39	199,256	18.0	90,565	-52,102	26.5	58.3
椋野村	934	467	675	63,420	1,711	0.27	387,086	0.39	201,240	37.1	186,257	411	48.1	52.0
土居村	427	214	263	44,340	1,095	0.20	428,657	0.24	122,353	40.5	203,478	-102,825	47.5	28.5
平郡島	146	73	2,272	52,020	2,178	0.03	514,603	1.04	531,963	23.9	120,019	137,378	23.3	103.4
伊保田村	424	212	838	119,295	1,608	0.13	462,376	0.52	265,904	74.2	372,797	176,325	80.6	57.5
全体	21,622	10,811	21,228	1,903,258	56,554	0.19	430,706	0.38	191,435	33.7	169,110	-70,161	39.3	44.4

*必要量を一人一石（150kg）として玄米100g当りのカロリーを355kcalで換算した場合、米一石のカロリーは53万2500kcalとなる。これに基づき一人当りの米供給量から不足カロリーを算出した。
**麦一石（150kg）として大麦（押麦）100g当りのカロリーを340kcalで換算した場合、麦一石のカロリーは51万kcalとなる。これに基づき一人当りの麦供給量からそのカロリーを算出した。
***唐芋一貫3.75kgとしてサツマイモ（塊根、皮むき、生）100g当り134kcalで換算した場合、唐芋一貫のカロリーは5025kcal（135kcal×3.75kg）となる。これに基づき一人当りの唐芋供給量からそのカロリーを算出した。
****不足分をマイナスで表示した。

（『注進案』および日本食品標準成分表により作成）

表3-5　『注進案』にみる村別の船数

村	廻船数						漁船	その他
	計	千石以上	500石以上	200石以上	100石以上	50石以上		
久賀村同浦	16	1	2	1	0	12	91	
地方	16	0	0	0	0	16	17	
日前村	61	0	1	2	0	58	14	
西方村	5	1	1	0	2	1	6	
森村	2	0	0	1	0	1	20	
平野村	2	0	0	1	0	1	8	
内入村		0	0	0	0	0	2	
和佐村	2	0	0	0	0	2	4	
和田村	9	0	2	1	1	5	5	
小泊村	5	0	0	0	0	5	21	
地家室		0	0	0	0	0	7	渡船1
沖家室	2	0	0	0	0	2	172	
安下庄	14	0	5	6	0	3	197	
秋村	4	0	4	0	0	0		
出井村	12	0	0	6	5	1		
戸田村	5	0	0	4	1	0	26	
日見村	1	1	0	0	0	0		小舟8
神浦村	1	0	0	0	0	1		
油宇村	6	0	0	5	0	1	9	
油良村	4	0	2	2	0	0	6	イサバ11
外入村	4	0	1	0	0	3	13	
横見村		0	0	0	0	0	6	
志佐村	1	0	0	1	0	0	11	イサバ3
屋代村		0	0	0	0	0		
小松村	38	0	2	2	10	24	19	御用達渡船1、渡海小船11
遠崎村		0	0	0	0	0		渡船1
三蒲村		0	1	3	0	0	20	イサバ2
椋野村	8	0	5	3	0	0	4	イサバ4、渡海船5
土居村	15	2	1	2	0	10	5	
平郡島		0	0	0	0	0		
伊保田村	3	0	0	1	0	2	31	
計	236	5	27	41	19	148	714	

（『注進案』により作成）

の米の消費量をさらに大きく試算する場合もある[15]。また、現在の品種と当時の品種のカロリーも同じではない。そのため数値は一つの目安に過ぎないが、多くの村では決して唐芋の供給カロリーで米の不足分を補いえたわけではない[16]。不足分は島外より購入していた、と考えるのが妥当である。

(3) 農業以外の経済基盤

そこで、これだけの人口を支え得た経済基盤として、農業以外の産業に注目したい。表3-5に『注進案』に記載の村別の船数、表3-6に農業以外の経済活動を示した[17]。まず船数であるが、廻船、イサバ船[18]、漁船を含め多くの村で多くの船を有していたことがうかがえる。無論、島であるために少なからぬ人口が漁業に従事していたと考えるのは当然であるが、先に示した農業基盤の貧弱な村において、多くの船を有していることが確認できる。例えば、人口2012人に対して、一人当り石高0.31人で人口の割に農業基盤が脆弱な日前村は、850石積の大型船1艘をはじめとし、61艘の廻船と14艘の漁船を有していたことが確認できる。また、『注進案』には亡

表3-6　『注進案』にみる各種産物

村名	白木綿			縞木綿			煎海鼠			苫合計			代銀計	人口	一人当り代銀
	産高	単位	代銀	産高	単位	代銀	産高	単位	代銀	産高	単位	代銀			
久賀村同浦	150	反		18,225	反	382.725	164.7	斤	0.439	5,186	帖	5.628	419.477	7,124	58.9
日前村	2,046	反	19.000	682	反	15.000	1,524.6	斤	4.65	881	帖	0.924	411.334	2,010	204.6
西方村	2,715	反	24.435				961.9	斤	2.565				44.875	2,600	17.3
森村	2,900	反	21.825				483.0	斤	1.196	5,752	帖	3.312	30.458	1,020	29.9
平野村	3,060	反	22.950				391.0	斤	0.968	192	帖	0.000	34.414	1,143	30.1
内入村	1,200	反	8.400				28.0	斤	0.69	3,902	帖	2.470	12.226	405	30.2
和佐村	2,000	反	14.000				46.0	斤	0.113	8,876	帖	6.160	20.273	592	34.2
和田村	3,586	反	25.819				106.7	斤	0.264	9,799	帖	6.337	40.650	1,103	36.9
小泊村	1,540	反	10.780				115.0	斤	0.284	73	帖	0.000	11.064	499	22.2
地家室	8,190	反	65.520				113.0	斤	0.301				80.013	1,720	46.5
沖家室	5,364	反	43.984				59.0	斤	0.157				44.141	2,394	18.4
安下庄	21,321	反	191.889							43,679	帖	30.900	242.490	6,346	38.2
秋村	6,360	反	54.600							12,310	帖	11.094	65.869	1,489	44.2
出井村	2,520	反	22.680							4,254	帖	4.092	26.772	648	41.3
戸田村	5,364	反	48.276				9.0	斤	0.24	8,319	帖	6.695	55.211	1,477	37.4
日見村	4,509	反	38.326							372	帖*	5.533	43.859	850	51.6
神浦村	900	反	5.850							2,840	帖	1.540	7.390	246	30.0
油宇村	2,000	反	16.800				253.0	斤	0.752	14,039	帖	9.800	27.352	1,262	21.7
油良村							113.0	斤	0.301				15.499	695	22.3
外入村	7,788	反	58.410				2,109.0	斤	5.624				84.584	2,101	40.3
横見村	2,673	反	22.720							264	帖**	8.090	30.810	482	63.9
志佐村	4,680	反	42.120				414.0	斤	1.26				53.900	1,148	47.0
屋代村	1,864	反	167.700							1,229	帖***	46.167	314.924	4,910	64.1
小松村	7,450	反	67.500				485.0	斤	1.294	1,884	帖	1.072	687.744	3,163	217.4
遠崎村				2,180		39.402							43.707	1,380	31.7
三浦村	8,088	反	72.792				50.0	斤	0.133	6,780	帖	3.843	172.799	3,155	54.8
椋野村	2,394	反	20.349				791.0	斤	2.111	13,519	帖	4.410	91.422	1,711	53.4
土居村	1,100	反	10.450	220	反	5.600							48.960	1,095	44.7
平郡島	1,790	反	12.530							17,700	帖	14.160	26.690	2,178	12.3
伊保田村	3,200	反	25.600				221.0	斤	0.631	8,564	帖	6.800	33.031	1,608	20.5
			1,135.305				8,437.9		23.973	170,414		179.027	3,221.938		

注：代金の単位は貫、一人当り代銀の単位は匁（1貫＝1000匁）
　　代銀計欄の数値は表中の項目（木綿、煎海鼠、苫）のみならず、注進案に記載の項目の合計で、「魚引き網」「縄」「干鰮鈍」「酒」などを含む。
　　苫合計は注進案に記載された「三田尻ご用苫」「苫」「中苫」「篠小苫」の合計
　　* 日見村ではこのほか7296枚の苫を生産している。単位が異なるので産高には含めていないが、代銀では合算値を示している。
　　** 横見村ではこのほか7872枚の中苫を生産している。単位が異なるので産高には含めていないが、代銀では合算値を示している。
　*** 屋代村ではこのほか11万2750枚の苫を生産している。単位が異なるので産高には含めていないが、代銀では合算値を示している。

（『注進案』のうち「産業之事」により作成）

土百姓[19]中54が廻船持ち、と記されており、農業基盤を持たなくとも、海運業が経済基盤として有力であったことがうかがえる。他にも、久賀村の浦方では1200石積を筆頭に廻船16艘、漁船91艘を有していたこと、旧大島町の村では0.32石と最も一人当り石高の少ない出井村が廻船12艘を有していたことなど、興味深い。一方、日前村同様に農業基盤が脆弱でありながら2000人を超える人口を有する沖家室（一人当り石高0.05）は、漁船172艘を有するとともに、448戸中273戸が漁業に従事していたことが記録されており、漁業が重要な経済基盤であったことがうかがえる。同様に6000人を超える人口を有する久賀村と安下庄であるが、前者は浦方と地方を合わせて32艘の廻船と108艘の漁船を、後者は14艘の廻船と197艘の漁船を持っており、こうした海運業や漁業が見劣りのする農業生産を補って余りある経済基盤を提供していたと考えられる。

　漁業や海運業以外については、多くの村々で白木綿や煎海鼠、苫などを産していたことがうかがえる（**表3-6**）。白木綿は染色していない木綿、苫はスゲやカヤなどでコモのように編み、小屋や船の雨露を防ぐものである。また、煎海鼠は中国市場に高級食品として輸出された海産物で、干鮑（ほしあわび）や鱶鰭（ふかひれ）などと並んで俵物（たわらもの）と称された[20]。白木綿については、『注進案』に記録があるのは大島宰判の30村中27村で、合計11万6752反、1135貫を産している。特に安下庄は2万1231反で19万1889貫を産し飛び抜けた生産量を誇る。安下庄はすでにみたように、島内で久賀村に次ぐ人口を有するものの、一人当り石高は0.45石にとどまっている。木綿生産が、農業基盤が決して十分ではない安下庄の人口を支える経済基盤の一翼であったことがうかがえる。同様に、久賀村は白木綿の生産は少ないものの、縞木綿は1万8225反、38万2725貫を産し、安下庄に劣らない経済基盤を誇っていたといえる。一人当り石高0.55石ながら、島内最大の7124人の人口を誇る久賀村の姿である。なお、大島宰判以外でも木綿の生産は行われており、上関宰判や熊毛宰判、都濃宰判などでも広く見られるが、多くても3000～6000反で多くが1000反以下の産高の村がほとんどである。そうした中で、産高が軒並み1000反を超える大島宰判の生産量の大きさがうかがえる。

　煎海鼠も30村中20村で合計8438斤、24貫を産している。特に外入村と日前村の生産量が突出しており、それに西方村や椋野村が続く。既にみたように、外入村は2600人という島内有数の人口を抱えつつも、一人当り石高は0.19石と最低水準にある。同様に日前村も2010人の人口を有するものの、一人当り石高は0.31石と低位にある。こうした村の非農業経済基盤の一翼を、煎海鼠生産が支えていたとみることができる。

　苫については、『注進案』では三田尻御用苫、苫、中苫、篠小苫と細分されているが、大島宰判合計で17万414帖と12万7918枚、都合179貫を産している。屋代村が最大の生産額を誇る一方、ここでも安下庄が大きな生産量をもっている。白木綿同様に、大きな人口を抱える安下庄の経済基盤の一角といえる。他に、秋村、油宇村、横見村などが10貫目近い生産をあげる村である。

　この他、小松村は塩4万5500石、600貫を産する他、縄や筵、魚引網など様々な産品がうかがえる。また、浜子、船子など他所稼ぎ、などの記述も各所にみえ、塩田の労働者や廻船などの水夫としての就業も少なくなかったと考えられる。以上、『注進案』の「産業之事」の項目に記載された各種産品の代銀欄の金額を合計したのが**表3-6**の右端で、少なからぬ現金収入を得ていた事がうかがえる[21]。

　以上からうかがえるのは、決して石高の多寡が村の人口規模を左右しているわけではない、ということである。農業生産基盤が脆弱で食料の自給能力が高くなくとも、それに代わる有力な経済基盤があれば、農業を基盤にして養いうる以上の多くの人口を抱えることができたのである。すなわち、漁業や海運業をはじめ、木綿織など様々の加工品の生産によって、藩内最大の人口を擁したのが大島宰判の姿でもある。

3.　小　　括

　ここまで、『注進案』の記述から藩政期の周防大島の姿をみてきた。そこからうかがえるのは、藩内でも特異に人口密度が高く、かつ人口も多いという島の姿である。その一方で、藩政期の経済基盤の基礎となった米の生産は、その人口の多さに比べて著しく低位にあり、島の食料自給能

力は高くないといえる。そのような状況にあって、藩内最大の人口を擁する宰判であり得たの
は、米生産以外に有力な経済基盤が存在したことの裏返しでもある。はたして、島内各村は決し
て農業生産が高くないものの、多くの漁船や廻船、イサバ船を有し、木綿や苫あるいは煎海鼠な
どの加工品や海産物を産していたことが認められた。そこには今日、過疎・高齢化に苛まれる島
の面影はない。米の自給能力は低くとも、農業以外の活発な経済基盤に支えられて、多くの人口
を抱える島の姿が浮かび上がる。

　こうした状況を**図3-1**のフレームワークに従って、解釈してみたい。そこからうかがえるの
は、上段に示される都市への食料供給を担う農村という姿ではなく、むしろ島内での自給は困難
で、外部からの食料供給に依存する島の姿である。逆に、そうした状況にありながら、藩内でも
突出した人口を有する島であったことは、むしろ都市的性格を帯びているとさえいえる。無論、
周防大島は都市ではないが、それだけの人口の集積を支えた海運業や漁業、製塩、木綿織などの
さまざまな産業が、食料自給において劣る島の食料供給を支えたと考えることができる[22]。

Ⅲ　現在の周防大島の食料供給

　前節では藩政期に焦点を当て、島の食料供給が外部に依存していたことを論じた。ここでは、
現在の周防大島に焦点を当てる。

1.　明治以降の動向

　幕末に5万人を大きく超えていた周防大島の人口は、高度経済成長期以降急速な減少をたどる
こととなる。実際、1950年代には5万人を超えていた島の人口は1970年には3万7631人、80年
には3万2021人、90年には2万7119人、2000年には2万3013人、2010年には1万9092人（い
ずれも国勢調査）と、この半世紀で人口が半減している。逆に、幕末から高度成長期にかけての
島の人口は保たれていた、ということもできる。実際、国勢調査による1955年の大島郡の人口
は5万7210人、世帯数1万3843戸であり、奇しくも注進案に示された人口とほぼ同水準となる。
この間の経済基盤がどのように維持されたのかを考える際に、考慮しなければならないのは、多
くのアメリカ移民の存在である。『山口県久賀町誌』や『周防大島町誌』、『東和町誌』など島内の
町誌から、移民の状況を把握する。

　まず『山口県久賀町誌』では、明治に入ってそれまでの廻船が廃れていき、明治の末には古い
廻船業が終わりを告げたことが記されている[23]。それに代わり1885（明治18）年より、ハワイ移
民が始まり、その後多くの人々が海を越えたことが示されている。同書には、国内の稼ぎでは到
底得られない金額を手に入れたことや、比較的規模の零細な農家や小作人が渡航者の多くを占め
たことなどが活写されている。同様に『周防大島町誌』においても、藩政期には「甘藷の魅力と
木綿織物業の適業で玖珂郡、広島県あたりから多くの移住民を受け入れた大島郡は、（中略）明治
10（1877）年以降は不況の嵐が島を掩う」[24]とあり、こうした経済状況を海外移民の背景として指
摘している。また、これら移民からの送金額は、1892（明治25）年には12.5万ドルだったものが、
1899年には100万ドルを突破し、1901年には200万ドル、1903年には300万ドル、1907年には
368万ドルに達したとされている[25]。同様に戦後においても、大島郡で移民からの送金額は年間
1億円にものぼったとされ、戦後の困窮した状況を支えたことが記されている[26]。

『東和町誌 各論編第１巻 むらの成立』に収められた、寺院の過去帳からみた他所での死者の資料も興味深い[27]。これは江戸から昭和にかけて、他所で死亡した東和町出身者のリストであり、その旅稼ぎの広さを示すものとされているが、1880年代後半（明治20年ごろ）から大正初めにかけて、多くの出身者がハワイで亡くなっていることが読みとれる。同書では、町内の13の寺の過去帳が調べられているが、とくに小泊の正覚寺、沖家室の泊清寺におけるハワイでの死者数が多い。他所での死者数が少ない寺院、ハワイでの死者数が少ない寺院もあり、決して一様ではなく、集落ごとに移民数の多寡があったことがうかがえる。また、『東和町誌 各論編第２巻 集落と住居』では、大島町屋代のハワイ移民と東和町の移民の比較から、農地が比較的広い前者では、移民が持ち帰った現金で農地を広げるなど、農業への投資を行ったのに対して、農地がそもそも限定的であった後者では、家を新築することはあっても農地を買い広げる者はなかった、とされている[28]。また、あわせて、そうした行動の背景には「住まいは東和町に構えるが生活の基盤はよその土地でつくっていく、という考え方が、ハワイやアメリカへ出稼ぎにでる以前、つまり明治時代以前から東和町の人々の間に浸透していたことがもう一つの理由であったように思われるのである。」[29]としている。

　この文脈において、この時代においても周防大島では図3-1上段による解釈は難しい。すでに島内に経済基盤を構築するということよりも、島外の経済基盤に頼るという島の暮らしのスタイルをみることができる。

2.　現在の経済基盤と食料供給
(1)「周防大島町人口ビジョン」にみる島の現状

　周防大島町総務部政策企画課が2015年にまとめた「周防大島町人口ビジョン」という41ページの小冊子があり、これまでの経緯と現状を踏まえた上で将来の推計がなされている。以下、この冊子にしたがって周防大島の現状を示したい。

　まず、最近30年間の島の年齢別人口の推移からは、1980年に24.3％であった65歳以上人口比率が2010年には47.7％に達し、人口の半数が65歳以上という状況にある。30年間で65歳以上人口比率が約2倍になったわけであるが、1980年の全国の65歳以上人口比率は9.1％であり、その時点ですでにかなり高い値である[30]。

　次に、島の現在の経済基盤であるが、表3-7は産業別就業者数を示したもので、農林業就業者数が最大となり、ついで医療、福祉、さらに卸売業、小売業、建設業、製造業、漁業などとなる。しかしながら、農林業就業者数の約9割が60歳以上であり、農業が有力な経済基盤というわけではない。なお、表中の産業の中で特化係数[31]が5を超える高い値を示すのは、農業、林業（男性）の6.2、同（女性）の5.1、漁業（男性）の21.3、同（女性）の13.2、郵便局、協同組合などの複合サービス事業（男女共）の5.1であり、こうした産業が現状での基盤産業といえる。

　同様に、年齢別の構成をみると、漁業就業者数の50％余が60歳以上で、決して若年層が多いわけではないが、65歳以上人口が約半数を占める周防大島では、高齢化しているともいえない。一方、郵便局、協同組合などの複合サービス事業の場合は、定年制などもあり当然ではあるが、8割以上が60歳未満となる。なお、従業者数が多いものの医療、福祉の特化係数は男性2.1、女性1.5にとどまる。実際、医療、福祉部門の女性の就業者数は982人で、男性の350人を大きく上回り、島内の女性の就業機会として少なくない位置を有しているといえるが、特化係数が突出

表 3-7　周防大島町の産業別就業者数（2010 年）

	男性	女性	計	構成比	特化係数（男）	特化係数（女）
農業、林業	916	628	1,544	12.4	6.2	5.1
漁業	324	78	402	4.4	21.3	13.2
鉱業、採石業、砂利採取業	2		2	0.0	0.9	0
建設業	453	98	551	6.1	1	1
製造業	163	241	404	2.2	0.2	0.6
電気・ガス・熱供給・水道業	20	4	24	0.3	0.7	0.7
情報通信業	5		5	0.1		0
運輸業、郵便業	127	33	160	1.7	0.4	0.4
卸売業、小売業	400	506	906	5.4	0.7	0.7
金融業、保険業	19	31	50	0.3	0.2	0.3
不動産業、物品賃貸業	8	2	10	0.1	0.1	0
学術研究、専門・技術サービス業	44	14	58	0.6	0.3	0.2
宿泊業、飲食サービス業	140	244	384	1.9	0.9	0.8
生活関連サービス業、娯楽業	72	91	163	1.0	0.7	0.5
教育、学習支援	235	239	474	3.2	1.8	1.2
医療、福祉	350	982	1,332	4.7	2.1	1.5
郵便局、協同組合などの複合サービス事業	126	114	240	1.7	5.1	5.1
サービス業（他に分類されないもの）	169	104	273	2.3	0.7	0.6
公務（他に分類されるものを除く）	277	100	377	3.7	1.6	1.4
分類不能の産業	23	12	35	0.3	0.1	0.1
計	3,873	3,521	7,394	52.4		

（国勢調査により作成）

しているわけではない。また、これに次ぐ就業者数を有する卸売業、小売業でも特化係数は 0.7（男女共）、建設業でも 1.0（男女共）であり、島の有力な経済基盤とはなっていない。

　一方、「周防大島町人口ビジョン」策定に当たって島民を対象に実施したアンケート調査の結果も示されている。調査は住民基本台帳から無作為に抽出した 18 歳以上の 2000 人を対象とし、回収率は 50 ％であったとされている。そこに示された島での生活の利便性や将来への不安についての調査結果が興味深い。その一端を紹介する。①医療機関の利用、②日常の買い物、③普段の金融機関・郵便局等の利用の各項目について「各機関の利用に不便・不満を感じているか」という設問について、「不便・不満を感じている」とするものは各項目とも最大 20 ％程度で、8 割近くは「不便・不満を感じていない」、あるいは「多少の不便・不満を感じているが、困るほどではない」と回答し、現状での日常生活は概ね不便なく、あるいは多少の不便はあるとしても、問題が顕在化するほどではない状態にあるとみられる。

　これに対して、「生活する上で、現在の困りごと・不安なことと、10 年後の困りごと、不安なこと」を複数回答可で問うた項目では、現在の困りごととして、獣害（27.4 ％）や台風や地震などの自然災害（20.4 ％）が 20 ％を超え、高い関心が見られた。特に獣害は、4 人に 1 人が被害を訴えている。これに次ぐのが、「救急医療機関が遠く、搬送に時間がかかる」の 19.6 ％、「近くで食料や日用品を変えない」の 17.9 ％であった。一方、10 年後の困りごととしてあげられているものの中では「親やあなた自身の介護」の 41.2 ％で、突出して高い数値となっている。これに次ぐのが「近くで食料や日用品を変えない」の 25.6 ％、「救急医療機関が遠く、搬送に時間がかかる」の 24.7 ％であった。現在最も関心の高い獣害は 20.7 ％と減少し、自然災害は 21.2 ％とほぼ同じ水準

である。ここからうかがえるのは、介護や救急医療および食料や日用品の購買に対する不安が高いことである。

　あわせて島内からの転居を考えている108件について、転居を考える理由を問うたところ、就職が32.4％で、転職の10.2％を合わせると、4割以上が就業環境をあげている。これに進学の13.9％が続いた。その一方、転職する際に重視する環境としては、「交通・通勤の利便性のよさ」が54.6％で最も多く、「日ごろの買い物などの便利さ」が53.7％と僅差で続いた。これらが「就労の場があること」の49.1％を上回っていることが興味深い。一方で、島内居住者の関心の高かった介護や医療についてであるが、「福祉・医療施設の利用のしやすさ」は37.0％にとどまり、転居理由としては相対的に低位にある。

　以上から浮かび上がる島の姿として、農業は就業者数、特化係数ともに高値であるものの、高齢者が多く、産業基盤としては脆弱であること、漁業が基盤産業の一角を形成しているものの、全就業者数に占める割合は5％余にすぎないこと、同様に郵便局、協同組合などの複合サービス事業も全就業者に占める割合は3％余にすぎないこと、医療福祉や卸売業、小売業は一定の就業者数を有しているものの、基盤産業たり得ないことを指摘できる。その一方で、島民は現在の生活に関しては取り立てて多くが不満や不便を感じているわけではない。獣害や自然災害に対する不安が認められたが、それらは過疎や高齢化という状況下で増幅される部分はあるものの、決して過疎地や高齢化農村に限った事象ではない。獣害は都市部でも広く見られるようになっているとともに、自然災害に対しては都市部がかえって脆弱という側面もある。そうした中で、将来的な不安としては、介護が最も多く、次いで日常の購買行動と救急医療があげられた。これに対しても、介護は過疎地や高齢化農村に特有の問題ではない。過疎地、高齢化農村において特徴的な生活上の不安要素としては、日常の購買行動と緊急医療を指摘できる。

(2) 島の食料供給事情

　そこで、日常の購買行動、特に食料品に着目した。冒頭に示したように、食料品の供給はそれが途絶えると、生存そのものが脅かされる品目であるとともに、フードデザート問題として指摘されるように[32]、貧弱な食料品の供給が住民の生活の質の低下をもたらすからである。現在の島内の食料供給についてであるが、先述のように高齢化が進行し、農林水産業も十分に島内の食料自給を支えられる存在ではない。**図3-1**の下段に示すような、域外からの食料供給に依存する側面が少なくない。このような食料の広域流通体系に組み込まれた状況下で、島民が日常の食材の調達を行うのは、スーパーマーケット[33]などに代表される食料品店ということになる。

　図3-7は島の食料品店の分布を示したもので、①スーパーおよびコンビニ（エーコープ含む）、②食料品店、および③米店、鮮魚店などの個別の食料品をあつかう店舗[34]に分けて作成した。分布図の作成にあたっては、電話帳を基にして現地調査（2015年3月）を併用した。

　まず、**図3-7**①からは、エーコープを除くスーパーとコンビニに関していえば、旧大島町域と久賀町域、すなわち東部を除く島の北側に集中している。②③の店舗も点在していることから、これらの地域では概ね食料品の購入において大きな問題はないと考えられる。一方、旧橘町域や旧東和町域では、スーパーとコンビニの出店は限定的であるものの、エーコープが安下庄地区と平野地区にあり、これらがスーパーの機能を果たしているといえる。次に②食料品店であるが、安下庄地区に比較的集中して見られるほか、島内東部に点在していることがうかがえる。むしろ、①のスーパーやコンビニのみられない地域に比較的多く立地しているともいえる。③の個

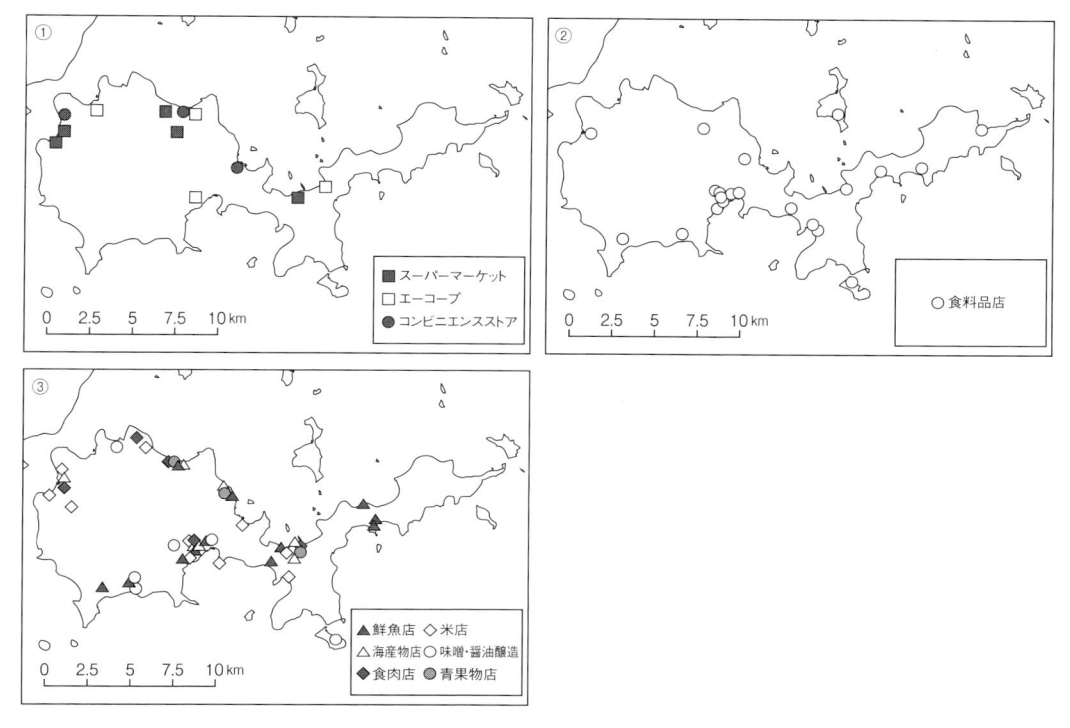

図 3-7　周防大島における食料品店の分布（2015 年）
（NTT 電話帳により作成）

別の店舗については、旧大島町域、旧久賀町域、旧橘町域、旧東和町域それぞれに一定の集積が
認められた。現状でこれらの店舗によって、島内に概ね食料品の供給ができているのではないか
といえる。

　しかしながら、図中に示されるのはあくまでも電話帳に記載の情報によるものである。現地で
店舗の営業状況を確認した際には、少なからぬ店舗、特に②や③のカテゴリーの店舗では、日曜
日にもかかわらず、営業していない店舗も少なからずあった。その中には看板やテントが傷んだ
ままの店舗や、商品棚を確認できない店舗も存在し、明らかに長期間店を閉じていると判断でき
るものもある一方、一週間のうち数日あるいは1日のうち決まった時間のみなど限定的に営業を
行っているのではないか、と思われるものもあった。どの店舗がどのような状態にあるのかとい
う状況を詳らかにすることは、ここでは差し控えたいが、いずれにしても、これまでに機能して
いた島内の食料供給が徐々に衰退していることを指摘できる。現状では、スーパーの立地する島
の西部北側を中心にする地域では、食料供給は機能しているといえる。しかし、東部や島の南側
では、②のタイプの食料品店に依存するか、自動車を利用して西部に立地するスーパーを利用す
るか、ということになる。ただし、②のタイプの店舗は今日営業が困難になりつつあるといえ
る。その場合、西部の店舗の利用ということになるが、住民が高齢化し、自動車の利用が困難に
なると、食料品へのアクセスが極めて悪化する[35]。「周防大島町人口ビジョン」のアンケートで
危惧された 10 年先の食料・日用品の購入に関する不安が顕在化しつつある。

Ⅳ　おわりに

　本章では藩政期と現在の周防大島の姿を対比させながら島の食料供給を検討してきた。人口過多ともいえる藩政期の姿と、過疎高齢化にあえぐ現在の姿は全く異なるともいえるが、そこに共通する島の特性をみることもできる。農業基盤の弱さとそれによる食料供給能力の低さであり、米の生産力を経済基盤とした江戸時代において、島の生産力（石高）は低位に位置した。しかしながら、海運業や漁業、木綿織など農業以外の経済基盤に依ることで、食料自給能力の低さを補って余りある人口を抱えた島の姿を明らかにした。また、明治以降においては海外移民による送金が島を支えたという側面もみられた。その文脈で島の現状をみる時、経済基盤が脆弱で過疎高齢化にあえぐという認識はやや異なるともいえる。

　確かに、現在の島の農業は高齢化が進み有力な経済基盤とはいえない。また、漁業も就業人口の上からは大きくない。しかしながら、もとより農業は有力な産業ではなかった。自給を前提とする時代においても、圧倒的な人口を抱えつつ、島は自給できていなかった。農業以外の産業がその人口を支え、食料供給の少なからずは島外からの購入に依存していたことを前節までに考察

表3-8　『注進案』にみる
旧東和町の職業別戸数

本百姓		877
	農　　人	725
	大　　工	10
	船大工	3
	木　　挽	4
	鍛　　冶	3
	商　　人	72
	瓦　　屋	4
	廻船持	16
	漁　　人	33
	紺　　屋	5
	中　　買	2
亡土百姓		2,001
	農　　人	1,383
	大　　工	60
	船大工	15
	木　　挽	15
	桶　　屋	9
	鍛　　冶	13
	畳　　屋	2
	左　　官	5
	商　　人	77
	瓦　　屋	2
	廻船持	21
	イサバ持	2
	漁　　人	380
	紺　　屋	17

注：旧東和町とは西方、外入、地家室、沖家室、平野、森、神浦、和佐、小泊、和田、伊保田、油宇の各村。
（『東和町誌』（原資料は『注進案』）により作成）

してきた[36]。明治以降においても同様に、農業基盤が変化するわけではない。逆に経済基盤が脆弱であっても外部からの送金によって暮らしてきた島の姿をみることができた。

　このように考える時、今の島の抱える問題は何だろうか。それは高齢化して脆弱な農業や就業人口の限定的な漁業と特定のサービス業という島の経済基盤の問題ではない。繰り返すが、もとより島に有力な農業基盤があって、それにより食料が供給されていたわけではない。島は常に外部経済と関わることで食料を確保していたのである。その意味で、島の置かれた経済的な位置は大きく変わってはいないともいえる。食料自給能力が低くとも、島の暮らしは連綿とつながってきたからである。では、その時代と現在では何が異なるのかを考える時、物理的に食料を供給する媒体に着目したい。今日の私たちの暮らしの中で、物理的に食料を供給しているのは、食料品店やスーパーである。現在の島ではこれらの存立、食料供給を媒介する存在がたちゆかなくなってきていることを前段に示した。ここに現前の大きな問題があるのではないか。逆に、これらが存立できれば、暮らしていくことは可能である。

　すでにみたように、藩政期においても島の食料自給は困難であった。無論、今日のような食料品店やスーパーが当時から存在するわけではない。では自給困難な島において、どのようにして物理的に食料が供給されていたのだろうか。農業以外の経済基盤が現金収入をもたらしたであろうことはすで

に示した。では、物理的にどのようにして島民が食料を手にしたのか、ということである。ここに興味深い分析がある。『東和町誌』では注進案にもとづいた職業別の戸数が集計されている（**表3-8**）。本百姓 877 軒中、農人が 725 軒、亡土百姓 2001 軒中、農人が 1383 軒で、これが最も多い職業であるものの、これに次ぐのが本百姓中では 72 軒を数える商人で、33 軒の漁人よりも多い。亡土百姓中でも、商人は 77 軒を数え、380 軒の漁人には及ばないものの、合わせて 150 軒近い商人が島に暮らしていたことがうかがえる。ここに言う商人とは「商い籠に品物を入れて売りあるく行商のものが多かった」[37]とされており、こうした商人の存在が、自給能力の低いこの島における食料をはじめとした様々な物資の供給を担っていたと考えられる。農外の経済基盤を有するとともに、島にはたくさんの商人が暮らしていたのである。

　食料の外部依存とそれを支える経済基盤という観点から周防大島をみた時、もとより島は食料の自給はできていなかった。農村の食料自給能力の高かったと思われる藩政期においても、その能力は限定的であった。にもかかわらず過剰とも言える人口をこの島は抱えていた。食料自給能力以上の人口を抱えるという点においては現在も同じである。食料自給能力の高低が問題の本質だろうか。実際、外部からの供給を受ける仕組み、現金収入や送金が機能していれば、経済基盤が十分ではなくても島の暮らしは維持されてきた。藩政期には貧弱な農業基盤にかかわらず多くの人口を抱えたのも、外部経済に依存していたからだと考えられる。一方、今日の島の経済基盤も決して有力なわけではない。しかし、それが問題の本質だろうか。

　むしろ、現在外部からの食料を供給する機能、物理的に食料品店が破綻しかかっていることが問題ではないだろうか。あえて言うならば、日常的な食料供給をどのように維持するのかが、島の暮らしの持続性を考える上で、より本質的ではないだろうか。「周防大島町人口ビジョン」で示される島の将来予測は線形的な予測であり、現状の年齢構成や出生率などを前提として、一定のペースの人口減を想定したものである。しかしながら、日常的な食料供給が支えられないとなると、人口は急激に減少することが考えられる。例えば、現在島の各所で営業を行っているスーパーやエーコープは人口減少に伴って、なだらかに規模を縮小していくわけではない。店舗を維持するだけの購買客を確保することができなくなった状況で、閉店せざるを得ない。その時、現状では問題が発現していない島の食料供給機能は急速に低下する。今日、フードデザートとして提起されている問題でもある。

　『東和町誌』の「住まいは東和町に構えるが生活の基盤はよその土地でつくっていく、という考え方が、ハワイやアメリカへ出稼ぎにでる以前、つまり明治時代以前から東和町の人々の間に浸透していた」という指摘は、今日の島の社会を考える上でも興味深い。一方で、『注進案』の検討の箇所に示したように、島の米の産高は 2 万 1622 石であった。一人一石で換算した場合、島の人口支持力は 2 万人余ということになる。それは図らずも今日の島の人口規模とほぼ同じ水準でもある。

　［付記］本稿の内容は 2015 年 3 月 29 日の日本地理学会でのシンポジウム「離島の存続可能性」において発表した。

＜注および文献＞

1)　例えば、①藤田弘夫『都市の論理──権力はなぜ都市を必要とするか──』中央公論社、1993。②クライ

ブ・ポンティング（石　弘之・京都大学環境史研究会訳）『緑の世界史』朝日選書、1994、など。

2）旧秋村のうち大字秋は橘町に属し、大字家房は大島町に属す、久賀町大字椋野は 1956 年に大島町より編入など、全ての帰属が重なっているわけではない。

3）『防長風土注進案』による。

4）『地下上申』による。『地下上申』とは、1727（享保 12）年から 1753（宝暦 3）年にかけて、萩藩によって編纂された地誌書である。

5）『注進案』の記載では土井村とされているが、混乱を避けるため、本章では土居で統一した。

6）地理学においても、西村編など早くから注進案に着目した成果が得られている。西村睦男編『藩領の歴史地理：萩藩』大明堂、1968。

7）『防長風土注進案』の記述に関しては、次のものを基にした。①山口県文書館編集『防長風土注進案 第 1 巻 大島宰判 上』マツノ書店、1983。②山口県文書館編集『防長風土注進案 第 2 巻 大島宰判 下』マツノ書店、1983。また、必要に応じて次の記述を参照した。③平凡社『日本歴史地名大系 36 山口県の地名』平凡社、1980。④角川日本地名大辞典編纂委員会『角川日本地名大辞典 35 山口県』角川書店、1988。

8）以下図 3-3 〜 5 の初出は次のものである。①荒木一視・五島淑子・ミホバ、D.「藩政期地誌書「防長風土注進案」の GIS 化の試み —— 歴史地理教材としての利用と歴史地理学への導入 ——」山口大学教育学部附属教育実践総合センター紀要 13、2002、1-13 頁。②荒木一視「中国地方の地域誌／山口県／地域誌／東周」（森川　洋・篠原重則・奥野隆史編『日本の地誌 第 9 巻 中国・四国』朝倉書店、2005）351-355 頁。

9）『注進案』では、村の石高を蔵入地分、知行地分などの内訳とともに示した項目と、「物産之事」として米を含めた農産物一般の「産高」を報告している項目とがある。前者が年貢の基準となる規定値、後者が実際の生産量ともいえる。ここでは前者を石高、後者を産高として区別した。

10）「石高」ではなく、「産高」を基準にした場合、一人当りの値はさらに小さくなる。

11）すでに示したように「石高（村高）」と「産高」を区別している。ここでは、表 3-2 などとの対比を行うため、石高を使用しているが、産高を用いても図 3-6 に描かれる村別の性格はほぼ同じパターンを示す。表 3-3 も参照。

12）前掲 8）①。

13）『注進案』では唐芋と表記されているため、表中では唐芋の表記を用いた。

14）ここでは村高ではなく、実際の生産量に相当する産高を用いた。

15）例えば、『山口県久賀町誌』で宮本常一は 1 日 4 合として、1 石 4 斗 6 升 1 合とした試算を行っている。久賀町誌編纂委員会『山口県久賀町誌』久賀町、1954、132 頁。

16）L 欄に示すように、米、麦、唐芋の供給量では必要とするカロリーを十分に補い得ていないことがうかがえる。

17）『注進案』では「産業之事」という項目が設けられ、それぞれ村で生産される産品の量とその金額が「産高」「代銀」として一覧表示されている。産高を生産量、代銀を生産額として把握することができる。

18）行商や運搬に使われた和船、『注進案』には「伊佐波」「伊佐婆」の表記が認められる。ここではイサバと表記した。中には 80 石積のものもあるが、多くは 50 〜 60 石積以下の大きさである。

19）萩藩における農民の階層で、田畠を持つか持たない程度の零細なもの、本百姓に対して使う。門男とも。石川卓美『防長歴史用語辞典』マツノ書店、1986、を参照。

20）前掲 19）。

21）一人当りで換算した際には、小松村、日前村が突出している事がうかがえる。表中では省略されているが、前者は塩、後者は酒粕の生産が貢献している。

22）周防大島は移民の文脈で語られることも少なくない。しかしながら、藩政期に海外移民が存在したわけではない。むしろ、この時期は島内への移住民が多く、それが当時の島の人口の多さをもたらした、ともされている（大島町誌編纂委員会『周防大島町誌』大島町、1959、805 頁）。

23）前掲 15）279 頁。

24）前掲 22）805 頁。

25）前掲 22）839 頁。

26）前掲 22）840 頁。

27）香月洋一郎著、山口県大島郡東和町編『東和町誌 各論編第 1 巻 むらの成立』東和町、1986。

28）須藤　護著、山口県大島郡東和町編『東和町誌 各論編第 2 巻 集落と住居』東和町、1986、51-56 頁。

29）前掲 28）56 頁。

30）なお、2010 年の全国の値は 23.0％であり、30 年前の周防大島の値に相当する。

31）特化係数とは産業の構成比を比較して産業構造の特徴をつかむもの。数値が大きいとその部門のウェイトが大きいことを示す。

32）例えば①岩間信之編『フードデザート問題 —— 無縁社会が生む「食の砂漠」——』農林統計協会、2011。②岩間信之編『都市のフードデザート問題 —— ソーシャル・キャピタルの低下が招く街なかの「食の砂漠」——』農林統計協会、2017。

33）以下スーパーと略記、同様にコンビニエンスストアはコンビニと略記。

34）①は電話帳のショッピング項目から「コンビニ・スーパー・デパート」とされるもの、②は同項目から「食料品」とされるもののうち、その下位カテゴリー中で「食料品店」とされているものを示している。同様に③は「食料品」カテゴリーから当該項目で検索できる店舗を示している。なお、電話帳ではエーコープはスーパーの範疇には示されていないが、ここでは併せて表記した。

35）島の東西を横断するバスは調査時に 1 日に上り 5 本、下り 5 本のみである。

36）その意味で、島は都市的性格を有していたともいえる。

37）前掲 27）393 頁。

（荒木一視）

II　島のなりわい

世界文化遺産の構成資産に登録された長崎県小値賀町野崎島の旧野首教会（左）と
野崎島自然学塾村（右）（中條曉仁撮影）

4章　愛媛県日振島における水産業と生活形態

I　はじめに

　愛媛県においては、1953年に制定された離島振興法に基づいて指定を受けた離島振興地域10地域に有人島が31島存在するが、その総人口は1990年の2万6073人から2010年には1万6291人に激減した。また、同地域の高齢化率は2010年には46.7％に達しており、過疎化と高齢化が著しく進行している[1]。このうち宇和海諸島地域には、八幡浜市の大島、宇和島市の九島、嘉島、戸島、日振島、竹ヶ島の6つの有人島がある。本研究で対象とする日振島は宇和島港の西方28kmに位置する四国最西端の有人島である（**図4-1**）。1974年4月に、日振島は周辺島嶼部とともに宇和島市域の一部となった。2010年の人口は男性182人、女性161人の計343人であり、世帯数は159戸、高齢化率は32.0％である。島の面積は4.0km^{2}であり、その形状は北西から南東へ細長く延びている。現在、日振島と四国本土との間には、盛運汽船の普通船1日1便（休日運休）と高速船同3便が就航しており、これらの船は日振島の能登、明海、喜路の3つの地区すべてに寄港する。3地区の間には、おおむね標高50〜100mの傾斜地が存在し、陸上の道路は高低差

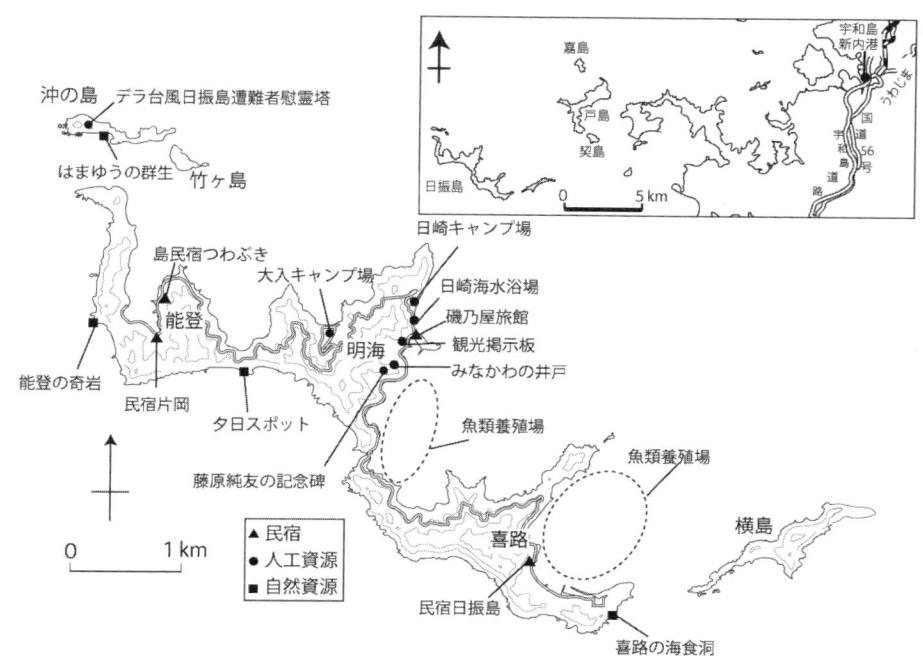

図4-1　研究対象地域の概観と島内の主な施設・資源（2014年）
（現地調査により作成）

が大きくカーブが多い。

　島の北西部に位置する能登地区は、北岸が湾状となった天然の良港であり、かつては九州方面からの漁業関係者らの来訪もあって、島の中で最も発展していた。しかし第二次世界大戦後は人口が大きく減少し、1958 年から 1969 年の約 10 年間には 612 人から 325 人と、半数近い人口減少を経験した[2]。現在の能登地区においては、湾の東部から南部にかけての沿岸に住居等が存在する。南部に集会所などの公共施設や寺社、商店などが存在し、地区の中心地を形成している。一方、東部には連絡船の船着き場や漁業関連施設などが存在する。住居の多くは海沿いに立地しているが、地区南部においてはやや内陸の傾斜地に存在するものもみられる。なお、湾西部の沿岸にはいくつかの漁業関連施設がみられるのみである。

　島の中央部に位置する明海地区は、東部が海に面している。地区のほぼ中央に連絡船の船着き場が存在し、その近辺から海沿いおよび山手にかけて住居が集中している。このうち、地区西部の海円寺から沿岸部にかけての一部では、1951 年に 20 数戸が火災被害によって焼失した経験を有する[3]。そのためか該当範囲では、近隣と比較して建物の密集度は低い。地区北部には公民館や郵便局、保育所、漁協などの公共施設が多く立地するが、建築物は比較的少ない。さらにトンネルを抜けた北側は、南予レクリエーション都市事業によって開発された日崎海水浴場などの観光施設が存在し、夏季に観光客が訪れる。一方、地区南部には平安時代の海賊として知られる藤原純友が拠点を置いたとされる標高 50 m ほどの山が存在する。山頂部は藤原純友公園として整備され、石碑も建立されている。なお、地区の南側には日振島小学校が立地している。

　島最南部に位置する喜路地区は現在、日振島で最も人口が多い地区である。北側は海、南側の大部分は急傾斜地となっているため、地区は海岸に沿って東西に細長く延びている。地区の中央やや西寄りに連絡船の船着き場が存在し、その近辺に集会所や商店、寺社などとともに住居が密集している。逆に地区の東西端には住居はほとんどみられず、漁業関連施設の立地が目立つ。2014 年現在、地区北端部では、喜路と明海とを結ぶ道路の拡張工事が進められている。

　いずれの地区においても、狭小な平地部に建築物の大半が集中しており、集落としての空間的な範囲は限られている。また、どの地区内においても、人口減少を背景に空家や廃屋が次第に増加している。

　日振島の主産業は、ハマチやタイなどの魚類養殖業であり、須山の分類に従えば「自立的漁業島嶼群」に含まれる[4]。急峻な地形を呈する日振島は、海岸近くでも水深が大きいことから、魚類養殖に適した環境条件が整っている。また近年では、マグロ養殖も導入された一方で、まき網漁業や素潜り漁といった、古くからの手法もわずかながら継続されている。

　以上をふまえ本研究では、島の主産業である魚類養殖業の成立と現在の特色について主に分析するほか、これまでの人口の流出入の実態や住民の生活行動に関する分析を行う。これらを通じて、日振島における生活形態を明らかにすることを目的とする。

Ⅲ　日振島における人口の流出入

1.　人口の推移

　日振島の人口が最初に確認できるのは 1757(宝暦 7)年の 432 人である。1901(明治 34)年から第二次世界大戦直後までは、出兵や家族疎開などによって人口が数年間で 1700 人から 2300 人の間

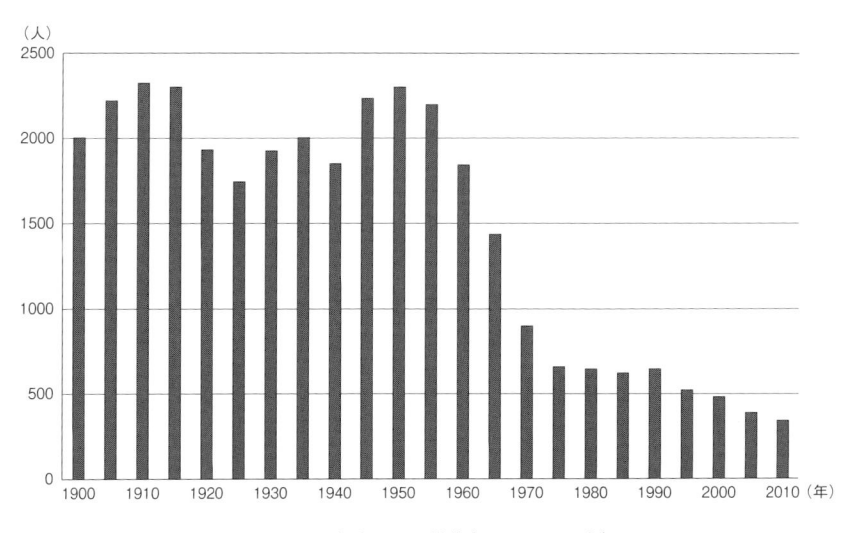

図4-2　日振島の人口推移（1900〜2010年）
（国勢調査および『日振島のはなし』より作成）

で増減を繰り返した（**図4-2**）。1914（大正3）年には、日振島の史上最多人口2394人を記録した。第二次世界大戦後は、兵士の引き揚げと都会から日振島への帰島者によって人口が増加したが、一方で1949年にはデラ台風によって、出漁していた漁業者106人が亡くなる惨事も発生した。

　高度経済成長期以降は、集団就職によって多くの若者が島外に流出した。また高校進学率の上昇により、卒業後帰島せず、とくに宇和島などで就職する者が増加した。さらに1963年と1970年には巾着漁の網元が解散したため、多くの漁業者が職を求めて島外に移住し、人口は1970年に1000人を切った。また大学進学率の上昇につれ、都市圏への進学者と就職者が一層増加した。島の人口は2000年に500人を切り、最近では2006年に中高一貫教育校である県立宇和島南中等教育学校の開校によって、日振島小学校卒業後、進学のために家族ごと宇和島へ移住する傾向もみられる。

2.　日振島出身者の就職先

　島内に唯一存在する日振島小学校の卒業者名簿と日振島出張所職員への聞き取りをもとに、同校の卒業生の就職先について分析した。調査対象者は、1972〜2007年度の同校卒業生288人のうち、就職地が明らかでない者を除く男性132人、女性120人の計252人（全体の87.5％）である。

　愛媛県内就職者は男性94人（71.2％）、女性82人（68.3％）、計176人（69.8％）であり、就職者の約7割を占める。その地域別内訳は、日振島が約3割、宇和島市本島部が約5割、松山市が約1割などである（**図4-3a**）。県内就職地における男女差をみると、男性は日振島が約6割、宇和島市本島部が約3割であるのに対して、女性は日振島が約1割、宇和島市本島部が約7割で、男女により特徴が大きく異なる。日振島への就職者は男性52人、女性9人の計61人であった。日振島の主産業は水産業であり女性の就職先が限られることが、男女差が生じた要因と考えられる。一方、愛媛県外就職者の内訳は、関西地方が約6割、関東地方と中部地方が約1割ずつであり、とくに大阪府が43人と圧倒的に多い（**図4-3b**）。地元から離れて就職する場合、土地勘がないこ

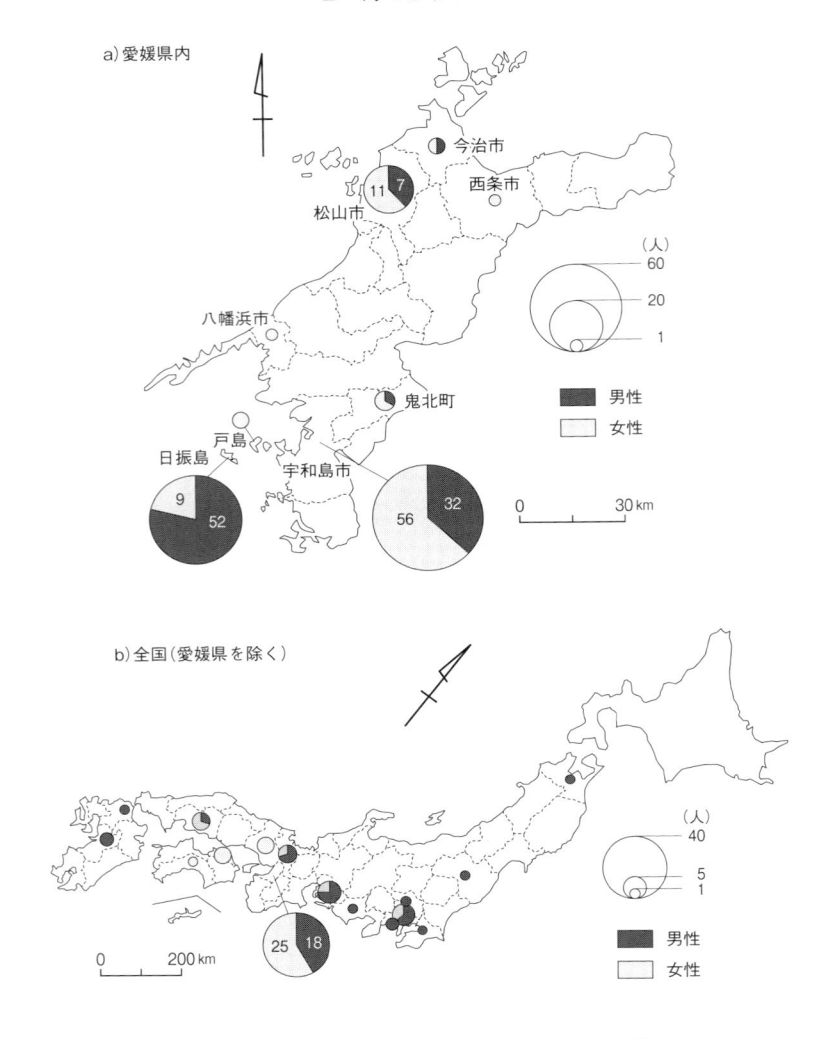

図 4-3　日振島小学校卒業生の就職地（1972〜2007 年度）
（現地調査により作成）

と、人間関係をもたないことなどは、心理的な不安材料になるため、すでに転居した日振島出身の親族がいる大阪府内に就職先を求める動きが、この傾向を後押しする一因になったとみられる。大阪府以外では、九州地方から関東地方まで一定数の分布がみられるが、より遠方となる東北地方以北や北陸地方などに転居した者はごくわずかで、日振島からの地理的距離が就職を伴う移動に大きく影響を与えていることがうかがえる。

3.　人口移動の例

　前項の内容を詳細に検討する事例として、日振島に居住するＡ家およびＢ家の兄弟姉妹および子どもの居住地について聞き取り調査を行った。また、日振島へのＩターン者の動向についても、あわせて情報を収集した。

　Ａ家においては、夫が日振島出身、妻が石川県出身である。妻の兄弟については、全員が石川

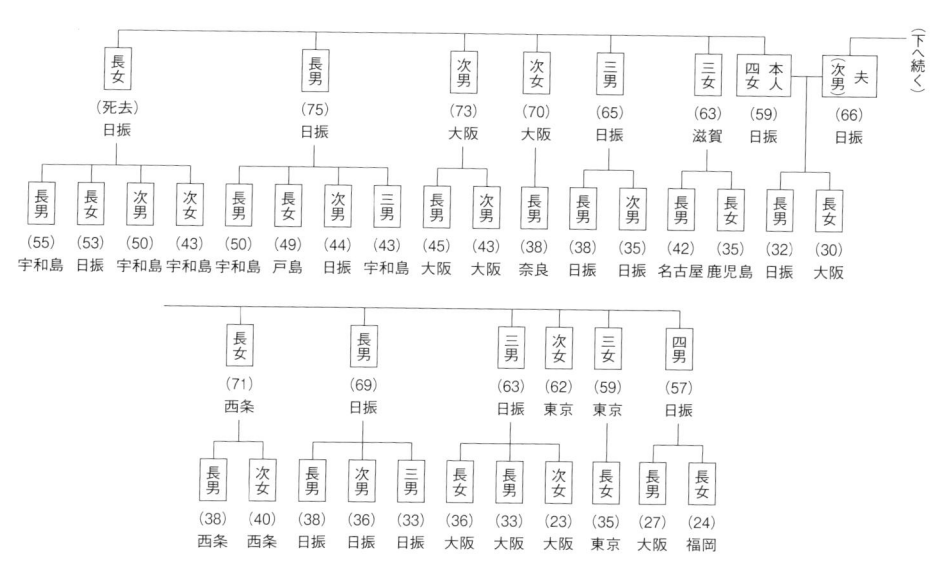

図4-4　B家の親族構成員の現在居住地（2014年）
（現地調査により作成）

県在住のため記述しない。夫は現在、素潜り漁や観光客を相手とした釣り船の操業に、妻は主に民宿経営にそれぞれ従事している。夫の兄弟姉妹は、長男と次男が大阪府に、長女は宇和島に移動している。また夫の兄弟姉妹の子ども14人の居住地をみると、親の居住地と異なる子ども6人すべてが、就職の際に島外に移動していた（東京都へ2人、愛知県、香川県、松山市、宇和島市本島部へ各1人）。一方、親が大阪府に居住する場合には、子どもも全員大阪府に居住していた。

　次に、B家の夫と妻はいずれも日振島生まれであり、それぞれ6人の兄弟のうち半数の3人ずつが日振島に居住する（**図4-4**）。日振島より転出した兄弟6人のうち愛媛県外へ移動したのは東京都が2人、大阪府が2人、滋賀県1人の計5人であり、県内より県外への転出者が多い。一方、日振島に居住する親の子ども20人の現在居住地は、日振島8人、宇和島市本島部6人、大阪府5人、福岡県1人であり、日振島と宇和島市本島部で7割を占めた。なお、日振島在住の8人のうち7人が男性であった。

　両家の事例を通して、日振島を出て就職した親世代の子どもが日振島に戻って就職することは少ない。親世代の兄弟姉妹の人数は多いが、その約半数は島外に移動し、現地で子どもをもうけた。概算するならば、日振島では女性のほとんどと男性の約半数、すなわち人口の約4分の3が島外へ移住した結果、人口が減少したといえる。

　一方、2004～14年における日振島へのIターン者は26人である。移住理由の内訳は、就職14人（53.8％）、結婚10人（38.5％）、退職1人（3.8％）などであり、地区別には喜路13人、明海5人、能登8人である。これらのうち、主に男性は転勤による移住が多く、公共施設が集中する明海地区への移住が目立つ。このため、同地区には職員住宅が用意されている。一方、女性は結婚による移住が多い。3人の移住者（男性1人、女性2人）に聞き取りを実施したところ、3人はいずれも愛媛県南部（南予地方）の出身であり、日振島の主な魅力として、地域活動・行事が盛んで住民

同士の関係が密接であることと、自然が豊かなために素潜りや釣りなどを楽しめることが挙げられた。

Ⅲ　日振島における魚類養殖業の特色

1.　養殖業の成立と発展

　1960年代中頃まで、日振島における漁業は釣りや延縄、採貝、素潜り、まき網漁業などが中心であった。しかし、乱獲により魚や貝が減少したため、1973～75年の3年間、テングサやサザエ、アワビなどを採ることが禁止されたことをきっかけとして、魚類養殖業への転換が起こった。1975年における養殖業の経営体数は7戸であったが、1978年に14戸、1988年には16戸となった。1994年頃には、愛媛県から新規漁場の許可が下りたことにより、約20戸の経営体が養殖業へ新規参入した。その後、経営体数は徐々に減少に転じたため、2014年時点で日振島において養殖業を営む経営体数は21戸となった。日振島で最初に養殖業へ転換した世代の中で、現在も養殖業を続けている経営体は5戸となっている。また、経営体21戸のうち9戸が従業員として1～3人を雇っている。

　魚類養殖業の年間生産額の推移をみると、1975年にはハマチの1億3666万円のみであったが、1980年には同6億9315万円に急増した。さらに1985年にはハマチの生産額が11億2686万円に増加したほか、フグなどの魚類も加わった。1988年にはハマチの生産額が16億1770万円、タイ2363万円、フグ578万円、その他6647万円となり、全体で17億1358万円と、生産額は10数年で10倍以上に増加し、魚類養殖の生産額が日振島における漁業生産額の中で最も高い割合を占めるに至った[5]。漁協への聞き取りによると、2013年度の日振島における養殖業による水揚量と生産額は103万7838尾、365万8790 kg、27億9275万2271円であった。このうち、ハマチの売上が約8割を占め、次いでタイ、シマアジ、カンパチの売上が高かった。なお、1980年代に導入されたフグやヒラメの養殖は、寄生虫や病気の発生などによる漁場汚染の原因となったことから、1998年に中止された。

　近年、ハマチやタイなどの魚種は市場で飽和状態にある。かつて1 kgあたり1000円を超えていたこれらの価格は、現在、ハマチが500～800円/kg、タイは600～800円/kg程度に下落している。その一方で餌代や燃料費は高騰し続けているため、漁業者の経営状況は厳しさを増している。このため、経営の維持や改善に漁業者の創意工夫が求められるほか、近年では比較的規模の大きい外部の養殖業者による資本投下のもと、クロマグロの養殖が日振島において新たに開始された。

2.　魚類養殖業と漁場の特徴

　日振島における養殖漁場は、島の「おもて」と呼ばれる北東部の湾内に設置されており、中でも喜路地区や明海地区の沖に生簀が集中している（**写真4-1**）。養殖業者は喜路地区に多く、全経営体の約3分の2を占める。これらの従事者には日振島出身者が多いが、マグロ養殖業の経営体では他の地域出身者が多くなっている。経営体1戸あたりの生簀数は、漁協によって最大16台と決められている。この理由は生簀の数が多すぎると管理が難しく、魚の品質や成長にも影響を及ぼすためである。また、24～25年前から漁場の水質悪化が目立ってきたため、漁場を平等に

使うことを目的として生簀の数が規制されるようになった。当初は10台に規制されたが、経営体数の減少を受けて、2002年頃からは15台、現在では最大16台となった。漁場使用料は生簀1台あたり約3万円である。

生簀は、速い潮流と台風に耐えられるように縦11×横11×深さ7〜8mの比較的小ぶりのものが用いられ、おおむね5〜6台を1列にロープで連結して設置する。魚種によって養殖期間は異なるが、まず4〜6月に稚魚を仕

写真4-1　養殖漁場の様子
（2014年9月、淡野寧彦撮影）

入れる。稚魚を生簀へ投入した後、成長に合わせて生簀分けを行う。1台の生簀へ入れる魚の数は8000尾程度が適当である。出荷時期は魚種や魚の大きさによって異なるが、ハマチの養殖期間は1年半〜2年程度で、3〜4kgのものが出荷される。タイの養殖期間は1年半〜2年半程度とハマチよりも長く、0.8〜2.5kgのものが出荷される。タイ養殖においては、タイの表皮が日焼けしないよう、生簀の上に黒いシートをかぶせる点が特徴である 。またシマアジの養殖期間は2年〜2年半程度とさらに長く、1〜1.4kgのものが出荷される。給餌は毎日行い、出荷に合わせてほぼ毎日餌を仕入れる。また、出荷したい時期に合わせて餌のカロリーを計算する。この際、魚の消化状況やその日の水温などが加味される。養殖する魚種の数はつねに一定とは限らず、どの魚種が高く売れるかを飼料の卸売業者や魚の出荷先から情報を入手し、単発的に稚魚を仕入れる養殖業者もいる。

日振島における全養殖業者は漁協を通して養殖魚を全国へ出荷しているが、漁協は出荷量や出荷価格の確認を行うのみである。主な出荷先は関西や東京、広島である。利益率向上のために、自ら取引先を探した上で漁協を介して出荷する養殖業者も存在するが、ごく一部に限られる。かつては九州から日振島まで魚を買いに来る卸売業者もおり、養殖業者側が出荷先まで魚を輸送したこともあった。出荷方法には陸上輸送と海上輸送とがあり、それぞれに魚を締めて出荷する方法と、魚を生きたまま出荷する方法とがある。陸上輸送の場合、冷蔵設備を整えたトラックへ産地で箱詰めされた魚を詰め込み輸送する方法や、荷台に水槽を備えた専用トラック（活魚車）によって魚を生きたまま運ぶ方法などがある。活魚車での輸送は、魚を生かしたまま運ぶため鮮度が落ちないが、魚価に占める輸送経費の割合が大きくなる。海上輸送の場合、専門の運搬船が日振島から東京方面まで直接運搬したり、ある程度魚の数をそろえて定期船で日振島へ集荷してもらったりする。1日の出荷量は漁協全体では6000尾以上で、最も多いときには2万〜3万尾を出荷することもある。

3. 養殖業者の経営事例

(1)C氏の例

ハマチ養殖を行うC氏（44歳）は、すでに養殖業を営んでいた父の影響を受け、1994年より養殖を開始した。以前はカンパチなどの養殖もしていたが、虫害が発生したため、これらの養殖を

全て中止した。C氏はハマチの稚魚を10万匹、成魚を10万匹買い入れ、32台の生簀で育てている。これは、C氏が管理している生簀が、1994年の新規漁場開拓に参入した際に導入した16台と、C氏の父が1994年以前から導入した生簀16台となるためである。

　養殖業に従事するのはC氏と30歳代の従業員1人である。この従業員は南予出身であり、10数年前にアルバイトとして雇用後、継続して働いている。繁忙期には親戚などに手伝ってもらうこともある。C氏の家族は宇和島市本島部に住んでいる。C氏は現在日振島に単身赴任し、週3回ほど宇和島市の自宅に帰っている。C氏には息子と娘がいるが、必ずしも養殖を継いでもらいたいとは考えていない。養殖業は忍耐力が必要であるとC氏が自らの経験を踏まえて考えているためであるが、本人が養殖業への従事を強く希望するのであれば、後継者となってもらいたいと考えている。

　C氏の養殖の特徴として、南予特産の「柑橘ハマチ」を生簀1台分作っていることが挙げられる。宇和島にある農家からいよかんの皮を仕入れ、1週間、餌の総量の3％程度をいよかんの皮とし、混ぜて与えている。この事例は、約4年前に八幡浜の業者に依頼されたことがきっかけであり、C氏は出荷先を増やすために引き受けた。味について、柑橘の風味を感じるなどさまざまな消費者の意見があるが、C氏は今後もこの事例を継続する予定である。

(2)D氏の例

　タイとシマアジの養殖を行うD氏(41歳)は日振島出身であり、四国本土の高校卒業後に3年間、経験を積むためにタイの稚魚を育てる会社で働き、約20年前、愛媛県から新規漁場の許可が出た際にタイの養殖を開始した。約15年前からはシマアジも導入したが、今後も魚の相場状況をふまえつつ、新たな魚種を導入することを検討している。現在はタイの稚魚を8万匹、シマアジの稚魚を1万5000匹、それぞれ以前勤めていた会社から買い入れ、タイを11台の生簀で、シマアジを5台の生簀で養殖している。売上はタイが約7割、シマアジが約3割である。

　出荷する養殖魚の9割を宇和島市蒋渕へ自ら船で運び、流通業者に引き渡す。魚は最終的に大阪や東京の築地市場へ出荷される。タイの出荷量の約6割を占める1.6kg以下のものは締め出荷を行い、約3割にあたる1.7kg以上のものは生きたまま、活魚車での出荷を行う。残りの約1割は専門の運搬船に委託し、神奈川県まで出荷する。餌の原料や固形飼料は蒋渕に出荷に行った際に引き取り、その頻度は冬であれば週に3、4回、夏であれば週に5回程度である。タイには自身の船で製造したモイストペレット飼料(MP)を与え、シマアジにはエクストルーデッドペレット飼料(EP)を与えている。経費は餌代が最も多く、全体の約6割を占め、人件費と設備・燃料代にそれぞれ約2割かかっている。

　現在、養殖業に従事するのは、D氏と妻のほかに日振島住民1人の計3人である。出荷の繁忙期には日振島住民をさらに6人ほど雇用する。この際には他の養殖業者2戸と協力し、互いに手伝い合うこともある。D氏夫妻には娘が4人おり、養殖業に興味をもつのであれば後継者になってほしいと考えている。その際は、婿養子をとって養殖をしてもらうのではなく、女性が経営者となって養殖をしてもいいのではないか、ともD氏は考えている。またD氏は約3か月に1度、島外に住む同業者と食事をしながら魚の相場や水温などについて情報交換を行い、経営改善を図っている。

(3)E氏の例

　E氏(34歳)は、3歳年上の兄が高校卒業後に両親とともに養殖業を開始したため、自身も高校

卒業後に日振島にUターンし、従業員として働き始めた。現在、E氏はシマアジを主に養殖しており、他にタイと、2014年から導入したスズキも養殖している。2012年頃まではハマチを養殖し、韓国へ輸出していたが、ハマチの餌代は他の魚の約2倍と高いため、収支が合わず中止した。養殖する魚種を決定する際には、どの魚の単価が高くなると予想されるのかを餌の仕入れ先や出荷先から情報収集し、参考にしている。今後は、現状を維持しつつ養殖を続けていきたいと考えている。

　タイの稚魚とシマアジ、スズキには、漁協から仕入れるEPを与える。稚魚から成長し、幼魚となったタイには、冷凍したMPを船の上で解凍して与えている。このMPは、出荷先としても付き合いのある会社から購入している。給餌作業はE氏と兄の2人で行い、出荷や生簀での作業などにはE氏の両親も加わる。出荷の際は、シマアジとスズキ、タイの大きいものは生きた状態で船に乗せ、宇和島の業者へ出荷する。タイの小さいものは日振島で氷締めをした後、宇和島の業者へ出荷し、その後はスーパーなどで売られる。

　E氏には娘（5歳）と息子（1歳）がおり、後継者になってほしいという要望はあるものの、E氏自身が日振島外での生活をほとんど経験していないこともあり、島外で生活してもらいたいという思いのほうが強い。

(4)F養殖業者の例

　F養殖業者は日振島において、マグロ養殖を専門に行う。マグロの養殖は、主にまき網漁で捕獲した20〜100kgサイズの天然マグロを数か月から半年程度の短期間で養殖する形態と、天然種苗のヨコワ（幼魚、体長20〜30cm、体重100〜500g程度）を採捕し、2〜3年程度かけて長期間飼養する形態があるが、国内では後者が一般的である。日振島でも後者の形態がとられるが、近年は天然のヨコワだけでなく、2002年に世界で初めてクロマグロの完全養殖に成功した近畿大学水産研究所の「近大マグロ」のヨコワも一部導入されている。F養殖業者は天然のヨコワを、主に高知県や宮崎県から仕入れている。

　F養殖業者の生簀は明海地区沖に20台ある。マグロは口を開けたまま泳ぎ続けなければ呼吸ができないため、他の魚種よりも大型の生簀が用いられる。マグロは生後1年で5kg、2年で20kg、3年で40kgに成長し、出荷する5年魚は80〜100kgに達する。1日2回の給餌で自身の体重の3〜5％の餌を食べ、マグロの体重を1kg増やすためには13kgもの餌が必要である。このため、すべての生簀に給餌するためには大量の餌が必要となり、専用の給餌船が用いられる。1〜5年魚のマグロの餌は主にアジ、サバ、イワシなどである。餌の原料は冷凍されたものを宇和島から仕入れ、喜路地区にある冷凍庫で保管される。F養殖業者の場合、早朝に1枚15kgの氷のブロック状になった餌を必要な分だけ冷凍庫から取り出し、船の上で解凍してから1日2回に分けて給餌する。1年魚には主にアジを与え、2年魚からはサバやイワシなどを与えることで、マグロが飽きないように工夫されている。また出荷前には脂肪分の多いサンマやオオナゴ、イカなどを与え、餌によって脂の乗りを調節することで風味を向上させている。

　近大マグロの稚魚には、手作業で餌を与える。餌となるのは主にイカナゴで、稚魚3000尾に対して1日60〜70kgの餌を7時半、10時半、14時、16時の4回に分けて与える。4回に分ける理由は、個体間の成長の差を少なくする、共食いを防止する、水面の異物を食べることを防ぐといった効果をねらったためである。また、稚魚の生簀には毎日ダイバーが潜って死亡した個体数を数える。これは、歩留まりを算出したり、餌を与える量を調節したりするためである。

写真 4-2　養殖マグロの釣り上げ作業
(2014 年 9 月、淡野寧彦撮影)

F 養殖業者のマグロは漁協を通して出荷され、料理店や市場、解体ショーなど様々な場所で販売される。マグロは体表が傷つきやすく、これが原因で死ぬこともあるため、出荷時は 1 尾ずつ釣り上げる。この際に使用される釣り針には通電する仕組みが施されており、マグロが食いついたところで電気を流し、仮死状態にしてから船上に引き上げる（**写真 4-2**）。これは、マグロをできるだけ興奮させないようにするためである。興奮するとマグロの体温が急上昇し、身焼けを引き起こすことで肉質が変質してしまい、商品としての価値がなくなってしまう。船上に揚げた後は、脱血・内臓の除去・体温測定・体重測定の作業を 2 分以内に行い、素早く氷締めを行う。作業を素早く行うことも身焼けを防ぐためである。取り出した内臓のうち、胃と心臓は商品として出荷するために氷締めされる。出荷時、マグロの体重の約 2 倍の氷を必要とするため、マグロ養殖漁場の近辺には製氷設備が整えられている。

　出荷作業はほぼ毎日行われ、その日の市場動向をみながら出荷する個体数を決定するため、養殖現場では会社からの連絡を待って指示通りの数を出荷する。なお調査実施日には、5 年魚の中ではやや大ぶりのマグロを 8 尾出荷していた。

4. 養殖業の課題と今後

　日振島における魚類養殖業の課題として、次の 4 点が挙げられる。

　第 1 に、漁場汚染の問題がある。魚類養殖は、餌の過剰投与や過密養殖などにより、漁場汚染の原因となる。日振島においても養殖業が発展する中で、1990 年頃から漁場汚染が進行した。この対策として、近年では食べ残しの少ない餌の利用や給餌技術の進化、また水質への影響の少ないワクチンなどの利用がみられる。

　第 2 に、赤潮被害が挙げられる。日振島では 2004 年頃から赤潮の被害に見舞われるようになった。日振島で赤潮が発生することはないが、潮流にのって他の場所から赤潮が流れてくることが多い。2004 年の赤潮の際には、約 2 億円の被害を受けた養殖業者もいた。現在の対策としては、赤潮に関する情報収集に努めるとともに、赤潮発生時は魚の体力が消耗しないよう給餌を減らすなどの方法がとられている。また第一の課題と併せて、日振島の全ての養殖業者が海を平等に使い、環境を守るという意識の醸成が重視されている。

　第 3 に、養殖従事者の高齢化と後継者不足がある。現在は経営主が 50～60 歳代の養殖業者が多く、すぐに経営を中止する経営体が出現する可能性は低いものの、養殖業者 21 戸のうち現時点で後継者がいるのは 9 戸に過ぎない。また、養殖業を中止する理由としては、高齢や怪我などが主な理由であるが、なかには高齢であっても、他に仕事がないため養殖業を続ける業者もいる。

第4に、養殖魚は価格変動のリスクが高く、養殖業者の価格交渉力も弱いことがある。漁協によると、現在の養殖業者の経営状況は、赤字が約7割、黒字が約3割という厳しい状況にある。とくに近年は、流通経費や消費税が上がったことも赤字要因となっているが、養殖魚の流通にまで養殖業者が関わることはほとんどない。そのため今後は、日振島の養殖業者が自分で価格を設定できるような地域ブランドを構築していくことも必要であろう。なお、新たに開始されたマグロの養殖については、他の魚種のように養殖技術が確立されておらず手探り段階であるため、養殖技術の向上や養殖環境の整備をさらに進める必要がある。

Ⅳ　日振島における住民の生活行動

1.　日振島への物資輸送

　日振島と宇和島市本島部間の物資輸送には、主に普通船「しらさぎ」がその役目を担う。宇和島からは主に生活雑貨や家電製品、日振島からは主に生鮮水産品が送られる。運搬に際しては、ＪＡえひめ南がその仲介役を担う場合が多い。日振島への船は島内3地区の港を経由し、港には出張所職員や島民が荷物を受け取りに来る。月別輸送量をみると、日振島への輸送量が多いのは盆や正月の7・8月と11・12月であり、2014年の場合、通常月が計2000個程度であるのに対して、多い月には3000個程度となる。また日振島から宇和島への輸送量が多くなるのは11・12月であり、主に養殖魚の輸送が多くなる。「しらさぎ」の輸送人員・貨物量は、島の人口減少にともない減少傾向にあり、運営に当たる盛運汽船の経営にも大きな影響が生じている。このため、航路補助金が同航路を維持する上で欠かせないものとなっており、2009年には約1億9000万円が支払われた[6]。

2.　日振島住民の外出行動

　日振島の全住民を対象に、世帯ごとに生活行動に関するアンケートを配布し、125人より回答を得た。この結果によれば、まず住民らが宇和島市本島部を訪れる頻度は月1回程度が39人（31.2％）、年に数回が33人（26.4％）などであり、訪問頻度は高いとはいえない。この理由としては、便数の少なさに加えて、高速船の片道料金が2050円、普通船でも同1400円と高額であるためである。ただし高齢者は、通院のためであれば船賃が半額補助される制度を利用できる。

　宇和島を訪れる目的はスーパーへの買物の93人（74.4％）と通院の80人

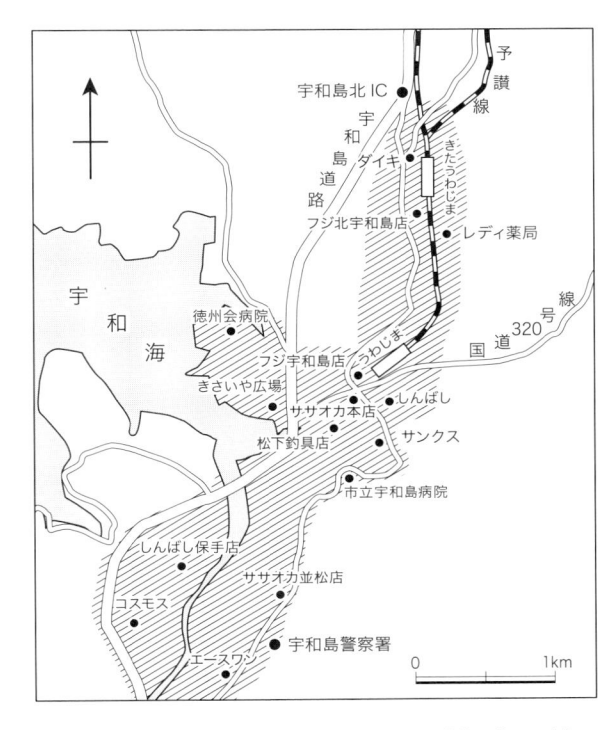

図4-5　日振島住民の宇和島市中心部での行動範囲（2014年）
（アンケート調査により作成）

（64.0％）が突出し、これらのほかは薬局が28人（22.4％）、レストラン等への食事が16人（12.8％）などであった。具体的な訪問施設の分布からみた日振島住民行動範囲は、南北約4km、東西約2kmであり、宇和島市中心部だけでなく、警察署や宇和島北駅付近まで広がっていた（**図4-5**）。宇和島での平均滞在時間についてみると、5～8時間が39人（38.2％）と最も多く、他の回答区分とした1～4時間、9～24時間、24時間超はいずれも20～25％であった。住民への聞き取りによれば、仕事や生活のために宇和島にも自身の住居を持つ者や、自身の子が宇和島に在住する者もいることから、こうした住民が1日前後滞在するものと想定される。また、インターネット通販の利用者が35人存在し、その購入商品の内訳は書籍が14人、衣料品が9人などであった。今回の調査によれば、日振島の住民は、低次財は島内、高次財は近隣の中核都市である宇和島中心部で購入していた。また、インターネット通販の利用もみられたが、書籍や衣料品などの購入にとどまり、普及率も25％程度であった。

　また、Ⅱ節で取り上げたIターン者3人が指摘した日振島での生活面の不便さとしては、以下の2点が挙げられる。第1は買物の不便さである。日振島にはJAが経営するスーパーしか店舗がなく、物資を船で運搬するため、価格は相対的に高い。また品数が少なく選択肢が限られる。宇和島を訪れる際に、漁業者などは自身の船を利用できるが、そうでない住民は連絡船を利用するしかない。しかし、連絡船は先述のとおり、便数が少ないことや気象条件の悪化によって運行中止となり、買物にいけないこともある。これらのことから、Iターン者のうち2人は、Amazonや楽天などのインターネット通販も利用しているが、離島の場合は別途送料がかかる会社や、利用制限がある会社も存在することから、利用時には注意を払っているという。

　第2は医療機関が診療所のみに限られることである。日振島には明海地区に診療所があり、他地区には同所からの往診がある。しかし診療所での治療には限度があり、耳鼻科・歯科・眼科などの専門的な医療が必要な場合は宇和島まで行かなければならない。Iターン者のうち1人は歯科に通院しているが、移動に時間とお金がかかるため、気軽には行けないという。また、急患の場合には宇和島まで患者を運ばなければならず、その際には搬送代として1万円が患者の自己負担となる。Iターン者のうち1人は、現在、夫と2人で暮らしているが、夫が亡くなり独り身になった場合、医療の面で日振島での生活に不安を感じている。

3.　日振島における祭事とコミュニティ活動

　島内の3地区には一社ずつ、氏神様としての神社があり、喜路地区には八坂神社、能登地区には三嶋神社、明海地区には天満神社が存在する。どの神社も神主は常在しておらず、祭礼時のみ宇和島から神主が呼ばれる。なお八坂神社と三嶋神社は、1914（大正3）年に明海の天満神社に三社まとめて日振島神社として合祀されたが、その後も二社とも社殿は残され、現在も参拝や祭礼が行われている。

　主な祭事としてまず、2月1日に春祈祷が行われる。宇和島から神主を呼び、大漁祈願、海上安全、家内繁栄、厄払い、年祝いなどのために祈祷を上げ、大太鼓、小太鼓、鉦に合わせて神楽の舞が舞われる。その後は地区の安全と繁栄を願って、お神酒を用いて宴会が開かれる。7月の土用の丑の日には、夏を無事乗り切るために土用祭が行われる。

　日振島で最も大きい祭事が、各地区で執り行われる例大祭である。喜路地区では旧暦6月15日、能登地区では旧暦9月15日、明海地区では10月の第4土曜日に開催されるが、近年では住

民の減少や島の出身者が帰省して祭りに参加しやすいよう、新暦の休日に実施される地区もみられる。また 8 月の盆には、灯籠をつり追善供養をするほか、各地区で盆踊りが催される。この盆踊りは基本的に初盆の人がいる親族が主催することになっているが、該当者がいなければ自治会が主催する。以前は 8 月 15 日に開催日が固定されていたが、近年では島出身者の帰省に合わせて、休日に開催されるようになった。盆踊りは各地区総出で行われる。笹や提灯を飾った櫓が建てられ、その上で口説き手が口説き文句を詠う。踊り手は口説き文句と太鼓に合わせて櫓の周りを踊りながら回る。盆踊りは 19 時頃から始められ、以前は明け方まで踊られていた。しかし、現在では参加者が少なくなったため 0 時頃には解散となる。

　上記のほか、島内の主だった公共施設が集中する明海地区を例に、年間の主な自治会活動についてみると、3・4 月に行われる日振島小学校の卒業式や入学式には自治会役員などが招待されるほか、新任教職員歓迎会と離任教職員送別会が公民館で行われ、小学校教職員と住民との懇親の場となっている。7 月の海の日には島内の 3 地区一斉に島の海岸部の清掃活動が行われる。9 月には、敬老の日に公民館で敬老祝賀会が行われるほか、日振島大運動会が小学校で開催され、住民の多くが参加する。いずれの活動についても、住民の多くが積極的に参加し、活動後には懇親会が行われるなど住民の親睦が深まる機会になっている。

Ⅴ　おわりに

　本研究では、日振島における住民の生活形態について、主要産業である魚類養殖業を中心に、人口の流出入や住民の生活行動にも注目しながら検討した。

　日振島における住民の生活形態は、1960～70 年代に一変した。すなわち、急速な人口流出と魚類養殖の導入による水産業の変化が起こった。島外へ移住した者が再び日振島に生活拠点を戻すことはない一方で、魚類養殖業は島の中核産業に成長し、住民の一部が島にとどまり、生活を続ける原動力となった。2000 年代以降、養殖業の経営体数は漸減傾向にあるものの、漁協を中心に漁場の水質管理や公平利用といった、島全体でまとまりをもった養殖業の維持・発展が目指されている。また、近年のマグロ養殖の導入など、収益の向上を目的とした新魚種の導入を模索する動きもみられる。養殖業の存在は、島の雇用機会の創出にも大きく貢献している。他方で、養殖魚の販売価格の低下傾向や経費の増加、そして漁業者が流通・販売面で価格交渉力をほとんど有していないことが、日振島の魚類養殖業の脆弱性となっている。また魚類養殖に従事する者のなかにも、家族はすでに宇和島本島部などに移住しており、日振島を生活拠点としないケースもみられる。子どもの就学や日常生活における利便性などを考慮して島外での生活を選択する傾向は現在も続いており、日振島への移住者も若干みられるものの、島の人口減少は今後も継続することが見込まれる。また宇和島市本島部から 1～2 時間で訪問できるという条件が、先述の魚類養殖業者のように、いわば「職場」として日振島に滞在したり、島外に在住しつつも何かあった際に日振島を訪れるといった行動に結び付いたりすることも推測される。日振島の祭事が、現在、島出身者の帰省の時期に合わせて開催されるようになりつつあることなども、上記の行動と関連しているものと考えられる。祭事やコミュニティ活動などを通じた住民同士の結びつきは現在も強く、このこともまた、島外在住の出身者が機会をみつけて日振島を訪れる後押しにもなっている。

　なお、Ⅰ節で若干触れた日振島と藤原純友の関係については、歴史的・文化的な資源としての価値やその活用が期待される。ただし調査時点では、石碑が設置された公園の整備やそこにいたる道中の除草作業などに住民有志が取り組んでいるものの、残された史料等が少ないために島の観光振興や活性化などに結び付ける動きはさほど進んでいなかった。夏季の海水浴や個人の釣り客などの訪問を除くと、日振島における観光は産業規模として大きいとは言い難いことから、本研究の中では大きく取り上げなかったことも記しておく。

　［付記］本研究は、愛媛大学『地域創成研究年報』第 10 号掲載の白岩ほか[7]を加筆・修正した内容とともに、著者の了承を得て、同誌の滝石ほか[8]と黒田ほか[9]の内容を加えたものである。また本研究の骨子を、日本地理学会 2015 年秋季学術大会において報告した。

＜文　献＞

1)　愛媛県『愛媛県離島振興計画：平成 25 年度〜34 年度』2013、135-155 頁。
2)　玉井建三「愛媛県外海離島の現状 —— 日振島の場合 ——」駒澤地理 8、1972、119-129 頁。
3)　田中皓正編『日振島のはなし』三重大学出版会、2002。
4)　須山　聡「島嶼地域の計量的地域区分」(平岡昭利編『離島研究Ⅰ』海青社、2003) 9-24 頁。
5)　愛媛県高等学校教育研究会社会部会地理部門編『宇和島市の地理』、1990。
6)　日振−宇和島航路改善協議会『日振〜宇和島航路改善計画(概要)』、2011、1-8 頁。
7)　白岩優愛・内藤有紀・山下奈美・永井響子・淡野寧彦「愛媛県宇和島市日振島における漁業の存続形態」地域創成研究年報 10、2015、82-98 頁。
8)　滝石新也・永井菜穂・寺谷亮司「愛媛県宇和島市日振島における人口の変化と流出入」地域創成研究年報 10、2015、63-70 頁。
9)　黒田義久・武智賢太郎・寺谷亮司「愛媛県宇和島市日振島における住民の生活行動」地域創成研究年報 10、2015、71-81 頁。

（淡野寧彦）

5章　東京都利島における高齢者のツバキ実生産とその意義

I　はじめに

　戦後、産業基盤が脆弱であった離島では、若年層の流出がみられた。高度経済成長期に港湾、道路、上下水道など社会的整備に対して島内の労働力が必要とされると、島内に残留した世帯主が建設業に従事し、その妻や親が農業に従事する「3ちゃん農業」が行われた。近年では、建設業に従事していた世帯主が加齢により建設業を退職し、高齢期に農業を開始するケースがみられる。

　高齢者の農業に関する既存研究では、高齢者の就農目的と農業の特徴に注目した研究が蓄積されてきた[1]。既存研究では、高齢者の就農目的は自身の健康管理や農地管理であること、経営の特徴は軽量で粗放的な生産が可能であることなどが指摘されてきた。しかし、高齢者の農業に関する既存研究は以下の点が不足している。第一に、建設業に依存してきた地域では、労働者は正規雇用ではなく、臨時や日雇いとして雇用されている可能性が高いため、退職後に十分な退職金や年金を取得していないと考えられる。この場合、高齢者にとって農業は健康管理や農地管理という以上に、生計手段としての目的をもつ可能性がありうる。第二に、高齢者の農業が、地域にとってどのような意義があるか十分に検討されていないことである。両者を明らかにすることができれば、高齢者の農業が、単に健康管理や農地管理など個人に帰結するのではなく、地域農業へ活用される方策を見出すことができると考えられる。

　そこで本章では、東京都利島における高齢者のツバキ実生産に注目し、その意義について明らかにすることを目的とする。後で述べるように、利島の基幹産業は戦前から戦後にかけてツバキ油産業であった。利島のツバキ油は、農家総出でツバキの実を拾い、島内外の製油工場で製油され、主に整髪料などに利用された。しかし、高度経済成長期に建設業が台頭すると、ツバキ実生産に従事してきた農家世帯主は、より安定的な賃金を求めて臨時や日雇いとして建設業に従事した。近年では、建設業に従事していた農家世帯主が加齢により建設業を退職することで、ツバキ実生産に従事する傾向がみられることから、研究対象地域として選定した。

II　利島の概要

　利島は、東京都心の南方130kmの海上に位置し、面積4.12㎢、人口約300人の島である（**図5-1・写真5-1**）。利島へのアクセスは、竹芝桟橋から定期船「かめりあ丸」で10時間程度である。冬は風波の影響を受けやすいことから、欠航率が70%となる（**図5-2**）[2]。利用客数も就航状況に応じて増減する傾向にある。欠航日の利島へのアクセスは、竹芝桟橋から大島までは定期船、大島から利島まではヘリコミューター「東京愛らんどシャトル」の利用が一般的である。

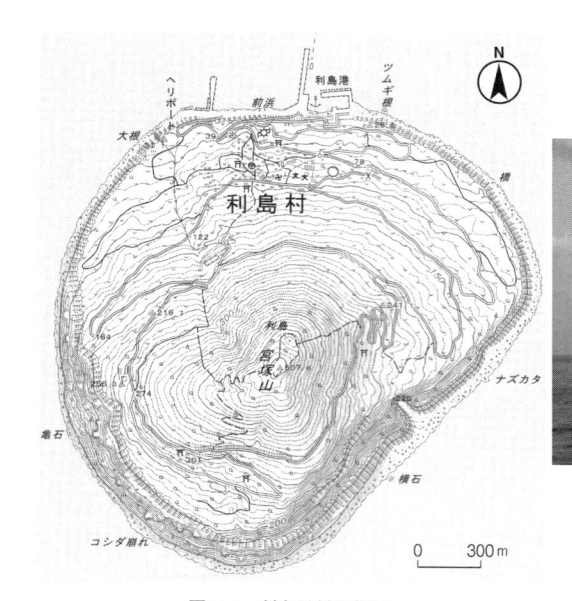

図5-1　対象地域の概要
（国土地理院発行2万5千分1地形図「利島」に『利島村史』
の情報を追記して作成）

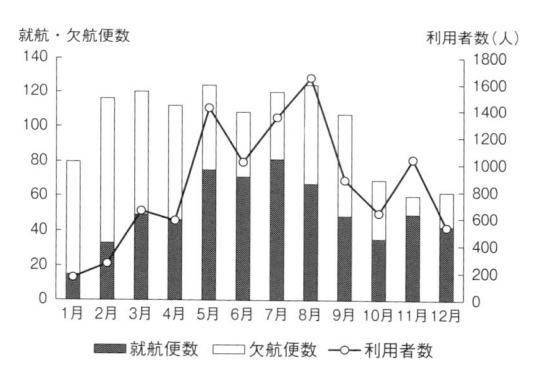

図5-2　就航・欠航便数と利用者数の推移（2004年）
（『要覧利島2005』より作成）

写真5-1　利島の形
（急こう配でお椀を伏せた形をしている）

写真5-2　ツバキ林
（急斜面にテラス状にツバキが植えられている）

　利島の地形は、宮塚山の山頂近くで傾斜35度、集落のある北部では10度前後となり急峻である。利島は、山頂近くや南部の雑木林、集落周辺を除いて、テラス状のツバキ林に覆われている（**写真5-2**）。これは、西風から集落を守るための防風林としての役割だけでなく、江戸時代に幕府の要請により、需要が高まっていたツバキ油を本土に供給する目的で、大規模な植林が進められてきたからである。

　2010年の国勢調査によると、産業別就業者246人のうち建設業が全体の4分の1を占め、以下は農業、教育、公務と続く。利島は、地理的隔絶性から観光産業や企業参入が乏しく、役場や建設業などに就業先が限られるため、若年層を中心とした島外への流出がみられる。

　利島の主要農作物は、出荷額5300万円のうち約80％を占めるツバキ油である[3]。利島は、日本有数のツバキ油産地である。農家は、7月から8月にかけてツバキ林の下草刈りを行い、9月

から3月にかけて落下したツバキの実を拾い、乾燥させる（**図5-3**）。乾燥させた後、ツバキ実は各農家で保管され、12月と3月に島内の製油工場に出荷される。その後、整髪料や化粧品の原料として本土に出荷される。このうち、農家がツバキ実を拾って、実を乾燥させ、製油工場に出荷するまでの工程をツバキ実生産という。このツバキ実生産に従事しているのは、主に60歳代から80歳代の高齢者である。

ツバキ実生産は、半年という長期の収穫期間に加えて、**図5-3**で示したように年2回のみの出荷であり、高齢者が自身の体調に合わせて行うことができるという特徴がある。さらに、製油後のツバキ油は、他の農作物に比べて保存性が高い。前述のように、利島の定期船就航率が低いため、農作物の出荷には困難を伴うが、ツバキ油は短期間で腐ることがなく、欠航が続いてもほとんど影響がない。また、ツバキ油の流通ルートは、ツバキ実生産者が島内の農協にツバキ実の製油やツバキ油の販売を委託するケースがほとんどである[4]。製油後は仲介問屋とビン詰業者を経由し、本土の生協で販売されたり、化粧品メーカーを経て小売店で販売されたりするケースがみられる。一部のツバキ実やツバキ油は、伊豆大島に出荷され、土産物店で販売される。

ツバキ油以外の農作物に関しては、近年、わずかながらアシタバやシドケ[5]などの葉物も栽培されている（**写真5-3・4**）。アシタバは6〜7月、シドケは3月に収穫されるが（**図5-3**）、葉物であるため、欠航が続くと品質が低下し、出荷が不可能になる。

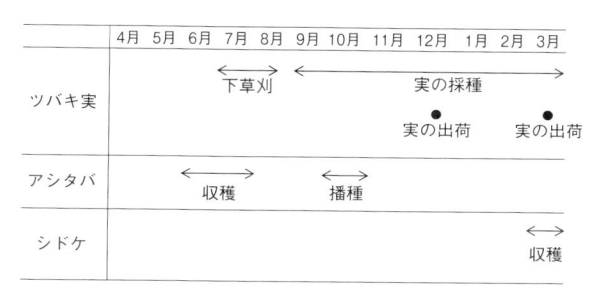

図5-3　作業暦
（聞き取り調査により作成）

写真5-3　アシタバ
（セリ科の大型多年性植物である）

写真5-4　シドケ
（半日陰を好む山菜である）

Ⅲ　利島の農業の実態

1.　農業の変化

まず、利島における農業の変遷について述べる[6]。第二次世界大戦前の利島の農業は、ツバキ実生産と切替畑[7]での畑作を組み合わせて行っていた。農業は、基本的に家族労働力で担われ、ツバキ実生産は10月から11月になると、ツバキの木に登って実を採取する労働集約的なもの

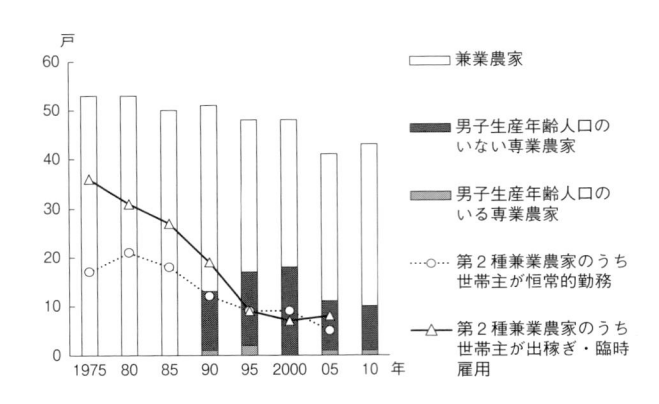

図5-4　専業兼業別農家数の推移（1975～2010年）
（農林業センサスにより作成）

だった。このような方法がとられていたのは、ツバキ林の下に下草が生えていると、実が落ちた際に採取が困難になるためであった。

1935年以降、海上交通の発達により食料移入状況が改善されると、切替畑よりも換金性の高いツバキ実を生産するため、ツバキ林の栽培面積が拡大した。しかし、ツバキ実の量は天候によって大きく左右されるため、安定的な収入を求める若者は島外へ転出し、ツバキ実生産の担い手は、島内に残った長男家族が中心となった。

高度経済成長期になると、ツバキ油の主要用途である整髪用油の需要低迷や、中国や台湾からの輸入などで、利島のツバキ実生産は深刻な状況に直面した。こうした状況を打開するために、ツバキ実に代わる作物としてサクユリ[8]栽培が旧利島村農業協同組合（以下、農協）によって推奨された。しかし、サクユリはウイルスの罹患率が高いこと、連作障害があること、消毒散布が必要であることから、1990年代にはほとんど生産されなくなった。

一方、建設業に関しては、1953年に制定された離島振興法の影響で、利島では1960年代に港湾工事を中心に公共事業が増加した。そのため、農家世帯主はツバキ実生産よりも高い収入を求めて公共事業に従事した。その結果、農家の兼業化が進んだ（**図5-4**）。しかし、公共事業は単発的なものが多く、その雇用形態は臨時的であった。世帯主が建設業に従事すると、ツバキ実生産は世帯主の両親と妻によって継続された。

利島全体のツバキ油の販売額に関しては、1970年代頃まで4000万円前後で推移していたが、1980年代には8000万円程度に倍増した[9]。これは、消費者の自然志向の高まりのなかで、農協がツバキ油の販路開拓を積極的に進めたことによる。ツバキ実以外の農作物に関しては、1980年代に生産条件の厳しいサクユリから、需要が増加していたアシタバやシドケなどの薬物作物に次第に転換された。

1990年代から2000年代になると、兼業農家が大幅に減少し、「男子生産年齢人口のいない専業農家」、つまり高齢者のみの専業農家が増加した（**図5-4**）。これは、兼業農家の世帯主が加齢のために建設業を退職し、就農した者が増加したからである。こうした農家の高齢化により、2000年以降のツバキ油の販売額は4000万円程度で推移している[10]。

以上のように、利島の農業の動向は、利島をとりまく社会や経済に左右されてきたといえるが、一方で農家の生活やその変化とも密接に関連していると考えられる。そこで、次に農家の就業状況と農業経営の変化に注目する。

2.　農家の農業経営の特徴

2008年に利島の農家41戸中32戸に聞き取り調査を行った。個々の農家の詳細は、**表5-1**に

示す通りである。

　利島の農家は、すべてがツバキ実生産に従事している。世帯主の年齢は、基本的に夫の年齢であるが、夫が死亡している場合には、妻の年齢を示している。世帯主の年齢と世帯員のツバキ実生産状況から、世帯主の大半が60歳以上の高齢者であり、70歳代や80歳代の者もみられること、彼らのほとんどがツバキ実生産に従事していることが特徴である。

　ここでは、世帯主の年齢別に農業経営の特徴を分析する。世帯主が71歳以上の場合を類型Ⅰ、世帯主が61歳から70歳の場合を類型Ⅱ、世帯主が60歳以下の場合を類型Ⅲとした。

　表5-1から、類型別のツバキ林面積は類型Ⅰの方が類型Ⅱよりも大きい傾向にある[11]。各類型の農作物の特徴に注目すると、類型Ⅰは他の農家からツバキ林を受託してツバキ実生産の拡大

表5-1　農家の営農状況（2008年）

| 類型 | 農家No. | 世帯主年齢 | 世帯員 | | | ツバキ | | | | 葉物出荷有無 |
			夫	妻	その他	生産有無	林面積(ha)	油販売額(千円)	受託	
類型Ⅰ	1	N.D.	×	●	□	○	N.D.	N.D.	×	×
	2	87	●	●	□	○	N.D.	N.D.	×	×
	3	85	●	×		○	4	N.D.	×	×
	4	N.D.	×	●	□□	○	N.D.	930	×	×
	5	79	●	△	□□	○	4	2,000	○	○
	6	78	●	●		○	5	2,046	○	×
	7	78	×	●		○	N.D.	N.D.	×	×
	8	77	●	●		○	N.D.	1,395	○	○
	9	N.D.	●	●	□	○	4	1,395	×	×
	10	76	×	●	△	○	4	1,395	×	×
	11	76	●	×		○	2	372	×	×
	12	N.D.	×	●		○	4	N.D.	×	×
	13	74	×	●	●	○	N.D.	2,325	×	×
	14	73	△	●		○	1	419	○	○
類型Ⅱ	15	70	●	●	□□	○	1.5	47	×	○
	16	70	●	●		○	1	465	○	○
	17	70	●	●	□	○	3	465	×	○
	18	69	●	●		○	3	1,256	×	○
	19	68	●	●		○	4	N.D.	×	○
	20	66	●	●	△△	○	4	930	×	○
	21	66	●	△		○	N.D.	465	×	○
	22	66	●	△	□□	○	0.6	N.D.	N.D.	×
	23	65	●	△		○	5	1,488	○	○
	24	64	●	●		○	2.5	N.D.	×	○
	25	61	●	●	□	○	4	1,581	×	○
	26	61	●	●	□	○	N.D.	N.D.	×	○
類型Ⅲ	27	59	●	●	□	○	3	651	×	×
	28	59	●	●	□	○	N.D.	N.D.	×	○
	29	54	△	□		○	N.D.	N.D.	N.D.	×
	30	52	●	●	●	○	N.D.	1,860	×	○
	31	N.D.	△	●	△	○	N.D.	186	○	×
	32	N.D.	●	●	□	○	N.D.	186	×	×

注）世帯員のうち、下線は世帯主を示し、●はツバキ実生産者、×は死亡、△は農外就業が主でツバキ実生産にも従事している者、□は農外就業者を指す。N.D.は不明を指す。

（聞き取り調査により作成）

を図っているが、葉物の出荷には消極的であった。一方、類型Ⅱではツバキ林を受託している農家は4戸のみであり、葉物との複合経営を行う場合が多い。類型Ⅲは、ツバキ林の受託にも葉物の出荷にも消極的である。

　次に、類型別にツバキ実から得られる年間販売収入について述べる。なお、年間販売収入は、ツバキ油生産量から推定している。1ha当たりのツバキは、約90本あり、そこから採取されるツバキ実272.1kg[12]からツバキ油約90.7ℓ[13]が生産される。ツバキ実生産量から類型別の販売収入を試算すると、類型Ⅰでは100万円から149万円が33.3％と最も多く、類型Ⅱ・類型Ⅲでは49万円以下が50％である。つまり、高齢者のなかでも年齢が高いほどツバキ実からの販売収入が高い傾向がある。

　表5-2は、1985年と2008年の2時点での類型別経営耕地面積の変化を示したものである[14]。1985年時と比較し、どの類型も総面積が増加している。類型Ⅰの総耕地面積は1985年の1.47倍となっており、他の類型と比べて増加率が大きい。また、2008年時点で総耕地面積の68％がツバキ林である。このことから、類型Ⅰがツバキ実生産に特化してきたといえる。

　ツバキ実生産量の決定要因は、ツバキ林面積だけでなく、ツバキ林の立地条件にもよる。コドラート法を用いた調査では、15の調査区に区分してツバキ実生産量を測定した（**図5-5**）[15]。その結果、ツバキ実生産量は、標高が低く、傾斜の緩やかな東北傾斜と西北傾斜の調査区1・3・5・10・11・13で多く[16]、標高が高く傾斜の緩やかな南傾斜の調査区14・15や林床被度の高い調査区2・4・6・7・12で少ないことが明らかになった。ツバキ実生産量は、標高、地形傾斜、林床被度の間で相関がみられる。

　図5-6は、類型Ⅰの耕地のなかでもツバキ林に限定し、その面積の変化を示している。1985年と2008年の2時点を比較し、他の類型からツバキ林を借りて増加したものを「拡大」、変わらないものを「維持」、他の類型へと移行したものを「縮小」とした。類型Ⅰのツバキ林面積の拡大は、**図5-5**のコドラート法を用いた調査と同様、標高の低い東北傾斜と西北傾斜でみられ、標高と林床傾向の高い南傾斜には、拡大がみられない。

　一方、**表5-2**で示すように、類型Ⅱはアシタバの栽培面積が6.5％を占め、他の類型よりも大きい。類型Ⅲは総耕地面積に占めるツバキ林面積の割合が小さく、耕作放棄地など「その他」が48.5％となっている。

表5-2　類型別経営耕地面積の変化（1985・2008年）

		総耕地面積	ツバキ林	アシタバ	サクユリ	シドケ	以上小計	その他
類型Ⅰ	1985年面積(ha)	47.21	42.28	N.D.	N.D.	N.D.	N.D.	N.D.
	2008年面積(ha)	69.63	47.35	0.86	1.02	1.33	50.57	19.06
	2008年構成比(%)	100.00	68.00	1.20	1.50	1.90	72.60	27.40
類型Ⅱ	1985年面積(ha)	51.65	26.83	N.D.	N.D.	N.D.	N.D.	N.D.
	2008年面積(ha)	58.61	33.03	3.80	0.11	0.57	37.52	21.08
	2008年構成比(%)	100.00	56.40	6.50	0.20	1.00	64.00	36.00
類型Ⅲ	1985年面積(ha)	25.78	13.89	N.D.	N.D.	N.D.	N.D.	N.D.
	2008年面積(ha)	25.98	12.43	12.41	0.00	0.82	13.37	12.61
	2008年構成比(%)	100.00	47.80	0.50	0.00	3.20	51.50	48.50

注)1985年の地籍図で示された耕地面積をツバキ林面積とする。小計は、ツバキ林、アシタバ、サクユリ、シドケの面積を合計したものである。

（地籍図および聞き取り調査により作成）

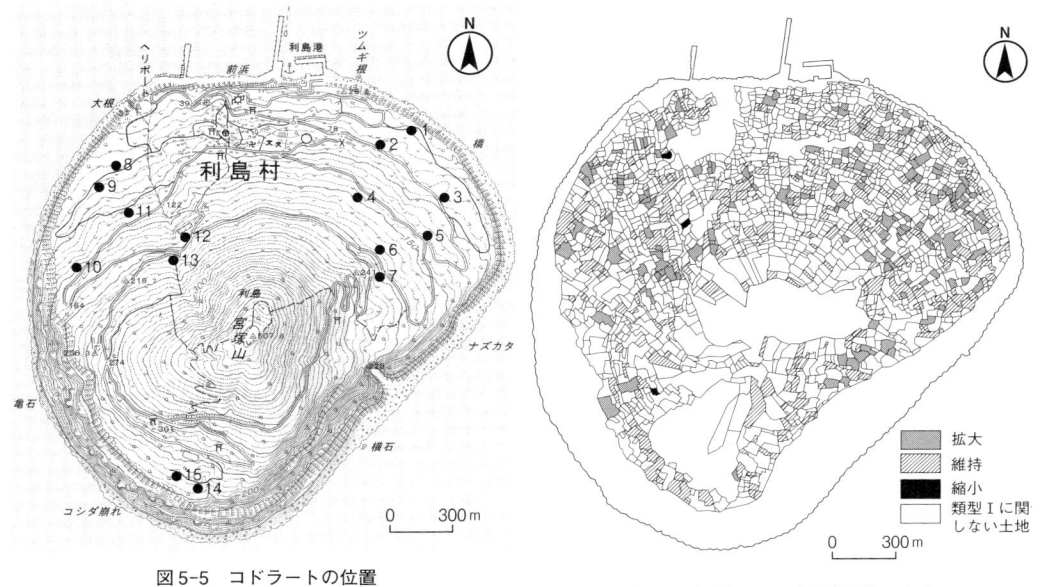

図5-5　コドラートの位置
（国土地理院発行2万5千分1地形図「利島」に『利島における
「椿」の総合利用に関する調査研究』の情報を追記して作成）

図5-6　類型Ⅰのツバキ林面積の変化
（聞き取り調査により作成）

　以上のように、ツバキ実生産を拡大させた方が複合経営を行うよりも販売収入が高いにもかかわらず、類型Ⅱでは複合経営がみられる。そのような年代による経営形態の特徴を分析する。

Ⅳ　農家の農業経営の変化

　図5-7〜9は、類型Ⅰから類型Ⅲの農家夫婦別の就業状況と農業経営の変化を示している。農業経営について、ツバキ実生産のほかにシドケやアシタバなどを生産している場合を「多角化」、ツバキ実のみ生産している場合を「ツバキ実のみ」、他の農家からツバキ林を借り受けて規模拡大した場合を「ツバキ実拡大」、「ツバキ実拡大」と「多角化」がみられる場合を「ツバキ実拡大＋多角化」とした。

1.　類型Ⅰの農業経営の変化

　類型Ⅰは、1970年代まで、ツバキ油の需要低迷により、夫が港湾工事などの農外就業に従事していたため、世帯内におけるツバキ実生産者の多くは、妻や夫の両親のみであった（図5-7）。作目に関しては、ツバキ実生産のみが一般的であった。

　2000年前後になると、アシタバやシドケなどを組み合わせた複合経営が若干みられるものの、ツバキ実生産を拡大する農家が増加している（農家番号6・10〜12）。このように、生産者がツバキ実生産を拡大した理由としては、2000年前後に、高齢化のためにツバキ実生産から撤退した農家が相次いだことと、ツバキ油の需要が回復し価格が安定したことが考えられる。そのため、類型Ⅰのツバキ実生産者は、ツバキ実生産から撤退した農家のツバキ実を借り受け、自らの生産規模を拡大させることで複合経営を行っていたときよりも農作物販売収入を増加させることが可能になった。たとえば、農家番号10はツバキ林2haを所有していたが、2005年に高齢化によっ

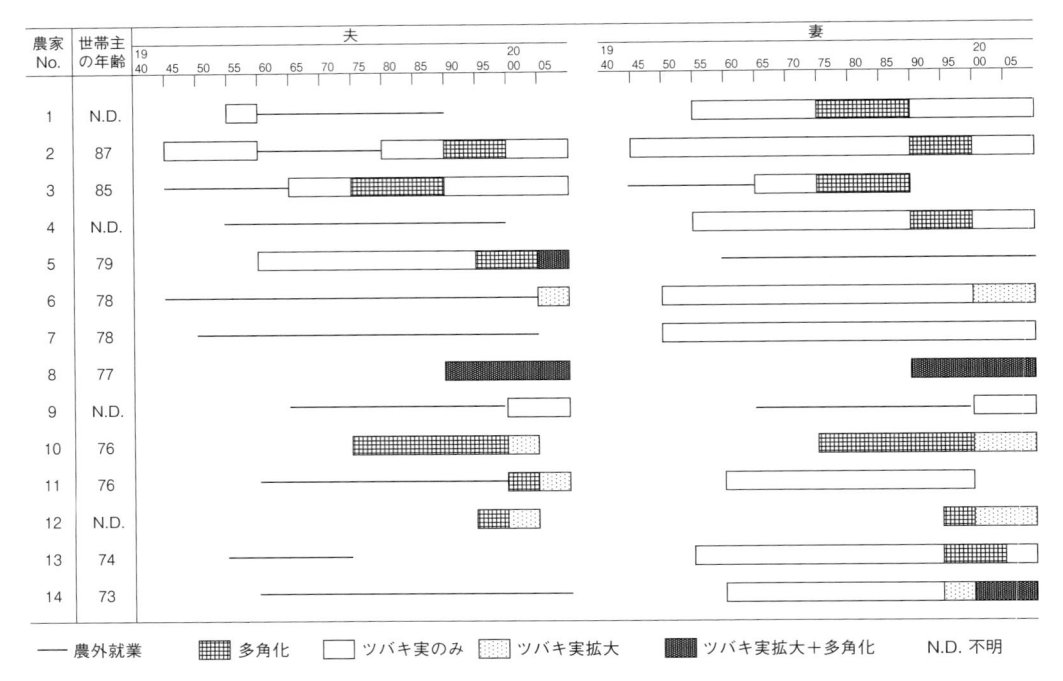

図5-7　類型Ⅰの農家夫婦別の就業状況と農業経営の変化
（聞き取り調査により作成）

てツバキ実生産から撤退した親戚のツバキ林2haを借り受けることで、合計4haのツバキ林を管理している。その結果、ツバキ実からの販売収入を試算すると139万円程度となり、拡大以前の約2倍に増加したといえる。一方、1980年代から1990年代に一時的に複合経営を行ったにもかかわらず、サクユリなどの栽培から撤退しツバキ実生産のみの生産へ移行した理由は、他の作物よりもツバキ実生産の販売収入の高さに求められる。したがって、葉物を栽培するよりもツバキ林を借り受け、生産規模を拡大することで、より多くの収入を得ようとしたのである。

2．類型Ⅱの農業経営の変化

　類型Ⅱは1980年頃まで農外就業が主であるが、1980年以降、ツバキ実を生産する傾向にある（**図5-8**）。類型Ⅱでは1960年代にツバキ油需要が低迷したため、妻の農外就業が増加し、若・中年期にはツバキ実生産に従事せず、加齢により夫が退職した後に開始されることが多い。

　類型Ⅱでは、2005年前後にツバキ実生産に加えて葉物の出荷を行っている農家がみられるようになる（農家番号15・17・18・21・24〜26）。このように、類型Ⅱがツバキ実生産を拡大するのではなく、ツバキ実生産に加えて「多角化」を行うのは、年齢的な要因が大きいと考えられる。類型Ⅰのツバキ実生産者がすでに親戚などからツバキ林を借り受けてしまっているため、ツバキ林の面積が限られる利島では、それ以上借り受けることができるツバキ林が残っておらず、ツバキ実生産を拡大できないのである。

　このような類型Ⅱの複合経営は、類型Ⅰが1970年代にツバキ実生産とサクユリ栽培の複合経営を行っていた理由とは異なる。1970年代には、ツバキ油需要の減少により、農業経営の主軸をツバキ実からサクユリに転換することが求められたが、現在の類型Ⅱの場合、ツバキ油需要が

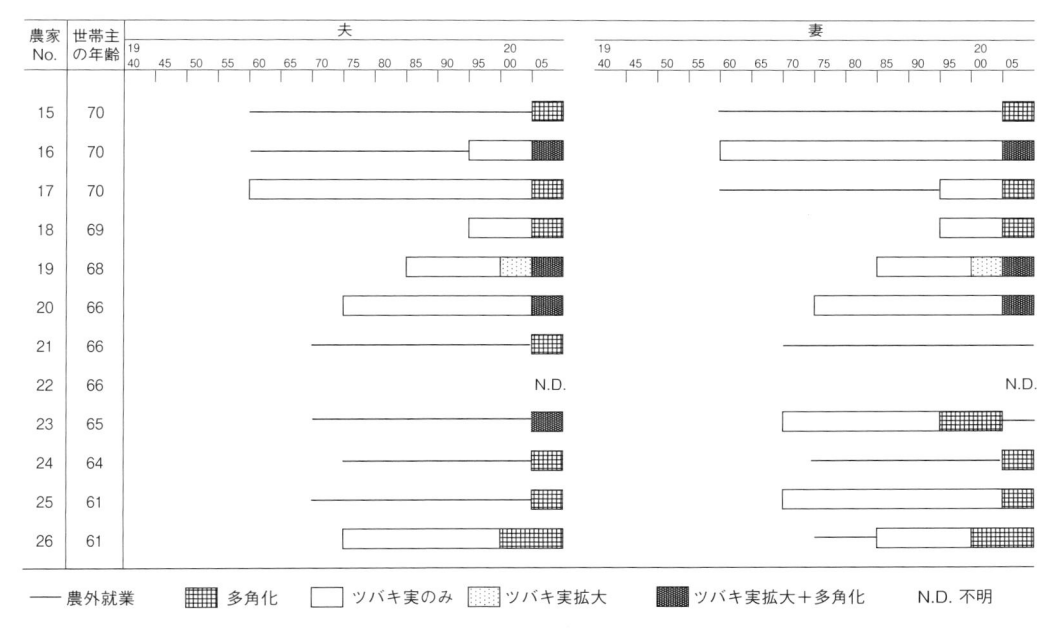

図5-8　類型Ⅱの農家夫婦別の就業状況と農業経営の変化
（聞き取り調査により作成）

安定する中で、ツバキ実生産を基軸としつつ、その生産適地が限られているため、別の方法で農業収入を増加させようとする努力を余儀なくされているのである。たとえば、農家番号21は世帯主が農外就業を退職した後に、ツバキ実生産とシドケ栽培を行っているが、今後、ツバキ林を借り受けることができれば、ツバキ実生産を拡大させる予定である。このことから考えれば、類型Ⅰがツバキ実生産から撤退した後、類型Ⅱがより高い販売収益を求めて、ツバキ実生産と葉物を組み合わせた複合経営を辞め、ツバキ実生産を拡大する可能性がある。

3.　類型Ⅲの農業経営の変化

　類型Ⅲは、現時点で夫の農外就業が生計の中心であり、妻がツバキ実生産に従事する場合（農家番号31）や、夫も農外就業と並行してツバキ実生産に従事する場合（農家番号27・32）がみられる（図5-9）。生計のなかでも副業としてのツバキ実生産は、それなりの収入となる。彼らは、農外就業を退職後、ツバキ実生産に本格的に参入する可能性があるが、類型Ⅱと同様の理由から、すぐにツバキ実生産の拡大に至ることは難しいと考えられる。したがって、類型Ⅲはまずは複合経営を行い、類型Ⅱがツバキ実生産から撤退したあとに、ツバキ林を受託し、ツバキ実生産を拡大するというコースをたどる。このように、ツバキ実生産の拡大は世帯主の退職というライフイベントだけでなく、年齢の異なる他世帯のライフイベントとも密接にかかわっている。

4.　小　　括

　世帯主の年齢によって農業経営は異なり、より高齢となるほどツバキ実生産を拡大している。このように、年齢によって農業経営が異なることは、地域内の他のツバキ実生産者の撤退のタイミングが影響している。2000年前後に相次いだ高齢者のツバキ実生産の撤退が、類型Ⅰの生産

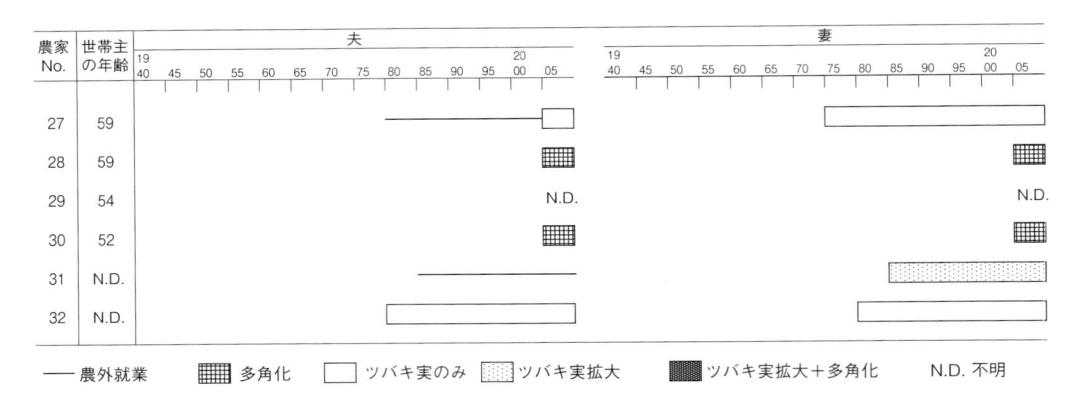

図 5-9　類型Ⅲの農家夫婦別の就業状況と農業経営の変化
（聞き取り調査により作成）

拡大を可能にしたものの、類型Ⅱでは土地の制約から、ツバキ林を拡大できず複合経営を行った。しかし、利島におけるツバキ実生産は、類型Ⅰの農家のように、約4haのツバキ林面積から100万円の販売収入を見込めるため、類型Ⅰがツバキ実生産から撤退した後、類型Ⅱがより高い収入を求めてツバキ実生産を拡大するといえる。一方、類型Ⅲは現時点で農外就業を主な生計手段としているが、農外就業を退職した後にはツバキ実生産を本格的に開始すると考えられる。

Ⅳ　おわりに

　本章では、高齢者のツバキ実生産の実態について検討してきた。その結果、ツバキ実生産は高齢者によって長期的に維持されていた。高齢者以外のツバキ実生産者がほとんどみられない理由は、ツバキ実生産から年間100万円程度の販売収入であれば、それのみでは生計を立てることが難しいからである。そのため、主な生計手段が年金である高齢者によってツバキ実生産が行われている。

　さらに、高齢者のなかでも類型Ⅰのように上の年齢ほどツバキ林面積が大きく、ツバキ林を受託して生産を拡大する傾向がみられた。ツバキ実生産は粗放的で長期収穫が可能なため、高齢者が長期的に取り組むことができるが、その一方で、生産適地が限られていることから、高齢者のなかでも上の年齢の者に比べて、就農が後発となる下の年齢の者が生産を拡大しにくい傾向がある。

　それでは、利島の高齢者にとって年金＋αとしてのツバキ実からの追加所得は、どのような意味があるのだろうか。まず、年金の受給額についてみると、夫と妻とも国民年金の場合、受給額は132万円であり、夫が厚生年金加入で妻が国民年金加入の場合の受給額232万円と比べて低い[17]。利島では、農家世帯主の青壮年期の就業先は、臨時雇用や日雇いが一般的であった。そのため、加入年金は国民年金が想定される。しかし、前述のように国民年金加入世帯に受給される老齢基礎年金は、132万円と低い。そこで、利島の高齢農家は農業から100万円程度の追加所得を得ることで、厚生年金受給世帯と同程度の生活水準を維持していた。

　最後に、利島の高齢者が年間100万円程度の所得となる「小さな農業」を行うことの地域的意

義について述べる。既述したように、若年者が小さな農業のみで生計を立てることは難しい。しかし、高齢者は年金を生計基盤としているからこそ、小さな農業に従事することが可能であった。さらに、利島の事例では高齢者が小さな農業であるツバキ実生産に従事することで、日本有数のツバキ油産業を支えていたといえる。

＜注および文献＞

1) 高橋　厳『高齢者と地域農業』家の光協会、2002。
2) 2004 年の 1 月から 3 月の欠航率。利島村『要覧利島 2005』による。
3) 前掲 2)。
4) 利島村『利島における「椿」の総合利用に関する調査研究』、1990。
5) アシタバはセリ科の大型多年性植物である。シドケは半日陰を好む山菜である。シドケは東北地方で需要が高く、利島では 2005 年頃から栽培されるようになった。利島ではシドケは自生しているため、農作業は収穫のみである。しかし出荷時期が定期船の欠航率の高い 3 月に限られ、今後も利島の産業として定着し続けるかは不明である。
6) 利島村『利島村史』、1996。
7) 野畑にハンノキを植えて 10 年ほど経った後、伐り出して薪として販売し、その後に食料作物を栽培する畑である。作付する作物は、麦・粟・稗・大豆・小豆・芋・大根・蕪・胡麻・煙草・辛子・茄子などであった。
8) サクユリは伊豆諸島に自生するユリである。
9) 前掲 6)。
10) 前掲 2)。
11) ツバキ面積を 0.0 ha から 3.9 ha、4.0 ha 以上の規模に分類し、有効回答数を得た農家数の割合を算出した。なお、類型 I は、0.0 ha から 3.9 ha が 25％、4.0 ha 以上が 75％であるのに対し、類型 II は、0.0 ha から 3.9 ha が 60％、4.0 ha 以上が 40％であった。類型 III に関しては、有効回答数が 1 戸であったため、提示しなかった。
12) 聞き取りから、1 ℓ 当たり 3.0 kg(18 ℓ 缶 52.3 kg から試算)のツバキ実を使用している。1 ha 当たりのツバキ実の量は、1 ha 当たりのツバキ油量 90.7 ℓ を掛けたものである(注 13)。
13) 前掲 2)より、利島村の 2005 年のツバキ油生産量は 1 万 2600 ℓ、2005 年農業センサスの人工林の広葉樹面積より、ツバキ林は 139 ha であるため、1 ha 当たりのツバキ油生産量は約 90.7 ℓ となる。また聞き取りによると、1 ℓ のツバキ油を生産するには、3.0 kg のツバキ実が必要であることから、1 ha 当たりのツバキ実生産量は 272.1 kg となる。
14) 表 5-2 のデータは、1985 年の地籍図に基づき、農家が 2008 年の時点でどの場所で何を栽培しているかを類型別に算出した。
15) 前掲 4)。コドラート法は 10 × 10 m の調査方形区のなかに落ちたツバキ実の量を調査する方法である。調査地としては、東北傾斜、西北傾斜、南傾斜の方向と標高が考慮されている。調査区 8・9 は、ツバキ実を収穫した後であったため、調査結果から除外されている。
16) 標高は高いが、ツバキ実生産量が多い調査地 13 のような例外もある。
17) 厚生労働省ホームページ「平成 22 年度の年金額について」
http://www.mhlw.go.jp/stf/houdou/2r98520000003zh7.html　2017 年 11 月 28 日閲覧。

（植村円香）

6章　沖縄県離島におけるコンビニエンスストアの立地展開とチェーン間競合

I　はじめに

　コンビニエンスストア（以下、コンビニとする）は、現代日本の日常生活に欠かせない小売商業施設である。コンビニは年中無休で24時間営業といった時間面、限られた店舗内に多種多様な商品・サービスを提供する営業面など、まさに「コンビニエンス（利便性）」が消費者に支持され、コンビニ業界の規模は年々拡大している。

　経済産業省「商業動態統計調査　時系列データ」によると、2017年12月末現在で、コンビニの全国店舗数は5万6374店、2017年の年間販売額は11兆7451億円である[1]。コンビニ密度として、1万人当たりの店舗数を算出[2]すると4.4店／万人、1店舗当たりの人口は2368人／店である。10年前（2007年）はそれぞれ4万405店、7兆4895億円であり、当時から「コンビニは飽和状態」[3]と言われながらも、10年間で店舗数は1.40倍、年間販売額で1.57倍へと堅調に増加してきた[4]。

　現在、コンビニチェーン各社は、女性の社会進出や単身世帯の増加、高齢化の進行などの時代の変化に合わせ、新商品の開発や新システムの導入、新たなサービスの提供などに取り組んでいる[5]。さらにコンビニチェーン間の経営統合[6]や他業種との融合も進んでおり、この業界は目まぐるしく変化し続けている。

　コンビニに関する地理学的な立地研究は、奥野[7]による練馬区における立地条件の解明がその始まりと思われる。その後、コンビニの店舗数と出店地域の拡大とともに、主に都市部を研究対象地域に設定して、多くの研究成果が蓄積された[8]。これらを踏まえて、松山ほかはコンビニの立地展開をめぐる論点として、1. 条件不利地域におけるコンビニ店舗立地の推移を明らかにすること、2. コンビニの立地要因を個別企業の経営戦略から解釈すること、の2点を挙げている[9]。

　前者は、コンビニチェーン[10]、特にナショナルチェーンのコンビニ立地は、配送センターから高頻度で短納期化が図られるルート配送が可能な範囲に制限されること[11]、このようなコンビニ独自の物流システムが制約条件となり、都市から遠隔な山村、半島部や離島ではコンビニの普及が進んでいないこと[12]、などの指摘に基づいた課題である。後者は、条件不利地域にナショナルチェーンが新規出店を試みる際、既存のローカルチェーンとのシェア争いを前提とした出店戦略が立てられることから、コンビニチェーン間の競争の視点を踏まえなければ、コンビニの立地要因を読み解くことはできない[13]、との問題意識から導かれている。

　高規格道路網の整備・拡充によって、地方圏にもナショナルチェーンの進出が相次いでいる。2019年度にセブンイレブンが沖縄県に進出することをもって[14]、ナショナルチェーンは全都道府県への店舗出店を達成させる。このような動きに対応して、農山村へのコンビニの出店も進んできている。しかし、離島は環海性、狭小性、隔絶性という地理的特性ゆえに、コンビニの経営

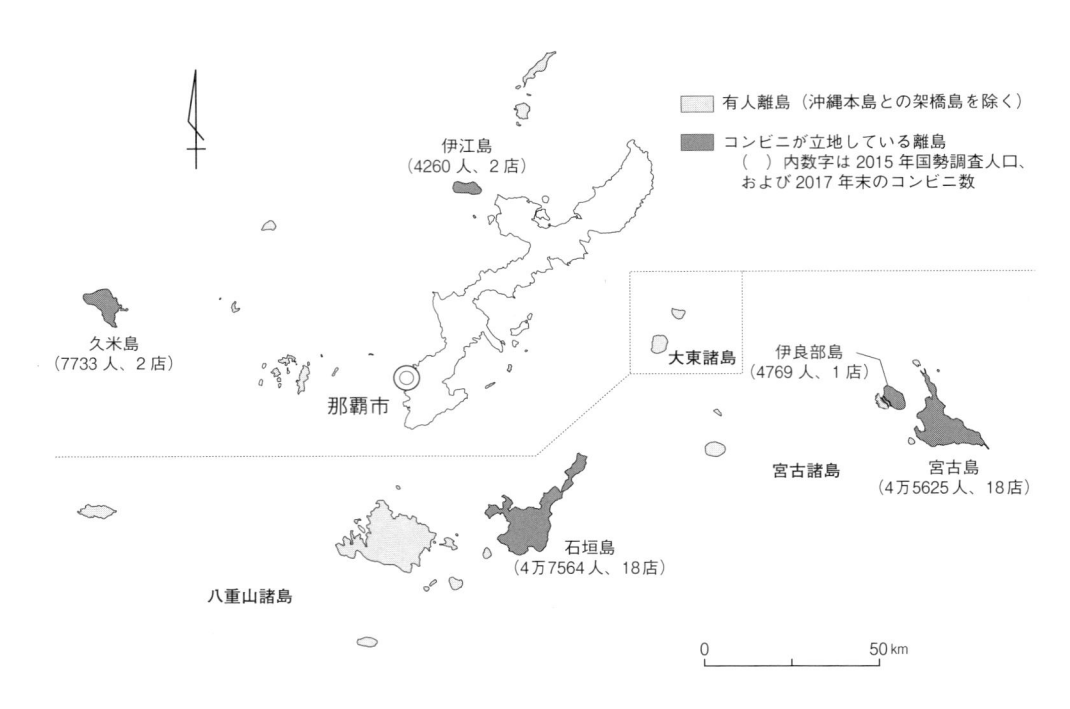

図 6-1　沖縄県の有人離島とコンビニが立地している 5 離島（2015 年）
（国勢調査および聞き取り調査により作成）

に必要な成立閾人口に達しない、あるいは、成立閾人口に達しても、物流システム、特にルート配送が不可能な場合がほとんどであり、出店しにくいという状況がみられる。同じ条件不利地域の中でも、離島は農山村よりもナショナルチェーンの進出が難しい「最後の空白地域」といえよう。その影響からか、これまで離島におけるコンビニ立地に関する地理学上の研究はみられない。

　そこで本章では、松山ほかが示した 2 つの論点を踏まえ、沖縄県の離島を対象に、コンビニの立地展開とコンビニチェーン間の競合の状況を明らかにし、コンビニ立地における離島の特異性を考察することを目的としている。沖縄県の離島を取り上げたのは、第一には 5 島にコンビニが立地していること。第二に 2015 年まではローカルチェーンとナショナルチェーンが 3 島で競合状態にあり、離島におけるローカルチェーンの普及過程やナショナルチェーンへの対抗戦略など、本章で解明すべき論点を検討するには相応しい、と考えたためである。

　研究対象となるコンビニが立地している 5 島の位置を**図 6-1** に示す。このうち、宮古島（人口 4 万 5625 人）と石垣島（4 万 7564 人）は、宮古諸島および八重山諸島の拠点的な島であり、宮古島市、石垣市を形成している。伊江島（4260 人）は沖縄本島北部、久米島（7733 人）は沖縄本島の西に位置する。伊良部島（4769 人）は宮古島に隣接し、2015 年に伊良部大橋で架橋された。

Ⅱ　沖縄県離島におけるコンビニ店舗数の推移

　1985 年に沖縄スパー本部（株）が設立され、翌 1986 年 8 月に那覇市与儀にホットスパーが出店

した。これが沖縄県におけるコンビニ第1号である[15]。翌1987年12月に（株）沖縄ファミリー
マート[16]が、那覇市国場にファミリーマート1号店を開店させた。1997年7月には、ローソン
が那覇市内にドミナント方式で進出した。2006年にホットスパーはココストアと合併し、2008
年までに、全ての店舗をホットスパーからココストアへ転換した。さらに、2015年にはココス
トアがファミリーマートに吸収合併され、2016年中にココストア全店舗はファミリーマートに
転換あるいは閉店した[17]。その結果、2017年末現在で、県内にはファミリーマートが323店、
ローソンが218店の計541店が立地している。

　県内離島におけるコンビニは、1987年12月の石垣島におけるホットスパー美崎店の開店が嚆
矢である。沖縄県内にコンビニが誕生した翌年であるので、極めて早い段階で離島に進出してい
たといえる。1987年から2017年まで、県内離島に立地しているコンビニ店舗数の年次推移を**図
6-2**に示した[18]。これによると、2000年と2014年に階段状に店舗数が増えたあとに、2015年に
59店まで達するが、2016年には一転して41店へと減少している。

　県内離島におけるコンビニ店舗数の推移を、進出したコンビニチェーンの状況に応じて、1987
年〜1999年までを第1期、2000年〜2015年を第2期、2016年以降を第3期、と3つの時期に区
分したうえで、展開過程を検討していく。このうち、第1期はホットスパーのみが県内離島に出
店・展開していた期間、第2期はファミリーマートが離島に進出し、ホットスパー（のちココス
トア）とファミリーマートの2チェーンが競合していた期間、第3期はココストアがファミリー
マートに吸収され、離島店舗が全てファミリーマートに転換された再編期と位置付けられる。

　第1期は1987年に石垣島にコンビニ1号店が出店したあと、伊江島（1991年）、宮古島（1992

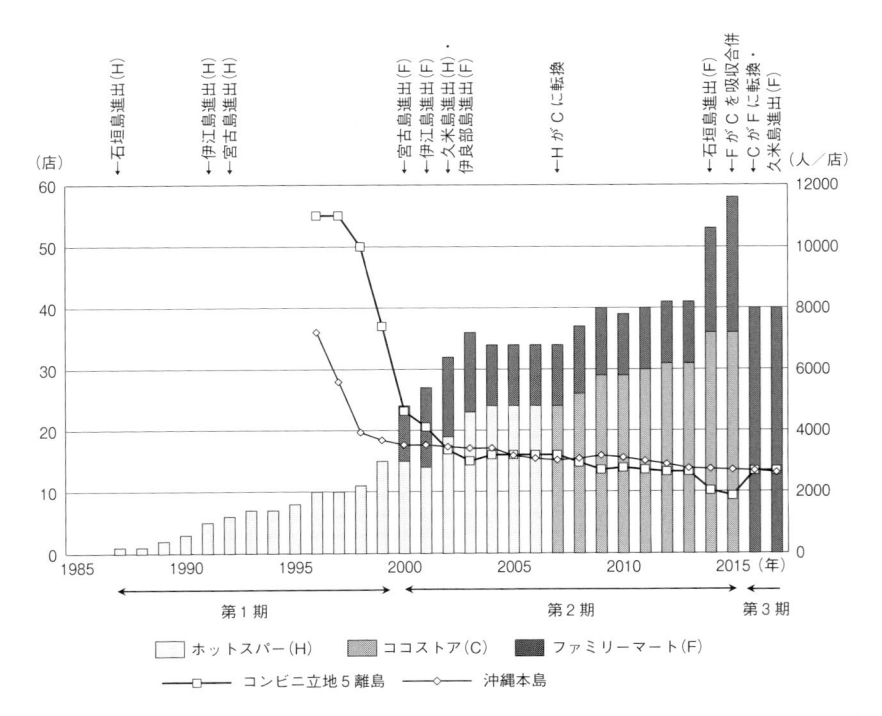

図6-2　沖縄県離島におけるコンビニの年別立地数および1店舗当たり人口の推移（1987〜2017年）
（NTTタウンページ、聞き取り調査および国勢調査により作成）

年）にもホットスパーが進出した。期末の 1999 年には、石垣島に 8 店、宮古島に 6 店、伊江島に 1 店の計 15 店のホットスパーが展開するまでになった。2000 年にファミリーマートが宮古島で 9 店舗同時開店させて 2 チェーン競合期に入り、コンビニの店舗数は急激に増加していく。2001 年にファミリーマートが伊江島に、2002 年にはホットスパーが久米島、ファミリーマートが伊良部島に新規出店する。さらに、2014 年にはファミリーマートが石垣島に進出した結果、第 2 期末の 2015 年には、全離島計で 59 店[19]のコンビニが立地するまでになる。チェーン別にみると、ココストアが 36 店、ファミリーマートが 23 店であった。第 3 期に入り、ココストアがファミリーマートに吸収され、競合していたココストアの多くが整理・閉店に追い込まれた結果、2017 年には県内離島にはファミリーマートのみ 41 店が立地する形となった。

　2017 年末現在で、先述した通り沖縄県内には 541 店のコンビニが立地している。うちわけは、500 店が沖縄本島、41 店が離島である。コンビニ密度を算出すると、沖縄本島では 3.82 店／万人、2615 人／店であるのに対して、コンビニが立地している 5 離島では、3.73 店／万人となり、沖縄本島よりも若干低い。1 店当たりの人口は、2682 人／店と多い（**図 6-2**）。この傾向は、第 2 期では異なっていた。期末の 2015 年では沖縄本島が 3.72 店／万人に対し、コンビニ立地 5 離島では 5.61 店／万人にも達していたのである。この値は、都道府県別に最も数値の高い東京都の 5.46 店／万人（2015 年）をも上回る。すなわち、数年前までの沖縄県の離島は、人口比でみたコンビニ密度が沖縄本島より高いだけではなく、チェーン間および店舗間競合が全国的にみても激戦区という、極めて特異な状況にあったのである。

　さらに興味深いことが**図 6-2**から読み取れる。県内離島では第 2 期以降にナショナルチェーンのファミリーマートが進出し、従前から展開しているローカルチェーンのホットスパー（のちココストア）と各島でチェーン間競合を繰り広げることになった。このような場合、一般的には資本、ブランド力、経営ノウハウに勝るナショナルチェーンがローカルチェーンを圧倒していく。ところが、沖縄県離島では、第 2 期をとおしてファミリーマートの店舗数が伸び悩み、ホットスパー（のちココストア）が順調に店舗数を伸ばしていったのである。具体的には、2001 年にはホットスパーが 14 店、ファミリーマートが 13 店舗と拮抗していたが、2015 年にはココストアが 36 店に対してファミリーマートは 23 店に過ぎず、前者が後者の 1.6 倍の店舗数となった。後述するが、宮古島では、2001 年にホットスパーが 5 店、ファミリーマートが 12 店と後者の方が多かったが、2015 年ではココストアが 12 店、ファミリーマートが 10 店となり、前者が後者を逆転しただけではなく、ファミリーマートが店舗数を減少させているのである。すなわち、後から進出したナショナルチェーンを、迎え撃つローカルチェーンが市場を守り切っただけでなく、ナショナルチェーンを実質的に撃退したのである。これも極めて特異な状況といえよう。

　このように、沖縄県離島のコンビニ立地には、①人口当たりの店舗数が多く、チェーン間および店舗間競合が全国トップクラスの激戦区であった島もあること、②激しいチェーン間競合において、ローカルチェーンがナショナルチェーンに競り勝ったこと、など日本本土や沖縄本島では見られない現象が第 2 期にみられ、そこに離島のコンビニ立地の特異性が読み取れる可能性がある。

　次節以降、島ごとにコンビニの立地展開やコンビニチェーンの経営戦略を詳しく見ていくことで、このような特異な状況になった経緯と要因を、離島空間という枠組みの中で考察していく。

Ⅲ　個別離島ごとのコンビニの立地展開

　離島にコンビニが立地するには、徒歩圏内に経営が成立するだけの人口を有することが必要条件である。コンビニの成立閾人口を1753人と仮定すると[20]、この条件をクリアするのは、沖縄県内では宮古島、石垣島、久米島、伊良部島、伊江島の5島である[21]。そして、各島では実際にコンビニが立地している。以下、個別にコンビニの立地展開を見ていく。

1.　宮古島

　宮古島には1993年に、ローカルチェーンのホットスパーが最初に出店をした。それ以降の店舗数の推移を**図6-3**に示した。

　この図によると、第1期、特に1990年代後半以降、ホットスパーは毎年1店ずつのペースで島内に新規開店させていく。そこにファミリーマートが2000年に9店舗の集中出店を行い、第2期がスタートする。ファミリーマートは宮古島進出に先立ち、旧平良市字西里に弁当や惣菜などを製造する専用自社工場を建設し、さらに物流・情報システムの構築を行った[22]。いわゆるドミナント方式による地域進出である。この影響で、1999年に6店だった宮古島のコンビニ数は2000年に15店となり、1年間で店舗数は2.5倍に激増した。翌2001年もファミリーマートの出店は続き、ホットスパーからファミリーマートにチェーン替えをした2店を含めて12店となった。これに対して、ホットスパーも対抗し、2000年に1店、2002年に3店、2003年に1店を開店させた結果、2003年には島内のコンビニは21店となった。この段階で、宮古島のコンビニ密度は2208人／店となり、沖縄本島(3419人／店)はおろか、東京都(2239人／店)とほぼ同じ値を示して、コンビニ激戦区となった。

　チェーン間競合の結果、2004年には経営が厳しくなったファミリーマート3店が、閉店に追い込まれることになった。その後、ファミリーマートは2008年に1店開店させるが、2010年に

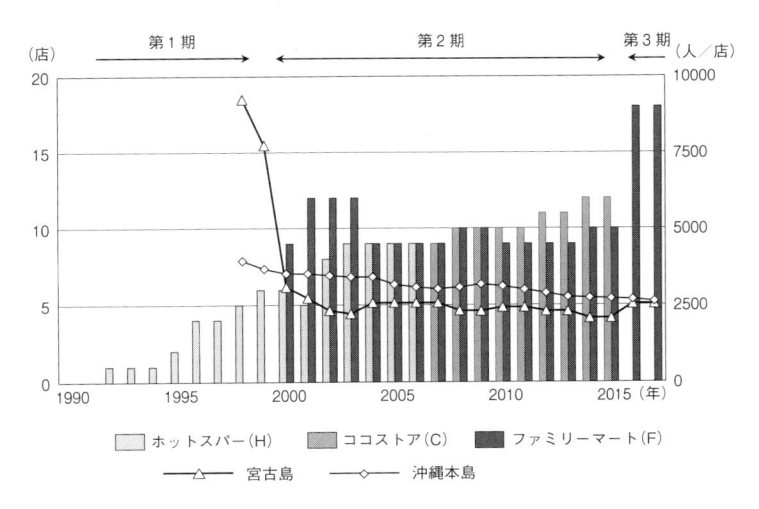

図6-3　宮古島におけるコンビニの年別立地数の推移と1店舗当たり人口の推移(1992〜2017年)
(NTTタウンページ、聞き取り調査および国勢調査により作成)

は 1 店閉店し、2014 年に 1 店開店させて 10 店に戻したところで第 2 期が終了した。一方、ローカルチェーン側は 2007 年にホットスパーからココストアに店舗転換させた後も、2008 年に 10 店、2012 年に 11 店、2014 年に 12 店と順調にココストアを増やしていった。第 2 期末の 2015 年には、2 つのチェーンで 22 店となり、これが宮古島のコンビニ数の極大値となる。コンビニ密度は 4.82 店／万人となり、1 店舗当たり 2074 人まで低下した。

　ココストアがファミリーマートに吸収合併され、第 3 期にココストアの整理が行われた。2015 年に 12 店あったココストアのうち、ファミリーマートに転換できたのは 8 店で、4 店が 2016 年中に閉店させられた。その結果、第 3 期の 2017 年では、宮古島にはファミリーマートのみ 18 店が立地し、コンビニ密度は 3.95 店／万人、1 店舗当たりの人口も 2535 人に緩和した。この値は沖縄本島（3.88 店／万人、2574 人／店）と同じレベルである。同じファミリーマート内の店舗間競合はあるが、第 2 期のような激しいチェーン間競合は姿を消した。

　次に、宮古島内で具体的にどこにコンビニが立地してきたのか、地図から立地展開を見ていく。第 1 期末の 1999 年では、全 6 店舗が旧平良市域にあり、そのうち 5 店舗が平良地区の中心市街地[23]（以下、平良市街地）に立地していた。図 6-4（a）によると、宮古島における店舗間の平均最近隣距離は 1007 m で、各店舗は約 1 km 間隔の距離を保ちながら立地していることがわかる。

　2000 年にファミリーマートが進出し、2 チェーンが激しく競合した結果、第 2 期末の 2015 年には図 6-4（b）のように平良市街地に 16 店、市街地を除く旧平良市域に 5 店、旧下地町域に 1 店が立地していた。平均最近隣距離は島内 22 店舗間で 756 m、平良市街地内の 16 店舗に限定すると 390 m にまで短縮される。これは、店舗から半径 500 m の商圏内に他のコンビニが立地していることを表している。第 2 期に平良市街地に新規開店した店舗は、市街地内部の空白域を埋めるように立地しただけではなく、市街地の境界線上にあたる主要幹線道路沿いにも立地していることが分かる。また、平良市街地以外の店舗も、市街地から北（島尻方面）、南東（城辺方面）、南（下地方面）、南西（久松方面）と放射状に伸びる主要道路沿いに立地していることがわかる。一方、期間を通して 7 店が廃業している。チェーン別にみると、ファミリーマートが 5 店、ホットスパーが 1 店、ココストアが 1 店閉店している。ここからもナショナルチェーンのファミリーマートの方が苦戦している状況が読み取れる。

　第 3 期のファミリーマートへの再編期になると、先述した通りココストアからファミリーマートに転換できずに閉店した店は 4 店にのぼる。図 6-4（c）から平良市街地内で閉店した 3 店舗の立地をみると、市街地の周縁部で住宅が密集しておらず、交通量も比較的少ない道路沿いという共通する立地特性がみられた。これら 3 店舗はココストア時代にすでに経営状況が厳しい店舗だったことが推察され、不採算店として整理されたと考えられる。一方、宮古島市役所周辺の業務・商業地区では近くにファミリーマートが立地していながら、ココストアをファミリーマートに転換している例が多くみられる。平良市街地内の 14 店舗間で平均最近隣距離を計測してみると 572 m となり、第 2 期末よりも 182 m 伸びた。宮古島ではチェーン間の競合はなくなったが、業務・商業地区では従前から立地しているファミリーマートの近くに、ココストアから転換したファミリーマートが立地しているため、その地区ではチェーン間競合から、同一チェーン内での店舗間競合は続いていると推察される。

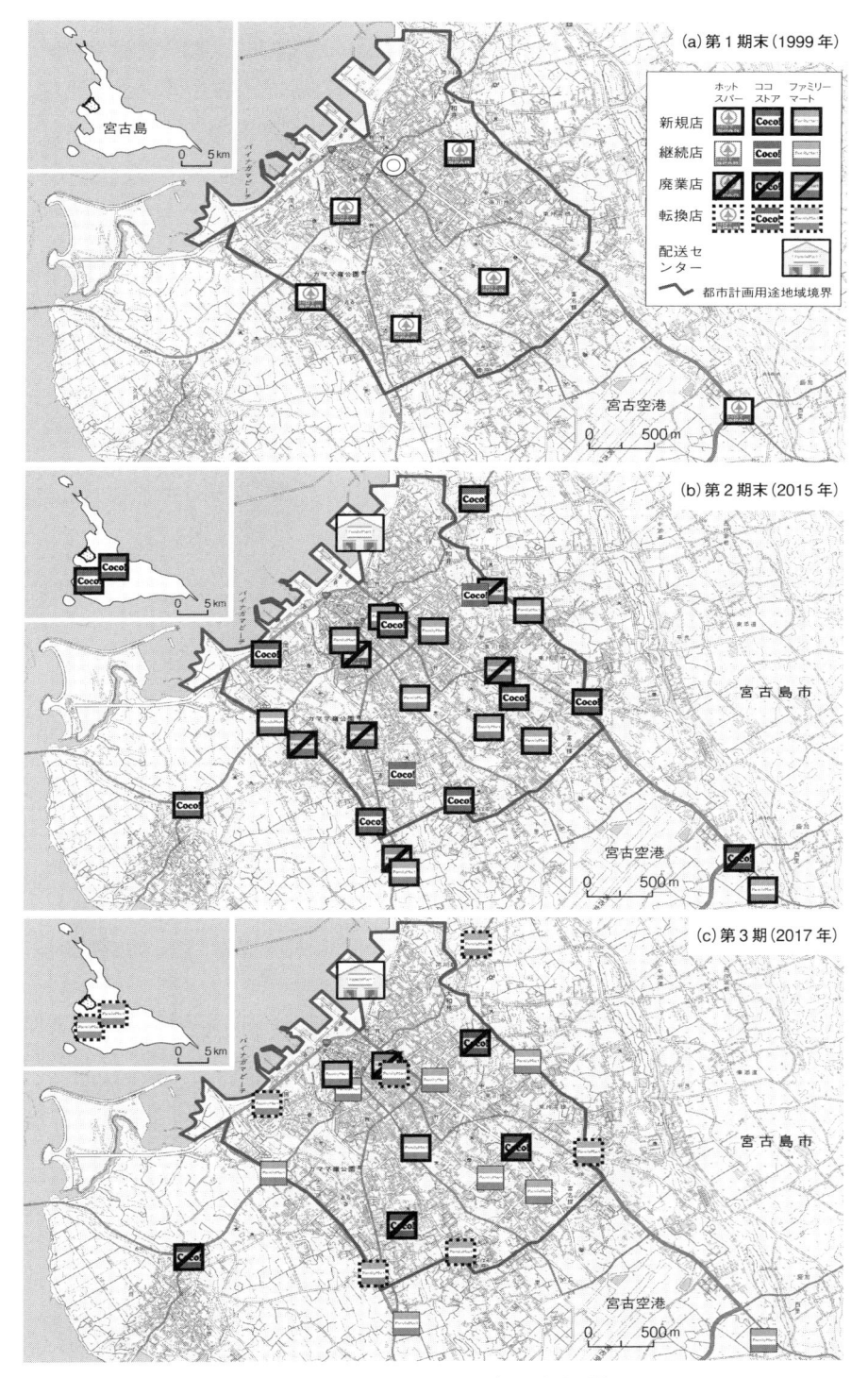

図 6-4　宮古島におけるコンビニの立地展開
（国土地理院の電子地形図（タイル）にNTTタウンページ、聞き取り調査の情報等を追記して作成）

2. 石垣島

　石垣島にコンビニが進出したのは、先述した通りローカルチェーンのホットスパーが最初で、1987 年に石垣市役所近くに 1 号店を開店させた（**図 6-5**）。離島にしては極めて早い時期での出店である。ナショナルチェーンであるファミリーマートが石垣島に進出したのは 2014 年 10 月であり、それまで島は 27 年間にわたり、ホットスパー、のちのココストアの独占状態であった。その間、1 店舗からのスタートであったホットスパーは、1993 年以降 5 店舗で推移していたが、1999 年に 8 店舗にした後、2002 年に 1 店、2003 年に 3 店、2004 年に 1 店、2009 年に 3 店、2011 年に 1 店、そしてファミリーマートが石垣島に進出した 2014 年には一気に 4 店を開業させて 21 店に達した。第 2 期の 16 年間で 8 店から 21 店へと 2.6 倍の店舗増加である。

　一方、ナショナルチェーンであるファミリーマートは、2014 年 10 月の石垣島進出からわずか 9 か月で、11 店舗を開店させた。これは「ドミナント方式」による地域進出である。そのため、ファミリーマート進出直前の 2013 年では石垣島には 17 店のココストアのみが立地し、コンビニ密度は、3.62 店／万人、2760 人／店であったものが、第 2 期末の 2015 年には、両チェーン合計が 32 店となり、2 年間で 2 倍弱に急増する。コンビニ密度も 6.73 店／万人となり、1 店舗当たりの人口はわずか 1486 人までに低下した。日本で最もコンビニ激戦区である同年の東京都（5.56 店／万人、1798 人／店）と比較しても、石垣島のコンビニ密度は異常に高いといえよう。

　しかし、ココストアがファミリーマートに吸収合併され、第 3 期には島内のココストアが整理され、14 店が閉店した結果、2017 年の石垣島のコンビニ立地はファミリーマートのみ 18 店となり、2015 年の 32 店と比較して半減した。そのため、コンビニ密度も 3.78 店／万人、2642 人／店と低下し、現在は沖縄本島並み（3.82 店／万人、2615 人／店）に落ち着いている。

　次に、各期末における石垣島内でのコンビニの立地を地図から読み取り、その空間的な立地展

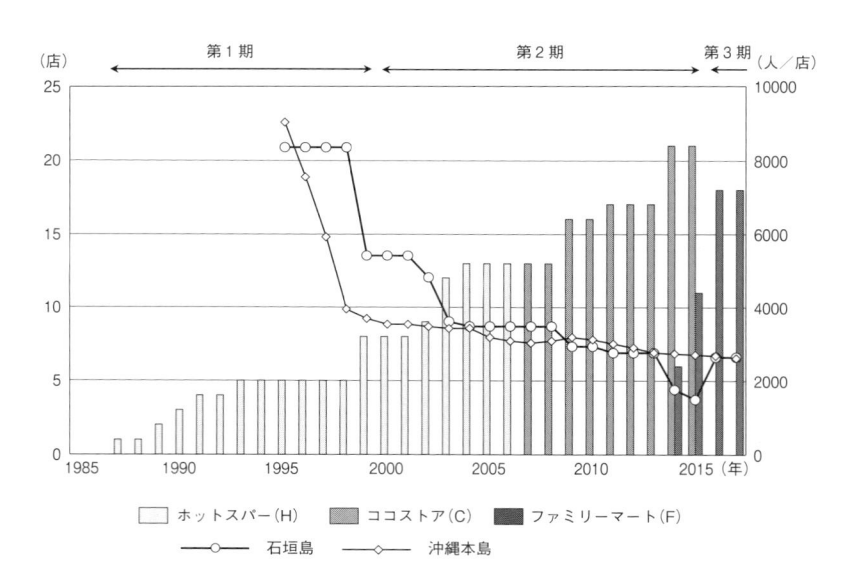

図 6-5　石垣島におけるコンビニの年別立地数の推移と 1 店舗当たり人口の推移（1987 〜 2017 年）
（NTT タウンページ、聞き取り調査および国勢調査により作成）

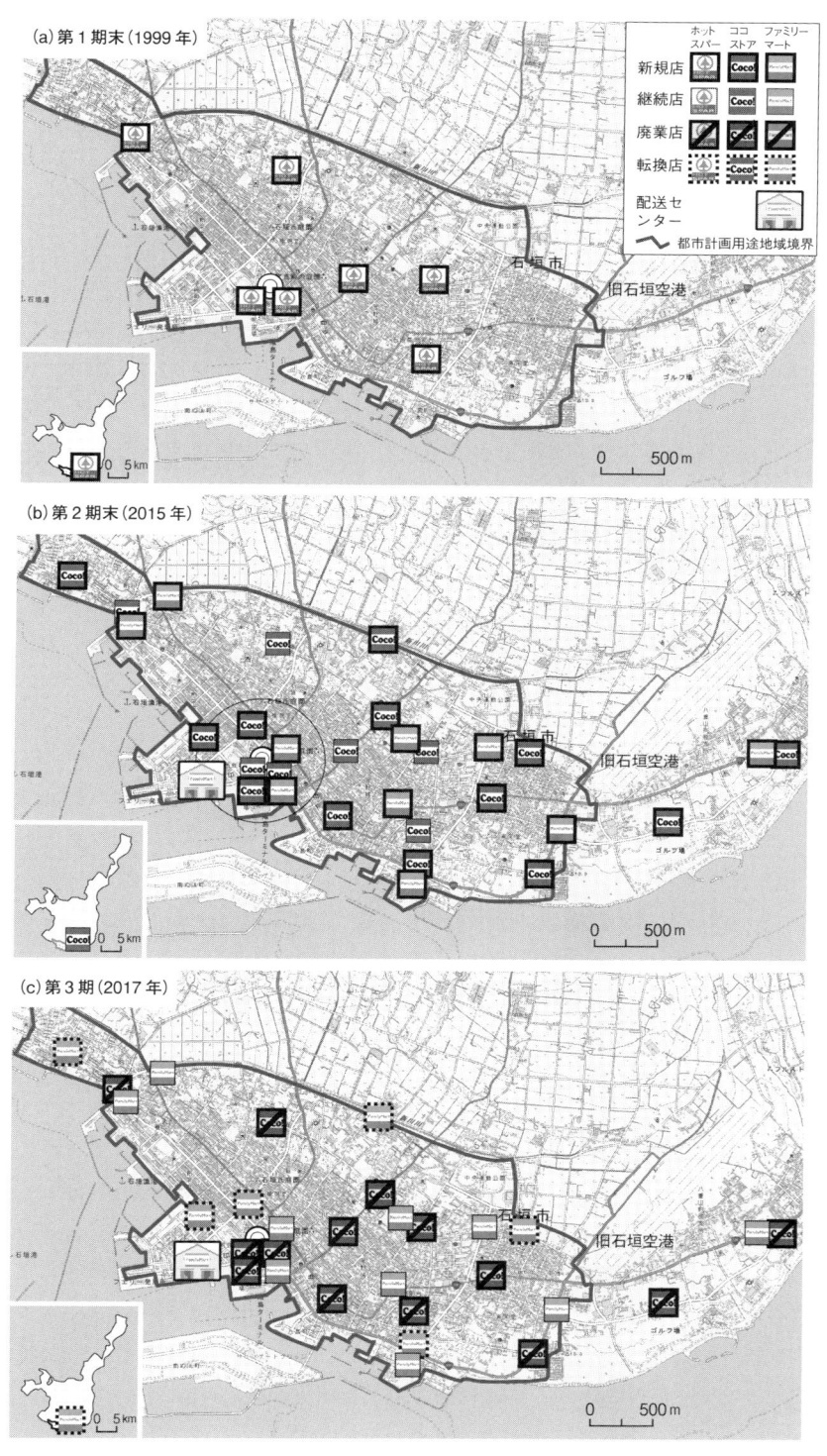

図6-6　石垣島におけるコンビニの立地展開
（国土地理院の電子地形図（タイル）にNTTタウンページ、聞き取り調査の情報等を追記して作成）

開を見ていく。第1期末の1999年では、石垣島のコンビニは8店立地しているが、ホットスパー磯部店を除くと、全て石垣中心市街地に立地している（**図6-6(a)**）。石垣市役所周辺に2店あるほかは、それぞれ一定の距離を保っており、平均最近隣距離は中心市街地内では625mとなっている。国道や県道沿いの立地は1店舗しかなく、多くは生活道路に面して立地している。

第2期末の2015年の立地状況をみてみる。この年は石垣島では極大となる32店舗であった。このうち、石垣市街地には28店、市街地以外には4店が立地している（**図6-6(b)**）。市街地以外では第2期に3店開店したが、いずれも石垣市街地の東側で郊外化が進んでいる真栄里地区や大浜地区に所在する。石垣市街地内では、第2期に21店舗が増加した。特に市役所周辺での開店が相次ぎ、市役所から半径500m圏内には7店舗がひしめき合う状況となった。この圏内には市役所や竹富町役場のほか、市民会館や図書館などの公共施設、離島ターミナルやバスターミナルなどの運輸施設、中心商店街と歓楽街、ホテルなどが立地し、ビジネス関係者、観光客、一般市民が激しく流動している、まさに石垣島の中心部である。しかし、この圏内に7店舗とはコンビニ過剰といえよう。

ココストアの立地をみると、コンビニが立地していない街区への立地と、すでに店舗が密集している美崎町への立地が見られる。一方、ファミリーマートは市街地に広範に立地しており、それもココストアの近くに店舗を構えていることが伺える。競合チェーン店舗に隣接してファミリーマートを出店させるのは、ファミリーマートの経営戦略の一つである[24]。2チェーンが乱立した結果、第2期末の石垣市街地での平均最近隣距離は、わずか290mにまで短縮された。

第3期にはいると、ココストアの整理が始まる。石垣島では21店あったココストアのうち、ファミリーマートに転換できたのはわずか7店のみであり、離島第1号店だった石垣美崎店を含めて14店が閉店することになった。**図6-6(c)**から閉店したココストアの場所を確認すると、ファミリーマートと競合していた市役所南側の3店舗をはじめ、ファミリーマートと隣接するココストアが閉鎖されたことが読み取れる。これは、ファミリーマートが石垣島に進出をした際に、先行するココストアの近接地に意図的に店舗配置を行ったため、ファミリーマートに統合された後は、近接するココストアを閉店させて競合環境を解消した事例が多かったことによる。このほか、ファミリーマートと500m以上離れて立地しているココストアでも閉店している事例もみられる。これは、経営不振の店舗である可能性が高い。このように整理された結果、2017年の平均最近隣距離は石垣市街地内で443mとなり、2015年よりも150m伸びた。

3. その他の離島

久米島には第2期の2002年にホットスパーイーフビーチ店、2007年に同仲泊店が開店した（**図6-7(a)**）。前者は旧仲里村内の東海岸沿いに位置し、店から半径500m以内の商圏環境をみると、リゾートホテルや民宿、飲食店が含まれる。島内屈指の観光地であるイーフビーチを訪問する観光客をターゲットとした立地である。一方、後者は旧具志川村の役場所在地である字仲泊に立地する。半径500m以内の商圏環境は住宅地の他、フェリー乗り場や商店街、公的施設が存在している。ホットスパーからココストアに転換した第2期末の2015年において、久米島のコンビニ密度は2.59店／万人、3867人／店で、沖縄県平均の3.77店／万人、2650人／店と比較すると低い。両店の直線距離は6275mと離れていること、同じコンビニチェーンに所属していることを考えると、久米島のコンビニは競合状態にはない。ココストアがファミリーマートに吸収された

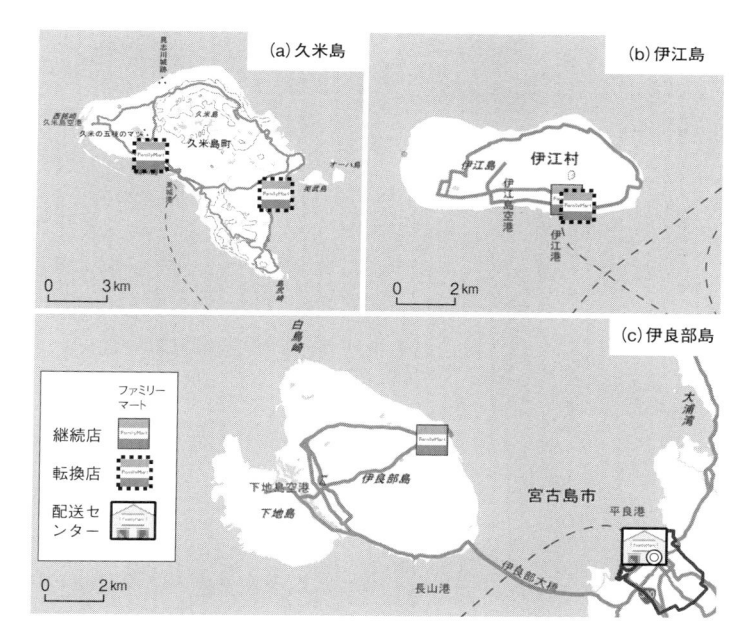

図 6-7　その他の離島におけるコンビニの立地展開（第 3 期・2017 年）
（国土地理院の電子地形図（タイル）に NTT タウンページ、聞き取り調査の情報等を追記して作成）

第 3 期も、両店はファミリーマートに転換し、存続し続けている。

　伊江島では、1991 年にホットスパーが、2001 年にはファミリーマートが出店した（図 6-7（b））。第 2 期末の伊江島のコンビニ密度は 4.69 店／万人、2130 人／店で、沖縄県平均よりも高い。両店はどちらも字川平に位置し、伊江港から村役場までの交通量が多い主要道路沿いに立地している。近隣の商圏環境は良好であるが、両店の直線距離は 445 m に過ぎない。そのため、伊江島のコンビニはチェーン間競合が激しかったといえよう。ココストアがファミリーマートに吸収された第 3 期も、ココストアの店舗はファミリーマートに転換することができた。そのため、現在は両店ともファミリーマートとして存続している。チェーン間競合は解消されたが、同じチェーン間の中で店舗間競合は続いているといえよう。

　宮古諸島の伊良部島にはファミリーマートが 2002 年に進出した。沖縄本島も含めて、ホットスパーよりもファミリーマートが先に進出した島は伊良部島だけである。伊良部島には第 3 期に至るまで、この 1 店のみであるため、第 2 期末の 2015 年におけるコンビニ密度は 2.10 店／万人、4769 人／店で、コンビニが立地する 5 離島の中では最も低い。2002 年以来、島にはファミリーマートが佐良浜地区に 1 店のみ存続し続けており（図 6-7（c））、島内市場で独占状態であったが、2015 年に伊良部大橋が開通し、宮古島と結ばれるようになると、島の住民が宮古島のコンビニを利用する機会も見られるようになった。

Ⅳ　激しいコンビニチェーン間競合が起こったメカニズム

　前節までに、沖縄県離島におけるコンビニの立地展開について概観した。その中で、第 2 期

(2000－2015年)に宮古島と石垣島、伊江島の3島において、ホットスパー(のちココストア)とファミリーマートの2つのコンビニチェーンが併存し、激しい競合関係にあったことが明らかになった。先にローカルチェーンであるホットスパーが各島に進出し、島内市場を占有したところに、後からナショナルチェーンであるファミリーマートが進出し、チェーン間競合が発生する、という構図である。

　本節では、宮古島と石垣島を事例に、何故ホットスパーが先にコンビニを出店させて島内市場を占有するのか、その後ファミリーマートが離島に進出すると、何故一気に東京都内をも超える激しい競合状況になるのか。この2つの現象を解明するには、アクターである両チェーンの経営戦略の検討が重要になる。ここでは、経営戦略をチェーンの事業形態や物流システムの違い、そしてチェーン側の出店戦略の3つの観点から、2つの現象が起こるメカニズムを考察する。

1.　事業形態の違い

　沖縄スパー本部が運営するホットスパーの事業形態は、ボランタリーチェーンから出発している。ボランタリーチェーンであるため、コンビニを経営したい個人事業主が沖縄スパー本部に申請・加盟さえすれば、コンビニが経営的に成り立つ人口規模を有する離島なら、ホットスパーを開店させることは比較的容易である。

　一方、ファミリーマートはフランチャイズチェーンである。沖縄県内を管轄するエリアフランチャイズ本部である沖縄ファミリーマートが出店地域を計画し、進出が決まった地域で加盟店を募集する。そのため、同社が進出を決めない限り、離島でのファミリーマート開店は事実上不可能である。

　このような事業形態の違いにより、ボランタリーチェーンからスタートしたホットスパーの方が、チェーン本部の計画的出店計画を必要とするフランチャイズのファミリーマートと比較して、離島への進出は早くなる傾向が強いのである。

2.　物流システムの違い

　両チェーンでは、卸業者や製造業者からコンビニ店舗までの商品の流れ、すなわち物流システムに違いがみられる。

　ホットスパーの物流システムは、電話やファックスなどで卸業者や製造業者に連絡すると、数日後にロット単位で店舗に商品が納入される、いわゆる直納方式である。本土から離島へは限られた船便で運ぶため、納期に時間がかかること、船での輸送費が加わり、物流コストがかかること、1回に一つの商品をロット単位で納品するため、一度に大量の在庫を抱え、店の限られたスペースでは少品種の商品しか置けないなど、離島ゆえの制約はあるものの、島の一般的な個人商店と同じ配送方法であるため、離島でも出店は十分可能となる。

　一方、ファミリーマートは「多品種、多頻度、小口配送」の物流システムを基本としており、共同配送方式を採用している。これは、エリアごとに大型の共同配送センター(以下、配送センター)を設けて、コンビニで販売する全ての商品を卸業者や製造業者から配送センターに一度納品させ、そこで小分けして各店舗に一括して納入する方式である。この方式は、トラックで何店舗も同時に商品を届けるルート配送により配送効率が上がること、また1日数回の配送により、店舗側は在庫を抱えずとも商品を確保することができること、などメリットが大きい。その反

面、配送センターを設ける必要があるため、多額な初期投資がかかる。そのため、新たな進出地域でこのようなコストのかかる配送センターを新設して物流システムを完備し、「チェーンとして経営効率のスケールメリットを享受しうるだけの売り上げを達成するためには、相当数の店舗を必要とする」[25]。ファミリーマートの場合、大型配送センターを運営するには、200 店を必要としている[26]。

　このことから、本土から隔絶している離島では、本土に所在する配送センターから 1 日に規定回数[27]のルート配送が可能でなければ、ファミリーマートを開店させることができない。本土からルート配送ができない場合、離島内に配送センターを設置して、それを維持できるだけのコンビニを立地させることができれば、離島でもファミリーマートの進出は可能になる。しかし、配送センターを設置し、200 店もの店舗を島内に立地させるだけの人口規模がある離島は、日本には存在しない。架橋島や近接離島など、本土からの隔絶性が極めて弱く、本土の配送センターから 1 日の規定回数の商品配送が可能な離島では、ファミリーマートの出店は可能であるが、それができない隔絶性の高い離島では、例え大規模離島だとしても、ファミリーマートをはじめ、ナショナルチェーンの出店は事実上不可能なのである。

　ところが、沖縄ファミリーマートは 2000 年に宮古島に進出して、多店舗展開を始める。同社は宮古島に進出する時に、これまでのような大規模な配送センターを設置するのではなく、平良市内にミニ配送センターを設置することで、宮古島でも共同配送方式による物流システムを構築したのである。物流コストを抑えるために、商品は沖縄本島の配送センターから一括して島のミニ配送センターに運んだ。また、弁当や総菜、サンドイッチ、サラダ、デザートなど 130 種を製造する自社工場を、島内のファミリーマート 1 号店（平良市字西里）に隣接する場所に設立して、島内商品自足率を高めるなど、経営努力を重ねた。

　宮古島での物流システムを維持するためには、沖縄ファミリーマートはエリア内にコンビニは最低 10 店舗必要と考え、宮古地区で加盟店を募集して開店させた[28]。そのため、2000 年に同チェーンが進出した際、すでに島内で店舗展開していたホットスパー 6 店に加えて、ファミリーマートが 12 店も出店したため、宮古島はコンビニ密度が一気に急上昇し、当時としては全国トップクラスのチェーン間競合が始まったのである。

　2014 年に沖縄ファミリーマートは石垣島にも進出する。この時も浜崎町にミニ配送センターを設置し、島内にファミリーマートを約 1 年間で 11 店舗開店させた。そのため、一気に激しいチェーン間競合が起こったのである。

3.　チェーン側の出店戦略

　本来、ナショナルチェーンが離島に大規模配送センターを設置し、コンビニを 200 店舗配置するなど不可能である。そのため、本土から隔絶性の高い離島は、例え人口規模が大きくてもナショナルチェーンのコンビニの立地はできなかった。しかし、前項でみたとおり、沖縄ファミリーマートは宮古島や石垣島にミニ配送センターを設置して、沖縄本島の配送センターと連携させることで、島内の物流システムを整備し、ファミリーマートを展開させることに成功した。

　特に、2000 年の宮古島進出は、沖縄ファミリーマートの出店戦略のみならず、ファミリーマート本社による全国レベルの出店戦略が関連している。沖縄ファミリーマートは宮古島にミニ配送センターと同時に、弁当や総菜などを製造する自社工場を開設したが、当時の同社広報企画宣伝

室長は新聞のインタビューに「通常、200店舗に対して大型工場を開設しているが、最小の工場での採算性を検討する実験工場として宮古地区に開設した。10店舗に配送する独立地域完結型の工場が軌道に乗ることで、47都道府県で200か所ある5万人未満の地域に工場を造ることで、全国で2000店舗の拡大が可能になる」と語っている[29]。宮古島進出は僻地での展開の可能性を追求するための「実験」場として位置付けられ、これは他のナショナルチェーンとの差別化を図るための、ファミリーマート本社にとっても重要な出店戦略の一環であったことが伺える。

　宮古島にファミリーマートが進出したことは、当然のことながら、競合する島内のホットスパー各店の経営に打撃を与えた。そして、その後の島のホットスパー経営者の経営戦略に直接的に影響を与えた。しかし、それだけにとどまらず、海を渡り、石垣島のホットスパー経営者たちの出店戦略にも強く影響を及ぼすこととなった。具体的には、それまで石垣島のホットスパー経営者たちは、宮古・八重山諸島には共同配送方式を採るナショナルチェーンは進出できず、ホットスパーの市場独占状態が続くと考えていた。ところが、不可能と思っていた宮古島へのファミリーマート進出決定に強い衝撃を受け、いずれ石垣島にもファミリーマートは進出してくるだろう、と予想した。さらに、ファミリーマートの宮古島進出後は、宮古島で2チェーン間の激しい競合が起こったことを見るに至り、石垣島でも同じことが起こらないようにしなければならない、と考えた。

　そこで石垣島のホットスパー経営者と納品業者たちは連携して、石垣市街地にホットスパーを次々と出店し、ホットスパーによるコンビニ飽和状態を作り上げる、という出店戦略を採った。ファミリーマートが進出するには、ミニ配送センターを核とした物流システムを維持するために、最低でも石垣島に10店舗以上コンビニを配置する必要がある。そこで、市街地をホットスパーで埋め尽くしてコンビニ飽和状態にしておけば、あえて採算を度外視して競合する危険を冒してまで、沖縄ファミリーマートは石垣島進出への決断はできないだろう、万一進出されても先に出店して顧客をつかんでおけば守り切れるだろう、という目論見である。

　石垣島のホットスパー経営者たちはこの戦略を実行していった。III-2で、第2期の16年間に石垣島ではホットスパー（のちココストア）が8店から21店へと店舗が増加したことを紹介したが、それは、このようなファミリーマートの進出を阻止するための、ホットスパー側の出店戦略だったのである。**図6-5**の折れ線グラフに示されているように、相次ぐ出店により、2009年以降になると、ココストアだけの石垣島の1店当たりの人口は、3チェーンが競合している沖縄本島より少ない状況が続いた。すなわち、2000年以降、ホットスパー（ココストア）陣営は、意図的に島内に出店を繰り返しながら、チェーン間競合が激しい沖縄本島並みに石垣市街地をココストアで埋め尽くし、コンビニ飽和状況を作り出すことに成功したのである。

　これでファミリーマートの石垣島進出は難しくなった、と思われていたが、沖縄ファミリーマートは、2014年2月に石垣島への出店を発表した[30]。石垣島進出の要因は複合的である。その地域的要因の一つとして、前年の2013年に新石垣空港が開港したことが挙げられる。これにより、大型機就航による輸送量の増加と物流コストの低下が図られたため、沖縄本島の配送センターからの物流システムの構築が容易になったのである[31]。

　すでにココストアだけでコンビニ飽和状況となっていた石垣市街地に、ほぼ同時に11店舗もファミリーマートが開店したため、激しいチェーン間競合が起こった。市内にココストアを5店舗所有していた経営者への聞き取りでは、競合後は4店舗までが赤字となり、24時間営業は維

持できず、夜間は閉店するなどコストダウンを図っていた[32]。

　このように、石垣島が第2期末に全国トップクラスのコンビニ激戦区になったのは、ファミリーマートの進出を断念させるために、石垣市街地にホットスパー（のちココストア）を出店し続けてコンビニの飽和状態を作り上げたホットスパー陣営の出店戦略、および既にコンビニ飽和状態であることを認識しながらも、石垣島進出を決定した沖縄ファミリーマートの出店戦略という、2つの出店戦略による過剰なコンビニ出店の帰結だったのである。

Ⅴ　宮古島においてローカルチェーンが善戦した要因

　コンビニのチェーン間競合は、今日国内各地で見られる現象である。一般的には、商品の品ぞろえやサービスの多様さ、店舗づくりの魅力など、経営力とブランド力に勝るナショナルチェーンがローカルチェーンを圧倒する、という傾向が各地で見られた。沖縄本島でも1980年代後半以降、ホットスパーとファミリーマートのチェーン間競合が見られたが、2000年ごろにはホットスパーの店舗数は減少する一方、ファミリーマートの出店数は一貫して増加していった[33]。しかし、宮古島では進出したファミリーマートが店舗数を減らし苦戦する一方、ホットスパー（のちココストア）が店舗を増加させるという特異な現象が起きた。

　なぜ、宮古島ではローカルチェーンがナショナルチェーンを相手に対抗できたのか。本節では、その要因について店舗づくりといった経営的要因と、宮古島の人口特性や人々の購買行動という地域的要因の両面から考察していく。

1. 商品・サービスの構成と店舗づくり

　フランチャイズチェーンであるファミリーマートは、チェーン本部である沖縄ファミリーマートの指導力が強い。ナショナルチェーンでもあるファミリーマートは、2000年代は全国どこの店舗でも同じ品質、同じ商品やサービスが提供できるよう統一性を大切にしていた。品質管理も厳しいため、店舗独自で地元商品を取り扱うことは難しい。また、弁当や惣菜、パンなどの製造は専用の自社工場あるいは業務提携工場で、徹底的な衛生管理の元で生産され、各店舗に配送された。各店舗はレンジやオーブンで温めることはできたが、店内調理などは認められていなかった。高いブランド力を維持するためには欠かせない方針である。2000年に宮古地区に進出した際に、開店した9店舗のうち、1号店をはじめ、4店舗が本部直営店であった。

　一方、ボランタリーチェーンからスタートしているホットスパーは、店舗オーナーの権限が相対的に強く、取扱商品や提供サービス、価格設定には大幅な裁量が認められていた。宮古地区では、本部外商品と呼ばれる本部指定以外の商品が、商品構成の半分以上を占める店舗も多く、各店舗は客のニーズに合わせて、安い価格の商品を独自に店頭に出すことができた。特に、店舗利益を左右する弁当や惣菜は、安くてボリュームのある商品を地元の業者から仕入れて、ホットスパーの店舗で販売することができた。宮古島ではスーパー代わりにホットスパーを利用する地元客も多い。そのため、豆腐や卵、刺身、野菜などの生鮮や宮古そば、かまぼこなどの加工品などのほか、トイレットペーパーや家庭用洗剤などの生活用品も充実していた。

　のちにホットスパーからココストアへとブランドとチェーン本部が代わり、完全なフランチャイズチェーンとなった。相対的に本部の権限が強くなったが、それでも本部の許可が下りれば、

店舗独自の商品やサービスを取り入れることは可能であった。店内に自動証明写真機を導入した店、手作りアイスクリーム製造機を導入した店、自動コーヒーメーカーを導入した店など、各店舗が競い合って地元客を意識した店舗作りに取り組んだ。また、ココストアになってからは、店内調理による弁当や焼き立てパンを導入して、ファミリーマートとの差別化を図った。

　日本本土や沖縄本島では、消費者はコンビニに「便利さ」（コンビニエンス）を求め、洗練された豊富な商品・サービスを提供するファミリーマートが優位にたった。しかし、宮古島の消費者は個人商店の延長線上にあるホットスパー（のちのココストア）を、自分たちに合った商品・サービスを構成している店として支持したのであった。

2.　宮古島の人口特性や人々の購買行動

　このような宮古島の人々の指向を、島の人口特性や人々の購買行動から見ていきたい。宮古島は大学や専門学校など高等教育機関が設置されていない離島であるため、高校卒業生のほとんどは、島を離れて沖縄本島や日本本土へ進学・就職移動を行う[34]。そのため、人口ピラミッドは20-24歳階級を中心に、男女ともに若年層の構成比が小さくなる、いわゆる「ひょうたん型」である[35]。現在、全国的にコンビニの利用者層は高齢者も含めて、全世代に及んでいるが、宮古島にファミリーマートが進出した2000年頃は、まだ「コンビニは若い人たちのための店」と認識されていた。相対的に中高齢者層が多い宮古島では、洗練されたファミリーマートはむしろ敬遠されたのである。

　さらに、宮古島の中高齢者層の購買行動も要因と考えられる。洗練されたファミリーマートを敬遠する島の中高齢者層も、ホットスパーには抵抗感なく入店ができた。ホットスパーの気取らない雰囲気は、近所の個人商店やスーパーに入るのと変わらない気安さがあった。そして、濃い目の味付けで、安い割にはボリュームのある弁当や惣菜、宮古島産のさまざまな泡盛が並んでいる酒コーナーで男性客を顧客としただけではなく、宮古では当時目新しかった店内調理や焼き立てパンで若い女性を、充実した生鮮品や生活用品で主婦層を惹きつけたのである。すなわち、宮古島の消費者が求める「コンビニエンス」とは、商品・サービスの多様性ではなく、自分たちが日常購入しているものをいつでも簡単に入手できること、だったのである。

　このほか、店長が宮古の人で顔なじみかどうかも、コンビニ選びで重要である。宮古島での聞き取りでは、「ホットスパーは、昔から良く知っている人が店長だから入るが、ファミリーマートはよその人が店長だから、近くにできても行かなかった。」「ファミリーマートが来たために、宮古の人のお店が苦しくなっているから、ホットスパーへ行ってあげた。」「ファミリーマートはホットスパーの隣にわざと店を出して、ホットスパーを潰そうとしているから、ホットスパーに行った」などの証言を何名もの人から得た[36]。

　ホットスパーは昔からなじみのある商店からホットスパーに事業転換した店舗が多いのに対して、進出時のファミリーマートは直営店も多く、沖縄ファミリーマートの社員が店長であった。また、宮古出身者が店長であっても、ファミリーマート進出を契機に小売業に新規参入した人が多かった。宮古島の消費者の中には、「ホットスパー＝身内、ファミリーマート＝よそ者」という構図で捉えている人も多く、2チェーン間競合が始まった第2期の初期では、店長が顔なじみであるかどうかが、店選びの基準の一つになっていた。これらは非合理的な購買行動ではあるが、共同体意識が強い離島、とりわけそれが強い宮古島では、合理性よりも共同体意識が優先さ

れた面もあったのである。

　このように、店舗づくりといった経営的要因と、宮古島の人口特性や人々の購買行動という地域的要因が重なり合って、宮古島に進出した直後のファミリーマートは、苦戦を強いられたのであった。

Ⅵ　おわりに —— 離島におけるコンビニ立地の特異性 ——

　本章では沖縄県の離島を対象に、コンビニの立地展開とそこで発生したチェーン間競合について検討した。その結果、日本本土や沖縄本島の都市部はもとより、同じ条件不利地域である農山村とも異なる、離島におけるコンビニ立地の特異性が 3 点確認できた。

　沖縄県内では、1980 年代後半からホットスパーとファミリーマートの 2 つのコンビニチェーンが、競ってコンビニを展開してきた。離島では、伊良部島を除いた 4 離島でホットスパーがファミリーマートよりも先に出店している。その理由は、両チェーンの事業形態と物流システムの違いから説明できる。すなわち、初期のホットスパーの商品配送は、卸業者や製造業者からの直納方式をとっていた。離島でも輸送時間とコストは多少かかるものの、一般的な個人商店の商品納入方式と変わらないため、出店は可能である。また、ホットスパーはボランタリーチェーンからスタートしているため、離島でコンビニを経営したい場合は、チェーン本部に申請・加盟をすると、比較的容易に開店することができた。そのため、ホットスパーは早い段階から離島で出店することができた。

　それに対して、ファミリーマートはフランチャイズチェーンであり、本部の出店計画により地域進出が決まる。また、物流システムとして共同配送方式を採用しているため、ルート配送できない場所には出店できないという制約がある。同じ条件不利地域である農山村では、近年の高規格道路網の整備などにより、配送センターからルート配送が可能な範囲＝コンビニが立地できる範囲が拡大しているが、環水性という自然特性を有する離島では、架橋されない限り、配送可能範囲内に入るのは困難である。特に、隔絶度の高い離島に進出するには、離島内に独自に物流システムを構築しなければならない。そのため、ファミリーマートをはじめとするナショナルチェーンは、従来離島には進出できなかった。ここに、離島でのコンビニ立地の第 1 の特異性が見いだせる。

　しかし、ファミリーマートは宮古島と石垣島に、それぞれミニ配送センターと自社製造工場を設置して、島内に物流システムを構築することで、各島に出店することを実現した。この物流システムを維持するためには、最低 10 店舗のコンビニ立地が必要であるため、地域進出後は短期間に大量出店をすることになった。宮古島でも石垣島でも、従来から出店しているホットスパー（のちココストア）に加えて、ドミナント方式でファミリーマートが出店したため、進出後は一気に激しいチェーン間競合が起こった。チェーン間競合は農山村でも見られるが、狭小性という自然特性を持つ離島では、限られた空間にコンビニが乱立するため、その激しさは全国トップレベルの競合となった。これが離島でのコンビニ立地の第 2 の特異性である。

　ローカルチェーンが市場を占有していた地域に、ナショナルチェーンが進出した場合、日本本土や沖縄本島の都市部では、後者が優位に立つ傾向がみられる。しかし、宮古島ではホットスパーが店舗数を伸ばしたのに対して、ファミリーマートは閉店に追い込まれた店舗が相次いだ。

その理由として、宮古島は若年層の割合が少なく、コンビニ利用客は相対的に中高年層が多いこと、その中高年層が、洗練された店舗空間で全国均一な商品展開やサービスが提供されるファミリーマートよりも、ボランタリーチェーンゆえ、経営者が島の消費者の嗜好に合わせた商品やサービスを提供して、差別化された独自の店づくりが可能なホットスパーの方を支持したこと、などがあげられる。さらには、古くからの顔見知りが店長である、という理由でホットスパーを応援する消費者も多く、離島の共同体意識の強さが購買行動にも反映されていた。これが離島でのコンビニ立地の第3の特異性である。

　ファミリーマートが2000年に宮古島に進出して、次に石垣島に進出するまで14年間もかかった。石垣島に進出することを記者会見で表明した沖縄ファミリーマート社長は、その席上、離島進出では「地元に愛されるというのは時間がかかる」ということを痛感し、店舗経営のシステムや地域に密着したあり方を学ぶのに時間を必要とした、と話した[37]。離島でコンビニが「愛される」まで、資本と経営ノウハウが豊富なナショナルチェーンをもってしても、時間がかかるのである。

　ナショナルチェーンのファミリーマートを相手に、離島のホットスパー（のちココストア）各店は善戦をしてきたが、チェーン本部の経営判断で、ココストアはファミリーマートに吸収合併され、ココストアは消滅した。経営コンセプトが異なる2つのコンビニチェーンの一方がなくなったため、島の消費者のコンビニ選択肢もなくなった。また、立地面で競合していたココストアを整理した結果、島内のコンビニ数は減少した。そのため、コンビニまで距離が遠くなり、不便になった消費者も多い。さらに、ココストアは商品の地元調達率が高かったので、ココストアに商品を納品していた島の卸業者や製造業者は取引先がなくなり、島の経済にも少なからず影響を与えた。

　現在、沖縄県の離島にはファミリーマートのみが立地している。しかし、県内にはナショナルチェーンのローソンが展開している。現在までのところ、宮古島や石垣島に出店計画は発表されていないが、エリアチェーン本部の(株)ローソン沖縄は、県内最大手のスーパーチェーンである(株)サンエーが運営をしている。宮古島と石垣島にはすでに同社の物流システムは整備され、島内業者との取引は行われている。すなわち、ローソンの両島への進出は比較的容易であり、進出後は再び激しいチェーン間競合が起こる可能性は高い。

　［付記］本稿は「沖縄県離島におけるコンビニエンスストアの立地展開とチェーン間競合」沖縄地理18号、2018、17-34頁をもとに、加筆修正したものである。なお、JSPS科研費18K01147の助成を受けた。

＜注および文献＞

1) 同統計によると、コンビニは大型スーパーの年間販売額13兆497億円（2017年）には及ばないものの、百貨店の6兆5529億円を凌駕している。
2) 本章の店舗密度の算出に必要な人口統計は、直近の国勢調査人口を用いた。
3) 東洋経済新報社「コンビニ大異変！」週刊東洋経済2009年8月8日号、2009、34-75頁。
4) もっとも、一般社団法人日本フランチャイズチェーン協会（以下、日本FC協会）の資料「コンビニエンスストア統計時系列データ」によると、2008年から2017年の10年間で、既存店の年間売上高は、2009、2010、2012、2013、2014、2017の6年で前年度よりも減少している。http://www.jfa-fc.or.jp/folder/1/img/20180122114918.pdf（2018年4月30日閲覧）

5）　高齢者対象の食事宅配サービスや、商品の宅配サービスなどを開始するチェーンが近年増加している。

6）　2007 年末に日本 FC 協会加盟のコンビニチェーンは 11 社であったが、2017 年末には 8 社となっている。

7）　奥野隆史「コンビニエンスストアの立地条件と立地評価 —— 東京都練馬区を事例として —— 」人文地理学研究 1、1977、43-71 頁。

8）　例えば、次の 3 点をあげる。①荒木俊之「京都市におけるコンビニエンスストアの立地展開」人文地理46、1994、203-213 頁。②石﨑研二「店舗特性・立地特性からみた世田谷区におけるコンビニエンス・ストアの立地分析」総合都市研究 65、1998、45-67 頁。③岩野　直「都市内部におけるコンビニエンスストアの立地展開 —— 札幌市を事例として」北海道地理 76、2002、37-49 頁。

9）　松山侑樹・遠藤　尚・中村　努「高知県高知市におけるコンビニエンスストアの立地展開の特異性」E-journal GEO 11-1、2016、40-55 頁。

10）　本章において、コンビニチェーンをナショナルチェーンとローカルチェーンに区分する。前者は、全国的に展開し、店舗数が 1 万店を超える、セブン－イレブン・ジャパン（以下、セブンイレブン）、ローソン、ファミリーマートの 3 チェーンとする。また、後者は日本 FC 協会に加盟する、上記 3 チェーン以外のコンビニチェーンとする。

11）　荒井良雄「コンビニエンス・チェーンの物流システム」信州大学経済学論集 27、1989、19-43 頁。

12）　土屋　純「コンビニエンス・チェーンの発展と全国的普及過程に関する一考察」経済地理学年報 46、2000、22-42 頁。

13）　前掲 9）41 頁。

14）　同社社長が沖縄県庁で会見し、2019 年度をめどに沖縄県に出店を始めると表明した（沖縄タイムス朝刊 2017 年 6 月 10 日付記事）。

15）　その後、沖縄スパー本部㈱は、1989 年に関東地域スパー本部の子会社になった（琉球新報 2007 年 12 月 13 日付記事）。

16）　1987 年 10 月に、㈱ファミリーマートと沖縄県内の百貨店である㈱リウボウとで㈱沖縄ファミリーマートを設立して、エリアフランチャイズ契約を結んだ（同社 HP）。

17）　全国のココストアのうち、2016 年 10 月 31 日に閉店した最後の店舗は、宮古島の宮古砂山店と宮古松原南店であった（沖縄タイムス＋プラス、2016 年 10 月 31 日付）。

18）　各年のコンビニ数は、12 月末日現在である。

19）　石垣島に 32 店、宮古島に 22 店、伊江島と久米島に各 2 店、伊良部島に 1 店。

20）　2017 年末の都道府県別コンビニ密度 1 位である東京都における 1 店舗当たり人口は 1753 人／店であったので、これを本章では仮のコンビニ成立閾とした。

21）　西表島（2314 人）と与那国島（1843 人）もコンビニ成立閾人口は超えている。しかし、両島とも集落が分散しているため、徒歩圏内で 1753 人を超える地点は島内に設定できず、必要条件はクリアされていないと判断した。

22）　琉球新報朝刊 2000 年 3 月 1 日付記事による。

23）　本章では中心市街地を、沖縄県が定めた宮古都市計画区域および石垣都市計画区域の用途地域とする。

24）　石垣島におけるファミリーマートの立地配置については、同社のスーパーバイザーへの聞き取りによる。

25）　前掲 9）25 頁。

26）　琉球新報朝刊 2000 年 5 月 13 日付記事による。

27）　2000 年当時の沖縄ファミリーマートの店舗配送は、1 日 5 便（弁当便 3 便、冷凍便 1 便、その他 1 便）であった。仲村満紀子「沖縄県におけるコンビニエンス・ストアーの立地」琉球大学法文学部卒業論文、2000、89 頁。なお、2015 年 11 月に行った石垣市内のファミリーマート経営者への聞き取りによると、石垣島では沖縄本島より 1 回少ない、1 日 4 便の配送であった。

28）　前掲 26）。

29）前掲 26）。

30）琉球新報朝刊 2014 年 2 月 20 日付記事による。

31）2015 年 11 月に行ったファミリーマート経営者への聞き取りによる。

32）聞き取りは 2015 年 11 月に行った。

33）1998 年に両チェーンとも 100 店舗を超え、ホットスパーが 105 店、ファミリーマートが 126 店となった。
その後、ファミリーマートは 2003 年に 148 店、2008 年に 189 店、2013 年に 222 店と増加した一方、ホッ
トスパー（のちココストア）は 85 店、78 店、73 店へと漸減した。

34）平成 29 年学校基本調査結果によると、2017 年 3 月に宮古島の高校 3 校を卒業した 516 人のうち、進学
者 355 人全員と県外に就職した 66 人を合わせた 421 人は卒業後に島外に移動している。残りの 95 人の
うち、沖縄本島など島外で就職した人、浪人や求職活動を島外で行っている人もいるため、卒業後に島
内に残っている卒業生は 1 割程度と推測される。

35）宮古島の 15-29 歳階級の人口構成比は 11.1％であり、沖縄本島の 16.6％と比較すると 5 ポイント低い。

36）2013 年 7 月に行った、宮古島在住の小中学校教員 8 名への聞き取りによる。

37）八重山日報朝刊 2014 年 9 月 26 日付記事による。

（宮内久光）

7章　長崎県小値賀島における観光まちづくりの展開

I　条件不利地域としての離島と地域振興の課題

　本章では、離島における「地域づくり」の事例を取り上げ、その条件不利性への地域的対応を検討する。現代の条件不利地域では、集落の限界化や平成の大合併、経済のグローバル化などに起因する社会経済的再編によってさまざまな地域問題が生じており、地域住民の生活条件に大きな影響をもたらしている。

　条件不利地域をめぐる地域問題は、次のように大きく4つに整理することができる[1]。第1は「中心地域からの遠隔性」である。条件不利地域は農山村や離島など大都市から遠く離れており、アクセシビリティの低さがまず挙げられる。都市へのアクセスが、生活の利便性を左右するようになったためである。第2は「人口の希薄さと小規模社会」で、人口密度が低く、地域社会の規模も小さいため、医療や福祉、購買、交通などを中心に日常生活に必要なサービスの供給に課題を抱えている。第3は「経済的衰退と周辺化」で、農業や漁業など第1次産業の低迷やグローバル化に伴う工業の衰退、構造改革による建設業の不振など、地域経済の空洞化が該当する。第4は「生態系空間の不安定化」で、農林漁業の低迷に伴う担い手の減少と農地や山林、漁場の荒廃が問題視され、景観や生態系の保全が課題となっている。

　これらの地域問題は個別に存在するのではなく、相互に関連しあいながら存在している。とりわけ第3点の地域経済に関しては、現代の条件不利地域が存立する上で最も大きな要素といえ、地域社会の維持に寄与する新たな産業の構築が求められている。近年の条件不利地域では当該地域に存在する自然環境や文化、伝統など地域資源を活用した地域振興の取り組みが進められている[2]。

　例えば、観光を中核とした「観光まちづくり」はその典型例といえよう。政策的な後押しもあってグリーンツーリズムを展開しており、都市農村交流をうたいながら都市市場を重視している点が特徴である。地域資源を活用した観光は、前述のグローバル化への対応やマス・ツーリズムを志向したリゾート開発の反省の上に立っている。さらに、観光まちづくりには地域住民や行政、企業が主体となり、さらに地域住民の理解と参加が必要とされる[3]。

　住民参加が必要とされる背景には、地域住民が伝統的に地域資源活用の担い手となってきたためである[4]。さらに、行政のみの力で観光まちづくりを進めることは困難な状況にあることも指摘できる。条件不利地域では地方交付税の減額等による自治体財政の悪化や、政治的主体性を希薄化させる都市との広域合併により、行政単独による事業の推進が難しくなっている。しかし、こうした状況の中にあっても行政の役割には大きいものがあり、都市に比較して専門的なノウハウを有する組織や団体が少ない条件不利地域において、人材や資金的な援助など行政の果たす役割はいまだ大きい。それゆえ、行政と多様な地域住民が協働して地域づくりを実践していくこと

が求められているのである。

　観光まちづくりをはじめ地域振興の取り組みには、行政や地域住民など多様な主体の参画と、主体間の水平的で開放的な関係性が求められているため、「ローカル・ガバナンス」として当該事象をとらえることも可能である[5]。また、本章では「社会的企業」という観点からも検討を進める。社会的企業とは雇用の創出のみならず、居場所としてのコミュニティの形成や社会的ニーズを満たすためのサービスの提供といった機能を含む担い手のことである[6]。地域社会において人々が寄り集まる社会的結節点が減少し、周辺型産業の衰退が進む条件不利地域に求められている機能を社会的企業は有しているといえよう。

　以上をふまえて本章は、条件不利地域の典型ともいえる離島において実践されている観光まちづくりの事例を取り上げ、それが進められている背景を地域経済や地域社会の状況、政策として進められる契機となった合併問題に焦点をあてる。そのうえで、観光まちづくりを担うNPOをはじめとする組織の形成とそのプロセス、観光まちづくりに参画する人々の特性を検討することにより離島における地域づくりのあり方を考えたい。

Ⅱ　小値賀町の人口と産業の特質

　事例として取り上げるのは、長崎県五島列島北部に位置し、平戸諸島を構成する島嶼群からなる小値賀町である。同町は佐世保市から西に90kmの航路距離にあり、高速船で片道2時間、フェリーでは片道3時間を要する（図7-1）。

　小値賀町を構成する島々には、中心地区の「笛吹郷」が所在する小値賀島を「本島」として、「属島」には架橋島として斑島と黒島が、二次離島として大島、納島、六島がある。二次離島の島々は小値賀島から連絡船で結ばれている。なお、町内第2の面積を有する野崎島をはじめ、前述以外の属島はすべて無人島となっている。

　小値賀町を構成する島々は、中心機能を有する小値賀島と、農業や漁業という生業で性格づけられる属島に地域区分できる[7]。このうち、小値賀島には町役場をはじめ、漁協や農協、郵便局や銀行、診療所や福祉施設、商店など地域生活に必要な機関の事業所が立地し中心性を有する。一方、属島のうち斑島や黒島は小値賀島に架橋されて半島化し、生活圏は本島と一体化している。

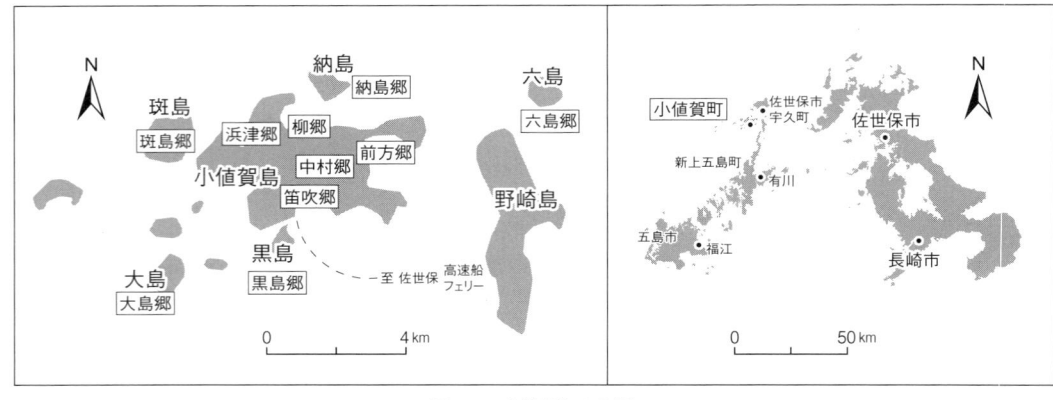

図7-1　小値賀町の位置

　同町を構成する島々は、野崎島（無人島）を除けば火山を成因とする平坦な溶岩台地をなしている。小値賀島では畑地が広く展開し、中世に大規模に干拓された低地では稲作が行われている。また大島ではメロンやミカンが、納島ではラッカセイが特産として町外に出荷されている。一方、漁業は古くから盛んで、刺し網漁や一本釣り漁、ヒジキやアワビの養殖なども実践されている。後述するが、小値賀町では漁業が基幹産業として地域経済において農業以上に重きをなしている。小値賀島等では、一般に半農半漁的経営であるのに対し、黒島や六島では専業的経営が営まれてきた。

　小値賀町の人口は2780人（2012年現在）、高齢化率は45.0％にまで達している（**図7-2**）。1995年の4245人からわずか20年たらずで34.5％も減少したのに対し、高齢化率は15ポイント以上増加し、半数近くが65歳以上の人々で構成されている。小値賀町の人口変動は、自然増減に対して社会増減の幅が大きいのが特徴である。特に、1996年は転出が転入を120人上回り、最も大きな減少を経験した。その後も、2005年に95人減少する時期がある一方で、自然減を下回った2009年（15人減少）や2010年（16人減少）があるなど、変動幅が非常に大きくなっている。小値賀町の人口減少は自然減よりも社会減によって引き起こされており、人口学的な少子高齢化というよりも社会変動に依拠するところが大きい。

　個別集落の人口状態（2012年現在）は、各地区とも高齢化と世帯の小規模化が進んでいる。高齢化率の高さは納島郷（55.2％）や斑島郷（52.6％）、柳郷（52.9％）、黒島郷（51.6％）など二次離島や周辺地区で顕著である。平均世帯人員は、中心集落の笛吹郷（1.9人）とそれに繋がる斑島郷（1.8人）、二次離島の六島郷（1.8人）を除けば2人以上であり、大島郷では3.3人と高い。世帯人員の相対的に大きい地区が多いものの、高齢化率の高さを勘案すると未婚の独身子と同居する高齢者が多いことが推測される。

　次に、小値賀町における産業構成の変化を確認する。1970年以降の産業従事者

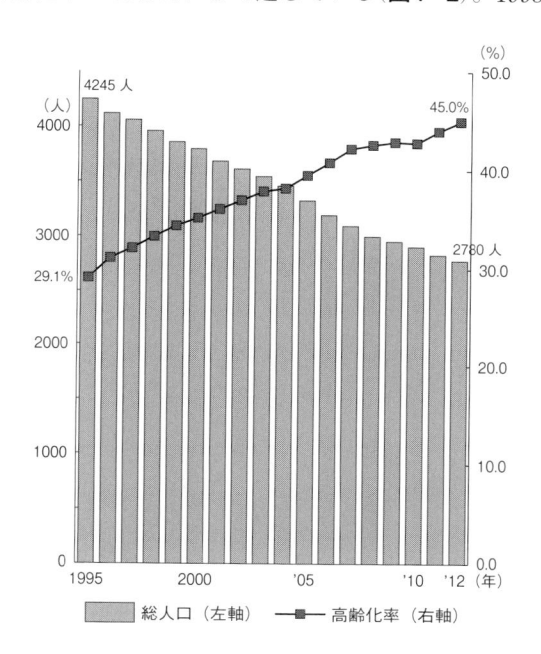

図7-2　小値賀町における人口の推移
（小値賀町役場資料により作成）

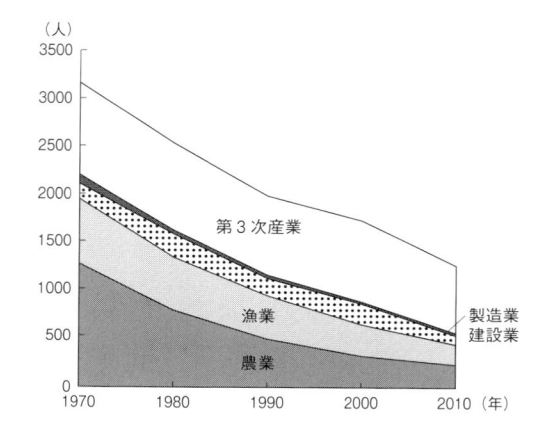

図7-3　小値賀町における産業別従事者人口の推移
（国勢調査により作成）

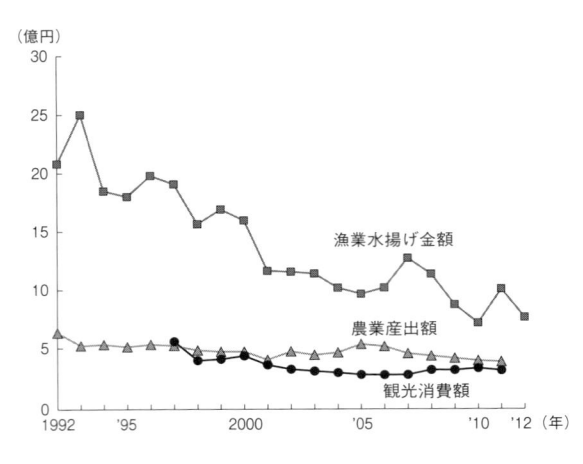

図7-4　小値賀町における主要産業の経済性
（小値賀町役場資料により作成）

数の変化を示した**図7-3**をみると、典型的な離島の状況を示している。すなわち、農業従事者と漁業従事者で構成される第1次産業と、公務従事者を中心に構成される第3次産業で占められている。製造業従事者は水産加工業従事者がわずかに存在し、また建設業従事者も町内の公共事業等の需要を満たすために存在する。1980年時点まで農業と漁業の従事者を中心する構成であったが、それ以降は急速に減少し、第3次産業従事者数が相対的に増加している。とりわけ農業従事者の減少が著しく、漁業従事者も同様に減少している。また建設業も構造改革による建設需要の抑制が働いており、結果として従事者数がほとんど変化していない第3次産業の相対的伸びが読み取れる。

　このように、小値賀町は本土から遠隔にある離島のため、基幹産業は漁業と農業にならざるを得ない。1990年代以降における農業と漁業の経済性を示した**図7-4**によると、農業産出額が過去20年間ほぼ横ばいなのに対し、漁業水揚げ金額は高下しながらも3分の1程度にまで縮小していることが確認できる。島の経済を支えてきた漁業の低迷が大きく、農業はほぼ横ばいを維持しながら相対的に漁業の経済水準に近接しつつある。そして、これらに観光消費額の推移を加えると、農業産出額に迫りつつある実態がみられる。近年において観光まちづくりの取り組みが進められ、わずかではあるが観光がその経済性を高めている実態が読み取れる。

　小値賀町では、漁業経済の縮小を補完するための産業の育成が課題になっており、第3次産業とりわけ観光にその期待が寄せられている。

Ⅲ　観光まちづくりに至る経緯とその主体形成

1.　小値賀町における観光の動向

　次に、小値賀町で展開される観光まちづくりについて、その経緯と観光事業の展開、住民参加の特質を検討する。

　まず、小値賀町における観光の動向を確認しておく。2010年における長崎県の観光入込客はのべ2910万人で、日本有数の観光地である。観光客の大部分は長崎市（のべ610万人）や佐世保市（のべ560万人）など本土の都市に集中しているのに対し、県内の主な離島自治体のそれは対馬市（のべ73万人）や壱岐市（のべ55万人）、五島市（のべ39万人）などでかなり小規模である。その中で小値賀町はのべ4.3万人、全体の0.1％にとどまり、後発的な存在になっている。

　さらに、**図7-5**から長崎県離島地域における観光の動向を確認する。1990年の観光入込客数189万人を100として2011年までの変動をみると、多くの地域で来訪者が増加している。特に対馬市は韓国や中国など東アジアから来訪する観光客を受け入れ、1990年の2倍に迫る。その他、

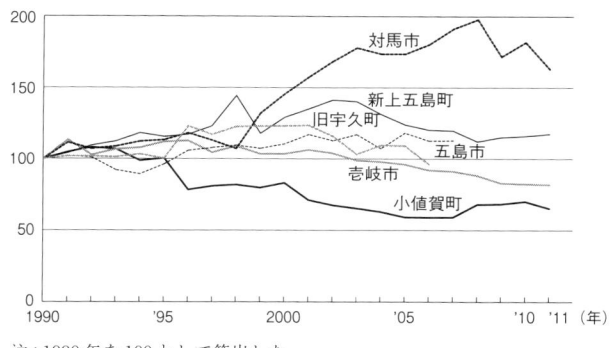

注：1990年を100として算出した。

図7-5　長崎県離島地域における観光入込客数の経年変化
（長崎県観光統計により作成）

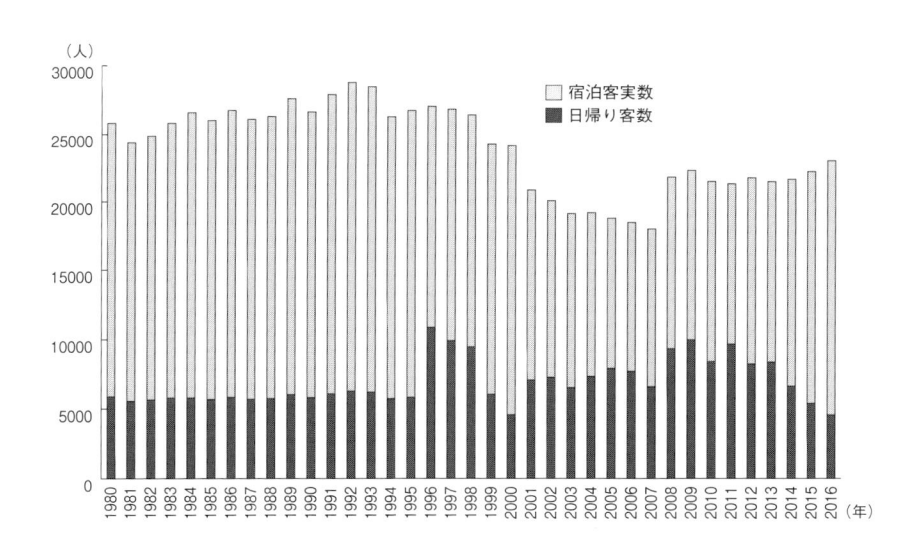

図7-6　小値賀町における観光入込客数の経年変化
（長崎県観光統計により作成）

新上五島町や五島市ではキリスト教会群の観光資源化により入込客数が維持され、対馬ほどではないが110〜120程度を維持している。これに対し、壱岐市は2003年以来100以下が続き漸減傾向にある。

　その中で小値賀町をみると、来訪者数は一時期1990年の70前後にまで減少したが、観光まちづくりが進められている2008年から持ち直しの傾向が認められる。入込客数の変化を確認すると（**図7-6**）、日帰り客数と宿泊客数は本土とのアクセシビリティの低さから宿泊客が半数以上を占めている。その中でも2007年には宿泊客数が1万人を超え、観光まちづくりに係る事業展開の本格化にあわせて増加していることが窺われる。

2. 観光まちづくりの経緯

　次に、小値賀町の観光まちづくりの展開過程をみていく。まず、同町における観光まちづくりを戦後の町政から位置づける。

　戦後の小値賀町における町政は大きく3つの画期に区分できる。第1期は1975年までとすることができるが、これは港湾の機能強化や道路の舗装化など脆弱な離島のインフラを改善し、整備することを目的とする事業であった。特に、高度経済成長期にかけて全国的に遅れていた港湾整備を完成させることで大型フェリーの接岸を可能とし、漁業基地としての機能を高めようとした。建設業を中核とした地域労働市場が展開しはじめたのもこの時期であった。

　第2期は1976～80年代で、前期における港湾等のインフラ整備をふまえて、小値賀島での小値賀空港の建設、黒島や斑島への離島架橋、農業構造改善事業が実施され、若者交流センターや民俗資料館などの文教施設が小値賀島に整備された。これらは離島振興法や過疎法を財源的根拠とした事業が多く、全国の山村や離島でも同様の動きがみられた。

　第3期は1990年代以降で、現在の町政に続く時期である。インフラ整備事業は継続するものの、水資源確保のため野崎島にダムが建設されたほか、高齢者福祉施設の設置や町立診療所の改修など、地域福祉に関連した施設整備が行われた。ただ、この時期から政府の財政緊縮化路線のあおりを受けて既存のインフラ整備政策を修正する動きがみられ、本章で取り上げる観光まちづくりに推移した時期であった。

　現在の観光まちづくりは、1990年代における観光施設の整備事業とその失敗の反省の上に立っている[8]。その整備事業とは、1988年に策定された「野崎島ワイルドパーク構想」で、無人島化への流れが進む野崎島の開発事業であった。同島は町内第2の面積を有するにもかかわらず、小値賀島に比べて山地が多く農業に適さず、集落も3か所しかないため、高度経済成長期には人口流出が著しかった。そのような野崎島で、生息する野生シカの飼育と観察施設を整備することを目的に、1987年に閉校した旧町立野崎小中学校の校舎を改修して「野崎島ワイルドパーク自然学塾村」とよばれる宿泊施設の開設や、明治期に建立された旧野首教会を観光資源として保全する取り組みが進められた。しかし、野生化したシカの飼育は困難で、ソフト事業への目配りが不足していたため来訪者の増加にはむすびつかず、失敗に終わっている。**図7-5**に示したように、この時期の小値賀町の観光は他の県内離島地域に比べても低迷を続けていた。

　それを受けて小値賀町は、2000年前後から従来型のハード事業を転換し、交流人口の拡大を図るソフト事業に傾注する。その動きは、「ながさき島の自然学校」が1998年に設立されたことで具体化する。ながさき島の自然学校は、1998～2000年に旧環境庁や旧自治省から補助事業(自然体験型環境学習拠点ふるさと自然塾事業)の指定を受けたことが契機となり、野崎島の自然学塾村を活動拠点としながら小値賀町全域での自然体験活動の運営主体となった[9]。なお、現在も自然学塾村は野崎島でのトレッキングなどエコツアーの拠点として観光まちづくりの一翼を担っている。

　ここで特筆されるのが、この事業を運営するために専従プロデューサー(常勤職員)やスタッフ(嘱託職員)が全国に公募され、人材を確保する方法がとられたことである。また、当時採用されたスタッフがIターン者として小値賀町に定着し、現在に至る観光まちづくりの重要な担い手となっていることである。その担い手となったIターン者については、後述することにする。

　さらに、この「ながさき島の自然学校」での活動の一環として取り組まれているのが、「おぢか国際音楽祭」と銘打たれたイベントである。これは2001年から毎年開催されているもので、ヨーロッパや日本国内のプロの音楽家を講師として春季に10日間招聘し、彼らによる音楽コンサートが開かれたり、希望者には講習を実施したりするという取り組みである。講習希望者は小値賀町が全国に募集して集まった音楽家志望の若者（20〜30人）で、前述した自然学塾村や民泊参加世帯に滞在して受講する。

　これらは現在展開される観光まちづくりの基盤をなす取り組みであり、都市農村交流の嚆矢となるものであった。しかし、現在の観光まちづくりが本格化するのは、「合併問題」という小値賀町の将来を左右する問題が決着してからであった。

3.　合併問題と観光まちづくりへの転回

　近世以来、平戸藩の支配領域となってきた小値賀町は、近代以降も平戸市を中心とする行政機構の地理的枠組みの中に組み込まれてきた。しかし、生活圏の中心は海路で直接結ばれた「最も近い本土」の佐世保市であり、いわゆる「平成の大合併」をめぐって小値賀町は同市との間で揺れ動いてきた。

　2000年に合併区割案が長崎県から提示され、小値賀町は佐世保市との合併が想定された[10]。それ以降、2002年から佐世保市との合併協議が始まり、2003年4月には合併を争点とした町長選挙の実施に至る。町を二分する選挙戦が繰り広げられた結果、合併反対派の候補が当選し、同年10月に任意合併協議会からの離脱が表明された。しかし、選挙後も合併の賛否をめぐる論議はくすぶり続け、同年11月に合併推進派町民から佐世保市との法定合併協議会設置請求が提出された。それに対し佐世保市長は、翌2004年2月に小値賀町の同協議会への復帰を拒否する回答を通達した。これを受けて、ついに2004年8月には合併の賛否を問う住民投票が実施される。前回の町長選挙と同じく町を二分する議論を経て、投票率85.4％という極めて高い関心を以って僅差で合併反対の結論が出された。

　ところが、その後、中核市を目指すこととなった佐世保市は小値賀町との合併を再び模索し始め、2008年1月に市長が小値賀町を訪問し、合併協議を申し入れた。しかし、小値賀町長は2004年実施の住民投票の結果を尊重し、当分の間は単独町政を維持する意思を表明した。それでも合併をあきらめきれなかった佐世保市は、同年4月に市長が再度小値賀町を訪問して合併協議を申し入れるも、小値賀町長は正式に拒否する旨を回答した。これにより単独町政の維持が確定した。

　こうした「合併問題」を経験したことの意義は、町の将来像について地域住民の関心が喚起され、単独町政を維持するための地域的基盤を真剣に議論するきっかけが得られたことといえる。言い換えれば、観光まちづくりを進めるため、地域住民のコンセンサスを得ることに結びついたといえよう。

4.　観光まちづくりを担う組織の形成

　小値賀町が単独町政の方針を固めるなか、現在の観光まちづくりを推進する組織が形成されていく。まず、行政主導により2005年に「小値賀町アイランドツーリズム推進協議会」が設立された。これは小値賀町役場、小値賀町観光協会、ながさき島の自然学校の三者から構成され、住民

参加の民泊を導入することが目的であった。2006年1月に10世帯が参加して行われたモニターツアーの受け入れが、最初の民泊であった。これを母体にして、2007年にはNPO法人として「おぢかアイランドツーリズム協会」（以下、協会）が発足し、観光まちづくりが本格化する。当時の取り組みには、民泊や子どもの生活体験プログラムの受け入れ対応、および大手旅行会社（JTB）との連携などがあり、2009年から始まった修学旅行プログラムでは民泊が事業の中心となっていた。こうした小値賀島での民泊事業は社会的に注目、高く評価され、数々の受賞を得ている[11]。その後、2009年には「小値賀観光まちづくり公社」（株式会社：以下、公社）が設立され、協会がNPOでは担いきれなかった旅行業としての営業や、後述する「古民家事業」として取り組む宿泊施設の経営を担っている。

　小値賀町の観光まちづくりの組織は公社と協会の両者が活動しており、公社が旅行業務を担って営業や営利部門を展開し、営利部門以外の業務を協会に委託する形で進められている。これらの組織で展開される事業は一定の経済的効果を生み出しており、2012年度の経済規模は発足時の目標の1億円を超え、両者合わせて1億3000万円を超すまでに成長している。

Ⅳ　観光まちづくりと住民のかかわり

1. 民泊事業と住民参加

　次に、観光まちづくりの中心事業の特徴と住民のかかわりの実態を明らかにしておく。

　前述するように、小値賀町の観光まちづくりの中心は民泊事業である。当該地域の生活文化を来訪者に直接体験してもらうことが目的であり[12]、同事業に参加する世帯（以下、ホスト世帯）宅に宿泊し、かつ農漁業体験や郷土料理の調理などの生活体験やエコツアーをプログラム化して提供している。

　民泊事業は2006年に開始されているが、当初は「ながさき島の自然学校」で取り組まれる子ども向けイベントの参加者や、おぢか国際音楽祭に参加する受講生等の受け入れが主な対象であった。その後、2009年からは公社が大手旅行会社と提携して修学旅行の受け入れを始め、一般旅行者も利用するようになった。2007年に1165人であった利用者は、2012年に2360人にまで増加した。

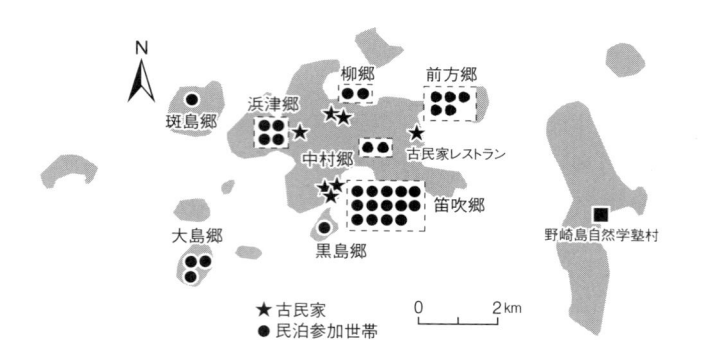

図7-7　民泊参加世帯と「古民家」の分布
（小値賀アイランドツーリズム協会資料により作成）

　ホスト世帯は、2012年現在で35世帯ある（**図7-7**）。中心集落の笛吹郷を中心に、二次離島の大島郷を含めて町内各地に分布している。事業開始当初は7軒であったが、協会による斡旋や既に参加しているホスト世帯からの勧誘などが功を奏して、ホスト世帯は増加している[13]。

　担い手は農家や漁家であり、女性世帯員が中心的な担い手となっている。民泊料金は1人1泊8640円であるが、このうちホスト世帯が5400円、協会が手数料として3240円を受け取るシステムである。民泊の登録は女性名義で行われ、利用料金の支払いも女性本人の口座に協会から直接振り込まれる。聞き取りによれば、年間100万円前後に達するホスト世帯もあり、その収入は魅力的なものになっているという。ここでは、夫ではなく妻たる女性が収入の管理を行っている点が特徴の一つである。

　また、民泊事業の意義を都市農村交流という点からみると、住民にとって島の生活様式は日常であるが、利用者が生活空間に入ることによってそれが魅力的な存在であることに住民が気づき、自己の生活文化を肯定し、再評価することにつながっている[14]。

2.「古民家ステイ」事業の展開と住民の雇用

　次に挙げられるのが、2010年に始まった「古民家ステイ」事業（以下、古民家事業）がある。これは、町内に残る空き家となった伝統的木造家屋（**写真7-1**）を宿泊施設やレストランとして改修し、一棟まるごと旅行者に宿舎として提供するという取り組みである。小値賀島内に宿泊用古民家が7棟、レストランとして使用される古民家が1棟ある（**図7-7**）。

　徳島県の祖谷渓谷や京都市内の町屋で古民家再生事業に取り組む、アメリカの東洋文化研究者であるアレックス・カー氏が島内に点在する空き家となった古民家の価値を見出し、宿泊施設に活用するよう助言したことがこの事業の契機となっている[15]。カー氏は、前述した「島の自然学校」でスタッフとして活動し、京都のカー氏の事務所で研修を積んでいたIターン者のO氏が古民家活用方法の検討を要請したことにより来島している。ちなみに、古民家の改修にあたってはカー氏の主宰するコンサルタント会社が町から受注しており、観光事業の進め方として意見が分

写真7-1　宿泊施設に改修された古民家
（2013年、中條暁仁撮影）

かれるところとなっている。

　利用者は、2012年現在で年間1200人を超えており、その内訳は関東地方が39.2％で最も多く、以下は長崎県内が16.8％、福岡県15.6％、近畿地方11.1％の順となっている。1年のうち5月と8月に利用者が集中し、60％に上る宿泊者が1泊で、49％が2人で滞在している。利用料金は1泊素泊まりで1万5000〜2万円と、町内の旅館や民宿の宿泊料金、民泊の利用料金に比べて2〜4倍の料金設定となっており、利用者の棲み分けが試みられている。特筆されるのは、若年女性向けの雑誌『Hanako』や、高級婦人雑誌の『婦人画報』や『家庭画報』に島内のエコツアーと組み合わせて全国に紹介され、多くの女性利用者を得ていることである[16]。

　古民家事業の運営には、住民の雇用や地元業者との取引が生まれている。宿泊施設ゆえに、客室の清掃作業やリネンクリーニング、食材の調達など関連サービス需要が存在する。例えば、清掃作業には14〜15人の地元の主婦が時給670円で1日あたり3時間程度雇用されていたり、関連サービスの80〜90％は島内で賄われたりしている。またレストランではスタッフが5人勤務し、時給700円で町内から雇用されている。その意味で、地域経済に一定の波及効果が認められる。

　このように全国的に注目されている古民家事業は、必ずしも地元住民の目には「小値賀らしい」存在として受け止められているわけではない。外見は地元の伝統的家屋の修景を維持しているが、内部の設備は「本土の高級旅館と変わらない」ものにもなっている。また、古民家は地域住民にとって気軽に宿泊客と交流することが憚られる存在にもなっている。民泊とは異なるが、来訪者と地域住民がいかに折り合える距離に「古民家」を存在させ、住民と交流できるような施設にするのかが課題となっている。

3.　観光まちづくりを支えるⅠターン者

　これらの観光まちづくりを実務面から支えているのが、本土からのⅠターン者である。

　観光まちづくりを担う公社や協会の職員をみると、Ⅰターン者が多く関与している点が特筆される。2013年現在、公社に勤務する職員は社長を除いて7人いるが、そのうち5人はⅠターン者で、他の2人はUターン者である。一方、協会には理事長を除き8人の職員がおり、Ⅰターン者は3人、他の5人は地元出身者である。Ⅰターン者は30〜50歳代前半で、首都圏や大阪圏、九州本土で会社員や公務員を経験し、「島暮らし」に魅力を感じて移住した人々である。そして、本土での職務経験を活かして観光まちづくり組織での実務を担当している。

　公社で事務局長を務めるのは大阪府出身のT氏で、2005年に前述の「ながさき島の自然学校」のスタッフとして来島し、定住した一人である。T氏は、同じくスタッフとして在籍した前述のO氏とともに、民泊事業の企画とその運営組織である小値賀町アイランドツーリズム推進協議会の立ち上げにも参画している。カー氏を小値賀町に引き入れたことや、民泊事業を立ち上げる契機となったアメリカ・アイゼンハワー財団のPTP事業を導入したことも、O氏のネットワークによるものであった[17]。一方、自然学校を中心に現在も継続されている「島ライフ」や「島キング」という子ども向けの周年キャンプ事業はT氏発案の企画である。また、公社や協会の経理や宿泊手配などの主要事務は、Ⅰターン者が本土での職務経験を活かして担っている。大手旅行代理店への営業もT氏やⅠターンの職員が担当し、東京や大阪、福岡へ出張しているという。

　このように、Ⅰターン者は小値賀町の観光まちづくりにおいて域外とのチャネルを有し、それ

を介して様々な資源を小値賀町に導入してきた人々と評価できる。聞き取りによれば、小値賀島では就職あるいは進学のため転出する子どもに対し、親たちが「こんな島には帰って来るな」と話すという。島に帰ることは「負け組」であるかのように評価されてしまうそうだが、観光まちづくりに従事するIターン者たちの姿は「こんな島」で活躍する人々の姿であり、島にUターンすることの魅力を体現している。

4. 観光まちづくりの基盤を構築した住民

　以上のように、小値賀町の観光まちづくりは「ながさき島の自然学校」や一連の観光まちづくりをきっかけに来島したIターン者によって進められたかのように受け止めがちであるが、その基盤を築いたのは地域住民であった。それは「帆揚会」とよばれるグループの活動に代表される。
　「帆揚会」は、1985年から1995年にかけて「島おこし」活動を展開した。帆揚会のメンバーは当時30歳代の男性有志8人である。8人は、町内の商工自営業者や社会教育主事の資格を有した公務員で、いずれも進学や就職で本土へ転出し、島外での生活を経験したUターン者やIターン者である(**表7-1**)。
　帆揚会の活動の特徴は、町内で逸早く海産物の直売事業に取り組んだことであった。当時の役場は住民による地域振興には無関心で、起業に際して全く支援が得られず、すべて手弁当での活動であったという。活動の宣伝やメンバーの離脱(結成当時は13人)など紆余曲折を経ながらも、関西地方を中心に280人の顧客を獲得している。
　住民参加の地域振興を実働させるために、帆揚会代表のA氏は町会議員に立候補、1995年に初当選することによって一定水準の町民の支持を得ることとなった。A氏は政策立案に関与する立場から、域外交流や住民参加による地域振興を町長や同僚議員に説き、それを政策に反映させることでグループの理念を反映させようとした。
　A氏のみならず元メンバーたちは、島の自然学校や国際音楽祭などの事業を契機に集まったIターン者に対して、地域社会での定着と活動に助言を行ったり、Iターン者が有する知識や経験、

表7-1　元「帆揚会」構成員の主な属性

氏名	プロフィール	出身地	居住地移動
A	元代表、住職、現在は町会議員、社会教育主事	小値賀町	小値賀町→高校卒業後に東京(大学進学)→京都→小値賀町
B	元教育委員会職員、学芸員、島の文化について研究	佐賀県多久市	多久市→福岡(大学進学)→小値賀町
C	電気店経営、体育協会役員	小値賀町	小値賀町→高校卒業後に大阪(進学)→小値賀町
D	農業	小値賀町	小値賀町→埼玉県(就職)→小値賀町
E	衣料品店経営、ＮＰＯ法人小値賀アイランドツーリズム理事長	小値賀町	小値賀町→高校卒業後に東京(大学進学)→小値賀町
F	文具店経営、町体育協会役員	小値賀町	小値賀町→福岡(大学進学)→小値賀町
G	農漁業	小値賀町	小値賀町→長崎市(農業学校進学)→福岡→小値賀町
H	町教育委員会職員	小値賀町	小値賀町→福岡(進学)→小値賀町

(聞き取り調査により作成)

ネットワークを県庁や大手旅行会社等との対外交渉に活用するよう役場職員に促したりもしたという。特に古民家事業では、町内で活動するために事務所を探していたO氏に、空き家となっていた民家（古民家）を紹介したことがきっかけで、カー氏との縁が生まれた経緯もあるなど、Iターン者と地域資源を結び付けつける役割を担ったといえる。一方、地域住民に対しては観光まちづくり関連事業への抵抗やIターン者がそれに関与することへの反発を抑えるなどの役割も担っていた。

　このように帆揚会の意義は、独自の活動を通じて逸早く都市農村交流と住民参加の必要性を説き、地域社会を啓蒙した点に見出すことができる。また元会員たちが、観光まちづくりの主体となる公社や協会の役員に就任していること、Iターン者の活動に道筋をつけたことなど、小値賀町の地域振興の基盤づくりに現在も寄与していることも重要である。

Ⅴ　小値賀町における観光まちづくりの意義

　以上をふまえて、長崎県小値賀町を通して条件不利地域における観光まちづくりの意義をまとめておく。

　小値賀町では、住民と行政が協働して「小値賀観光まちづくり公社」や「小値賀アイランドツーリズム協会」という観光まちづくり組織を設立し、高齢者や女性、Iターン者などの住民参加を得て地域資源の活用が行われている。具体的には、民泊事業や古民家事業、野崎島自然学塾村でのエコツアーなどが都市市場を重視しながら展開され、それが近年の入込客数や観光関連収入の増加をもたらしている。

　この取り組みは、従来の条件不利地域でみられた行政主導の地域振興とは一線を画しており、観光まちづくり組織が行政と連携しながらも、制約を受けずに多様な住民を取り込んで主体的に事業を推進しているのが特徴である。また、観光まちづくりが女性や高齢者、Iターン者など地域社会の周辺に置かれてきた人々に、事業運営に参画する機会を与えていることなどは、地域住民に一定の経済的稼得手段を付与すると同時に、地域社会に特定の居場所をつくり新たな社会的結節点を生みだしている。その意味で、観光まちづくりは社会的企業としての性格も有しているといえ、地域社会の空洞化や周辺型経済の衰退への対応が求められている条件不利地域において、注目すべき事例といえる。

　条件不利地域としての小値賀町にこうした観光まちづくりが展開する背景には、1990年代のハード事業を中心に展開された観光施策の失敗や「平成の大合併」という地域再編の波が、基幹産業たる漁業や農業の後退ともあいまって地域住民の理解を得ることにつながったと考えられる。ただし、こうした動きは突然現れたのではなく、それ以前から住民の地道な地域振興にむけた取り組みが進められ、それが素地となって現在に至っている。都市農村交流と住民参加の必要性を逸早く訴えてきた住民グループの「帆揚会」を評価せねばならない。同会の元メンバーは、現在も政策決定や観光まちづくり組織に関与しており、Iターン者の有する経験やネットワークを積極的に活用することを行政に促していた。また、本事例から住民参加だけでは限界のあることも示唆された。条件不利地域において、行政は重要な地域主体であり続けている。観光まちづくりのプロセスをみると、政策決定や政府補助金の導入など行政の果たしてきた役割が大きいことが窺える。

＜注および文献＞

1) 岡橋秀典「過疎山村の変貌」（中俣　均編『国土空間と地域社会』朝倉書店、2004）110-136 頁。

2) 岡橋秀典「定常型社会における山村の持続的発展と自然・文化資源の意義 —— 東広島市福富町を事例として ——」商学論集 81-4、2013、39-56 頁。

3) 堀野正人「まちづくりと観光」（安村克己・堀野正人・遠藤英樹・寺岡伸悟編著『よくわかる観光社会学』ミネルヴァ書房、2011）100-101 頁。

4) ①中條曉仁「過疎山村における女性高齢者の農産物加工とその性格 —— 高知県吾北地域を事例として ——」人文地理 57、2005、648-663 頁。②中條曉仁「中山間地域における女性の起業活動とその地域的展開 —— 静岡県を事例として ——」地理科学 68、2013、247-263 頁。

5) 佐藤正志・前田洋介編『ローカル・ガバナンスと地域(21 世紀の地域⑤)』ナカニシヤ出版、2017。

6) 藤井敦史「社会的企業のハイブリッド構造と社会的包摂」（藤村正之編『協働性の福祉社会学 —— 個人化社会の連帯 ——』東京大学出版会、2013）203-223 頁。

7) 須山　聡「島嶼地域の計量的地域区分」（平岡昭利編『離島研究Ⅰ』海青社、2003）9-24 頁。

8) 田代雅彦「条件不利地におけるツーリズム事業の発展要因 —— 長崎県小値賀町の事例 ——」経済論究 139、2011、77-98 頁。

9) 「ながさき島の自然学校」には、大学組織を模して子どもの自然体験キャンプ等を担当する「自然環境学部」、おぢか国際音楽祭等を担当する「芸術学部」、通信誌等の発行を担当する「生活文化学部」という 3 つの活動部門が置かれている。現在も開かれている「宝島キャンプ」や「島ライフ」とよばれるイベントは当時から続くものであり、野崎島にある「野崎島自然学塾村」や町内の民泊参加世帯で子どもを受け入れている。毎年、全国から小学生を中心に 1500 人以上が集まり、夏休み期間中が最も多い。

10) 立石隆教「もたらされる自治から住民主体の本来の自治へ —— 多島自治体・小値賀町の自治 ——」しま 202、2005、48-51 頁。

11) 例えば、アメリカ PTP 事業(学生親善交流)で民泊体験が実施され、世界 1 位の評価を 2007 ～ 08 年に連続で得たこと、オーライニッポン内閣総理大臣賞(2008 年)、グリーンツーリズム大賞(2008 年)などが挙げられる。

12) 従来、小値賀島内には観光を目的とする来訪者が宿泊する施設が存在しなかったことも事業化の動機として指摘できる。

13) 民泊事業の推進には、2005 年に長崎県による民泊の規制緩和が行われたことが背景にある。来訪者が宿泊する部屋の広さ(例えば、居間での宿泊)や食事の調理(例えば、受け入れ世帯員との共同調理)など、旅館業法や食品衛生法による規制基準をクリアするための工夫によって実現した。こうした工夫により、かえって島の生活文化を利用者に体験してもらうために適したプログラムになったといえる。

14) 以下の文献では、こうした効果を「都市農村交流の鏡効果」とよび、その意義を提起する。
小田切徳美『農山村は消滅しない』岩波書店、2014。

15) カー氏の徳島県祖谷渓谷での活動については、以下の文献を参照されたい。
朝倉槙人「生活空間への観光のまなざしと住民の対応 —— 徳島県三好市東祖谷地域を事例として ——」人文地理 66、2014、16-37 頁。

16) 女性の民泊利用には、ホスト世帯員に対する気後れや気恥ずかしさが懸念されており、古民家での宿泊にはそれを払しょくする機能が期待されている。

17) その後まもなく、O 氏は東北地方で地域づくりに参画するため、小値賀町を離れている。

（中條曉仁）

8章　沖縄県宮古諸島における観光振興とその「反作用」

I　はじめに

　日本復帰以降、沖縄県の観光は社会・経済情勢の変化や自然災害等による一時的な停滞はみられたものの着実に発展してきた。沖縄県の入域観光客数は、日本に復帰した1972年度には55万8593人であったが、海洋博覧会が開催された1975年度には158万1259人となり、早くも100万人を超えた[1]。さらに、バブル期の1991年度には300万人を超え、2003年度には500万人を突破した。その後10年間は、円高でグアム・サイパンなど海外ビーチリゾートへの旅行費用の割安感が高まったことや[2]、景気低迷、東日本大震災等の影響もあって入域観光客数の伸びが鈍化し、2012年度まで500万人台で推移した。しかし、2013年度以降は景気回復に伴う国内観光客の増加、円安による外国人観光客の増加、海外ビーチリゾートを指向していた客層の沖縄回帰等により、入域観光客数が増加傾向に転じ、2014年度には716万9900人、2016年度には876万9200人に達した。とりわけ外国人観光客数は、2012年度には38万2500人であったが、2016年度には約5.6倍の212万9100人に達し、入域観光客総数の24.2％を占めるまでになった。

　観光客の増加は、沖縄経済の発展にも大きく寄与している。2015年度における旅行・観光の経済波及効果（推計）は1兆143億3400万円で、2012年度比3375億9200万円増（+49.9％）、付加価値誘発効果は4937億7900万円で、2012年度比1441億1300万円増（+41.2％）となった[3]。また、2015年度における雇用誘発効果は12万5749人で、2012年度比4万4708人増（+55.2％）となり、雇用確保や若年層の県外流出抑止にも大きな役割を果たしていると考えられる[4]。

　一方、観光客の急増による「弊害」と言える事象も生じてきた。沖縄観光コンベンションビューローの平良朝敬会長へのインタビューをもとに構成されたITmediaビジネスオンラインの記事では、観光客の急増がもたらした課題として①沖縄の玄関口である那覇空港の混雑、②外国クルーズ船ターミナルの未整備、③宿泊施設の不足の3点をあげている[5]。なかでも、沖縄最大のゲートウェイである那覇空港の混雑は深刻で、滑走路や駐機スポット、空港内施設の混雑のみならず、空港周辺の道路混雑や「ゆいレール」の混雑など市民生活にも少なからず悪影響を及ぼしている。那覇空港では1993億円（うち国費1450億円）を投じて滑走路増設工事が進められているが、2020年に新滑走路が完成しても発着回数は1.17倍にしかならないうえに[6]、ターミナルや周辺道路も拡張の余地がないため、抜本的な解決は見込めない。

　同様な事象は宮古諸島や八重山諸島でも生じている。早くから観光化が進んだ八重山諸島では、2013年の新石垣空港開港によって輸送能力が大幅に向上したものの、中・大型機の就航でターミナル内の手荷物受取場やチェックインカウンター、保安検査場、搭乗待合室が既に能力の限界に達し、混雑が慢性的してきた[7]。また、竹富島や西表島では相次ぐリゾート開発に島民から反発の声が上がり、観光客の入島制限や入島税の徴収を提唱する島民グループもみられた[8][9]。

　宮古諸島は1990年代以降入域観光客数が増加傾向にあったものの、つねに八重山諸島の半分程度にとどまっていた。このため、高速インターネット回線の全島整備を契機に独自のWebサイトや大手旅行予約サイトを活用して集客を図る民宿・ゲストハウス等が急増したことを除けば、観光をとりまく環境に顕著な変化はみられなかった[10]。しかし、宮古諸島では2015年の伊良部大橋開通を契機として入域観光客数が爆発的に増加し、本土直行の航空路線が急激に増加したり、リゾートホテルの新増設や大規模小売店舗の出店計画が相次いだりするなど、八重山諸島に比べて短期間で劇的な変化を遂げようとしている。

　以上の点をふまえて、本章では宮古諸島における観光の特質や、入域観光客数の増加とその要因について把握したのち、観光客の増加がもたらした島内環境の変化やその影響について、さまざまな観点から解明する。宮古諸島の場合は「海」を中心とする自然環境が観光の目玉であり、観光振興にとっても自然環境の保全が重要な課題と考えられるが[11]、本章では観光振興がもたらした人文・社会環境の変化、とりわけ島民生活や観光以外の島内産業に及ぼした影響を中心に述べ、離島における観光振興の可能性と限界について論考していく。

Ⅱ　宮古諸島の概観

1.　位置と本研究での対象範囲

　宮古諸島は、南西諸島の沖縄本島と八重山諸島の間に位置しており、主島である宮古島までの距離は那覇から約290km、石垣島からは約130kmである（**図8-1**）。宮古・八重山の両諸島は、合わせて先島諸島と呼ばれており、本研究でも両諸島を指す場合は先島諸島の呼称を用いる。

　宮古諸島には8つの有人島があり、宮古島とその周辺に位置する池間・大神・伊良部・下地・来間の6島、宮古島と石垣島の中間に位置する多良間・水納の2島に大きく分けられる。このうち前者は宮古島市、後者は多良間村に属する。本研究では、原則として宮古島市に属する6島を対象とし、これ以降は宮古島周辺6島を「宮古諸島」と称する。また、統計等で多良間・水納の2島を含む8島の数値が示されている場合は「宮古圏域」と称する。

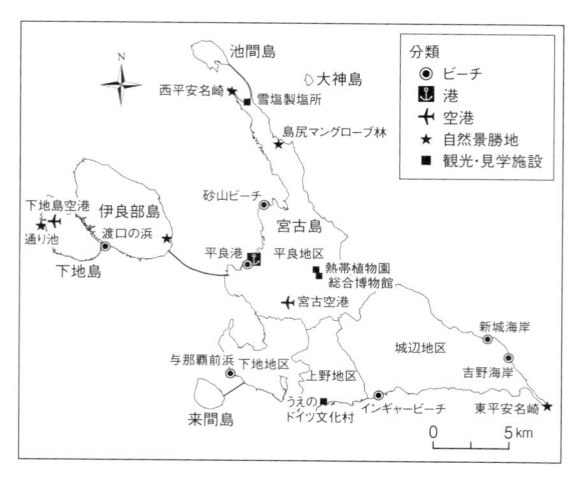

図8-1　宮古諸島の概観と主な観光資源

2.　架橋で一体化する宮古諸島

　宮古諸島のうち、宮古島の北西に位置する池間島は1992年2月に池間大橋（1425m）で宮古島と結ばれた。次いで、1995年3月には宮古島の南西に位置する来間島が来間大橋（1690m）によって宮古島と結ばれた。

　一方、伊良部島は宮古諸島最大の属島である。宮古島市合併当日（2005年10月1日）に実施された国勢調査における旧伊良部町の人口は6343人で、旧平良市（3万4263人）、旧城辺町（6652人）に次いでいた。このため1970年代から架橋を求める運動が展開されてきたが、宮古島との間には比較

的広い海峡があり、大型の船舶も通過することから架橋が遅れた。2006年3月には伊良部大橋（本橋部分3540m、取付道路を含め6500m）の建設工事が始まったものの、設計変更や台風来襲によるクレーン船の長期避難等によって完成が2年近く遅れ、2015年1月31日にようやく開通した[12]。伊良部大橋の開通により、既に伊良部島との海峡部に6つの橋が架けられていた下地島も宮古島と結ばれることになり、大神島以外の5島間は陸路での移動が可能になった。

3.「海」に依存する観光

　宮古諸島は隆起珊瑚礁からなり、表土である島尻マージの下には空隙が多く透水性の高い琉球石灰岩の厚い層がある。降水の大部分は蒸発するか地下に浸透してしまい、地表には河川がほとんどない。地表に河川が少ないことは、農業や日常生活の面で阻害要因となっていた反面、大雨が降っても泥が海に流入しにくく、海水の透明度の高さは世界でも屈指といわれている。このため、海水浴やスキューバダイビング、シュノーケリングに適したビーチが宮古島や伊良部島の各所にみられる。なかでも与那覇前浜、砂山ビーチ、新城海岸は、世界最大の旅行サイト「トリップアドバイザー」が旅行者の投稿等をもとに集計した「日本のベストビーチ2017」でそれぞれ2位、7位、9位となり、上位10か所のうち3か所を宮古島が占めた。

　また、太平洋と東シナ海の境界に細長くのびる東平安名崎は、断崖の上に立つ灯台から周囲を見渡すと約320度が海であり、眺望の良さと強風地帯特有の植物群落で名高い。伊良部大橋の開通以降は、伊良部島にある渡口の浜や下地島のダイビングスポット・通り池にも注目が集まり、架橋以前よりも多くのマリンスポーツ客や周遊観光客が訪れている。

　一方、宮古諸島の陸上景観は、八重山諸島に比べると変化に乏しい。農地の大半はサトウキビ畑であるうえに、民家のほとんどが大型台風に耐えられる鉄筋コンクリート造になり、沖縄古来の赤瓦民家はわずかしか見られない。史跡には人頭税石や墳墓、井戸など宮古固有の伝統文化を知るうえで重要なものが多く存在するが、ほとんどは平良市街や農村集落内にあって、付近に駐車スペースもないことから、レンタカーや観光バスでは訪れにくい。また、平良地区東部の東仲宗根添には宮古島市総合博物館、宮古島市熱帯植物園、植物園内の宮古島市体験工芸村等の施設があるが、それらの存在を知らない観光客も少なくない。

　以上の点から、宮古諸島の観光は自然的観光資源、とりわけ海に大きく依存しているといってよい。一方で、歴史・文化的観光資源や陸上の景観には観光客の目が向いているとはいえず、あくまで海が「主」、歴史・文化的観光資源や陸上景観を「従」とする観光地と位置づけられる。

Ⅲ　観光客の急増とその要因

1.　入域観光客数の推移

　Ⅰ節でも述べたように、宮古圏域の入域観光客数はつねに八重山圏域の半分程度であり、1999年には30万人を超えたものの、その後10年以上にわたって30万人台で推移していた（**図8-2**）。宮古島市が当面の目標としていた40万人に初めて到達したのは2010年度であった[13]。2011年度は、東日本大震災や円高による海外旅行費用低下の影響で前年比17.7％減の33万2473人となったが、2012年度には震災前の水準に回復し、2014年度まで40万人台前半で推移した。

　2015年1月に伊良部大橋（**写真8-1**）が開通すると、宮古圏域における観光の様相は一変した。

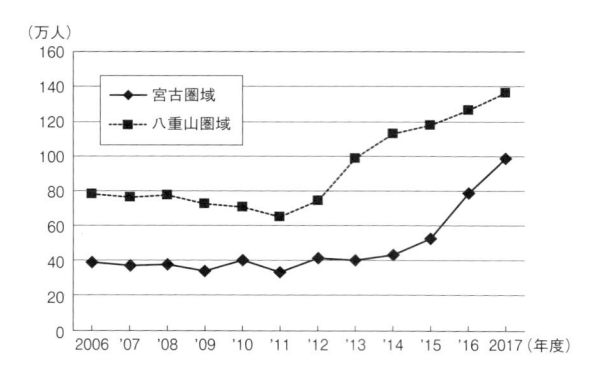

注：宮古圏域の 2016・2017 年度の数値には、クルーズ船の船員も含む。

図 8-2　宮古圏域・八重山圏域の入域観光客数（2006～17 年度）
（宮古島市観光課、沖縄県八重山事務所の公表数値により作成）

写真 8-1　伊良部島側から見た伊良部大橋
（2017 年 9 月 7 日、助重雄久撮影）

日本国内の大手旅行会社はこぞって伊良部大橋を目玉としたツアーを企画し、個人客も伊良部島内の美しいビーチやダイビングスポットに多数押し寄せた。この結果、2015 年度の入域観光客数は前年比 21.7％増の 52 万 3973 人となった。さらに 2016 年 3 月からは、後に述べる外国クルーズ船誘致が本格化したことから、2016 年度には前年比 50.5％増の 78 万 8673 人、2017 年度には前年比 25.3％増の 98 万 8343 人と、爆発的な伸びを示した。

　以下では、観光客が急増する要因となった本土直行航空路線の拡大、外国クルーズ船の誘致によるインバウンドの拡大について詳述する。

2.　日本人観光客の増加をもたらした ANA 本土直行路線の拡大

　先島諸島における観光客の増加に素早く対応したのは ANA グループであった。ANA グループ（以下「ANA」）では、1992 年 7 月に当時のエアーニッポン（ANK）が宮古−関西線を開設したのを皮切りに、宮古・石垣と本土や那覇との間に次々に路線を開設した。しかし、2006 年 11 月以降は宮古・石垣発着の本土直行路線をすべて運休にし、宮古・石垣−那覇線のみの運航となった。この結果、宮古・石垣−本土間を往来する ANA 利用客は那覇での乗り継ぎを強いられることになり、本土直行路線を運航する日本トランスオーシャン（JTA）に比べ利便性が低下した。

　2013 年 3 月に新石垣空港が開港すると、ANA は本土直行路線の復活に向け大きく舵を切った。新石垣空港開港時に開設された石垣−羽田線には、JTA が同路線に使用しているボーイング 737-400 型（以下「B737-400」、145 席）よりも輸送力が大きいボーイング 767-300 型（以下「B767-300」、270 席）を投入した。2015 年 4 月からは石垣−羽田線を 2 往復に増便し、うち 1 往復（多客期は 2 往復とも）をボーイング 787-8 型（以下「B787-8」、335 席）に変更した。さらに、2017 年の夏休み期間には 1 往復をボーイング 787-9 型（以下「B787-9」、395 席）で運航した。

　伊良部大橋が開通すると、ANA による本土直行路線拡大の流れは宮古空港にも及んだ。2015 年 6 月からは宮古−関西線 1 往復（ボーイング 737-800 型、以下「B737-800」、166 席）が夏期限定で運航を再開した。さらに、2016 年 3 月には北陸新幹線開通に伴う小松・富山−羽田線の減便で生じた発着枠を利用して、宮古−羽田線が開設された。同路線は通年 1 往復の運航で、当初

B737-800が投入されたが、2017年4月にはB767-300に変更され、イベント開催時や夏休み等の多客期にはB787-8で運航されるようになった（**写真8-2**）。また2017年4月からは宮古−関西線も通年運航となった。

その後もANAによる本土直行路線の拡大は続いた。2017年6月には宮古−中部便1往復（B737-800）が夏期限定で就航し、2018年3月以降は通年運航となった。また2018年の夏期には関西便が2往復に増

写真8-2　宮古空港を離陸するボーイング787-8
（2017年6月10日、助重雄久撮影）

便され、宮古−福岡線1往復（B737-500）も6月から夏期限定で運航されることになった。こうした状況とは裏腹に、2018年3月以降は宮古−石垣線が運休となり、宮古−那覇線が1往復減便となった。

　一方、JTAとその子会社である琉球エアコミューター（RAC）の宮古発着路線は、夏休み期間中に宮古−那覇線が1往復増便される以外、便数に大きな変化がない。①JTAには沖縄県が出資しており、その子会社であるRACとともに県内路線の確保が使命となっていること、②新機

表8-1　宮古空港発着便の輸送力（通常期・片道）

年月日	2011年3月25日					2017年4月1日					2018年4月1日				
行先	航空会社	機材	便数	座席数	最大貨物搭載量(t)	航空会社	機材	便数	座席数	最大貨物搭載量(t)	航空会社	機材	便数	座席数	最大貨物搭載量(t)
那覇	ANA	B735	2	252	10.0	ANA	B735	5	630	25.0	ANA	B735	4	504	20.0
	〃	B737	3	360	15.0	〃	B738	1	166	8.4	〃	B738	1	166	8.4
	JTA	B734	7	1,015	50.4	JTA	B734	5	725	36.0	JTA	B734	2	290	14.4
	RAC	DH1	1	39	不明	〃	B738	3	495	23.7	〃	B738	6	990	47.4
						RAC	DH4C	1	50	4.1	RAC	DH4C	1	50	4.1
那覇便　計			13	1,666	75.4			15	2,066	97.2			14	2,000	94.3
羽田	JTA	B734	1	145	7.2	ANA	B763	1	270	28.8	ANA	B763	1	270	28.8
						JTA	B738	1	165	7.9	JTA	B738	1	165	7.9
関西			−	−	−	ANA	B738	1	166	8.4	ANA	B738	1	166	8.4
中部			−	−	−			−	−	−	ANA	B738	1	166	8.4
本土便　計			1	145	7.2			3	601	45.1			4	767	53.5
石垣	JTA	B734	1	145	7.2	ANA	B738	1	166	8.4	RAC	DH4C	2	100	8.2
	RAC	DH1	1	39	不明	RAC	DHC8-Q400CC	2	100	8.2					
多良間	RAC	DH1	2	78	不明	RAC	DHC8-Q400CC	2	100	8.2	RAC	DH4C	2	100	8.2
総計			18	2,073	89.8			23	3,033	167.1			22	2,967	164.2

機材種別：B763はボーイング767-300型、B734・B735・B737・B738はそれぞれボーイング737-400・500・700・800型、DH1・DH4Cはそれぞれ DHC8-Q100・Q400CC型を示す。

注：座席数や最大貨物搭載量は同じ機材でも航空会社により異なる。RACのDHC8-Q100は退役したため最大貨物搭載量は不明であるが、DHC8-Q400CC（最大貨物搭載量約4.1t）は「従来機の2.5倍の貨物が積める」とPRしていたことから、1.6t程度と推定される。

（2011年はJTB時刻表、2017・18年は航空各社ホームページにより作成）

材への更新・統一（JTAはB737-400からB737-800に、RACはボンバルディアDHC-8-Q100・300型からDHC-8-Q400CC型に更新）を図るかわりに、路線や機材数の削減による経営効率化を進めており、本土直行路線の新設や増便は難しいことが原因と考えられる。

　表8-1は、前述した航空路線の変化によって輸送力にどのような変化が生じたのかを示したものである。この表をみると、夏の増便期間以外の通常期における那覇便の便数と総座席数は2011年には13便1666席であったが、2017年には15便2066席となった。2018年にはJTAの機材更新（B737-400→B737-800）による定員増があったものの、ANAの減便によって便数は14便に減り、総座席数も前年比66席減の2000席（JTAの夏期増便期間中は2165席）となった。これに対して、本土直行便の便数と総座席数は2011年には1便145席であったが、2017年には3便601席、2018年には4便767席となった。さらに、夏休み期間中にはANA羽田線のB787-8投入、関西便の増便、福岡線の期間限定運航によって、本土直行便6便で1124席が提供されることになる。

3．外国クルーズ船の誘致によるインバウンドの拡大

　外国クルーズ船による旅行は、金銭的にも時間的にも余裕がある富裕層の贅沢というイメージがあったが、近年では安価で手軽に楽しめるクルーズツアーが世界的に人気となっている。全世界での海洋クルーズ船利用客は2005年に1374万人であったが、2015年には2319万人に達した[14]。とりわけ、アジア地域では中国や東南アジア諸国の経済成長とともにクルーズ船利用客が著しく増加しており、2013年には17.4万人に過ぎなかった訪日クルーズ旅客数も2015年には111.6万人、2016年には199.2万人と急増した。こうした状況下において、日本政府は2016年3月に発表した「明日の日本を支える観光ビジョン」のなかで、「訪日クルーズ旅客を2020年に500万人にする」という目標を設定し、受け入れる港湾の整備を進めている[15]。

　沖縄県では、2000年代前半から那覇・中城・石垣・平良の4港で外国クルーズ船の受け入れを行ってきたが、2015年までに寄港回数が年間50回を上回る実績があったのは那覇（2015年115回）・石垣（2015年84回）の2港のみであった。しかし2016年には外国クルーズ船の寄港要望が急増し、那覇港が193回、石垣港が95回となったのに加え、平良港が86回と急増した[16]。

　宮古島市では、市および県・国の出先機関、宮古島商工会議所、宮古島観光協会、陸上交通関連等の民間事業者からなる「宮古島クルーズ客船誘致連絡協議会」を2008年に設立し、クルーズ船誘致に取り組んできたが、2014年度までは定期クルーズ船の寄港実績がなかった。しかし、2015年には定期クルーズ船の寄港打診があったことから連絡協議会で受け入れ準備を進め、7月28日にゲンティン香港（スター・クルーズ）の「スーパースターリブラ」（4万2285t、乗客定員1418人）が初入港した。同船は毎週火曜日に計12回寄港し、シルバーシー・クルーズ社（モナコ）の「シルバーディスカバ

写真8-3　平良港に着岸したスーパースターアクエリアス
（2017年6月12日、助重雄久撮影）

ラー」（5218 t、116 人）の 1 回と合わせて計 13 回寄港した[17]。

　2015 年の寄港実績は、2016 年以降におけるクルーズ船寄港の急増に結びついた。2016 年はスター・クルーズの「スーパースターリブラ」、「スーパースターアクエリアス」（5 万 1039 t、1511 人、**写真 8-3**）、「スーパースターヴァーゴ」（7 万 5338 t、1870 人）とプリンセス・クルーズ社（アメリカ）の「ゴールデン・プリンセス」（10 万 8865 t、2600 人）の 4 隻が計 83 回定期寄港し、不定期寄港と合わせて 86 回で乗客 12 万 5014

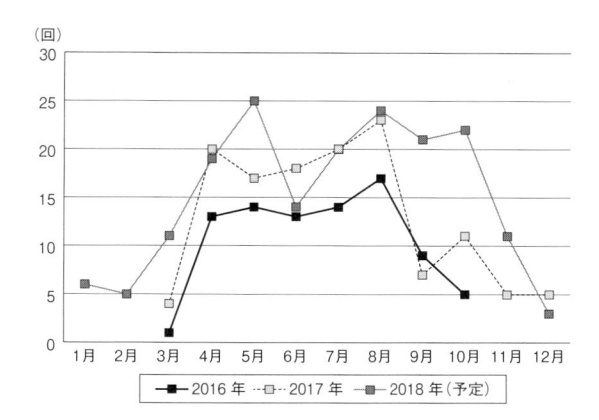

注：日本船籍のクルーズ船も含む（2016 年は 2 回、2017・18 年は各 1 回）

図 8-3　平良港へのクルーズ船月別寄港回数（2016 ～ 18 年）
（宮古島市建設部港湾課資料により作成）

人、船員 8 万 5412 人が島に降り立った。さらに 2017 年には、ゲンティン香港の「スーパースターアクエリアス」と「ゲンティンドリーム」（15 万 695 t、3352 人）、プリンセス・クルーズ社の「サファイア・プリンセス」（11 万 5875 t、2678 人）、渤海クルーズ（香港）の「チャイニーズタイシャン」（2 万 4427 t、927 人）が計 101 回定期寄港し、不定期寄港と合わせて 132 回で 33 万 299 人の乗客と船員が来島した[18]。

　2018 年は、寄港回数がさらに増加し 3 月 26 日時点で 181 回が予定されている。また、受け入れ期間は 2016 年が 3 ～ 10 月、2017 年が 3 ～ 12 月であったが、2018 年は年間を通して寄港予定が入っており（**図 8-3**）、「ゲンティンドリーム」と同型の「ワールドドリーム」（15 万 695 t、3376 人）の 35 回など大型船の寄港が目立つ。

　しかし、外国クルーズ船が利用している平良港の下崎埠頭は、本来、砂・砂利・スクラップ等を扱う貨物ターミナルであり、最大で 7 万 t クラスの船しか接岸できない。それより大きな船は沖に停泊してテンダーボートで上陸する分、実際の上陸時間が短くなる。このような沖泊を減らすため、平良港は 2017 年 7 月に国から「国際旅客船拠点形成港湾」の指定を受け[19]、これに基づく「平良港国際クルーズ拠点整備事業」によって 14 万 t クラスのクルーズ船が接岸できる専用岸壁と旅客ターミナルの整備を進めており、2020 年に完成する予定である。

Ⅳ　伊良部大橋開通後における宿泊施設の変化

1.　急増するリゾートホテル

　宮古諸島には 2000 年時点で 19 軒のホテルがあったが[20]、これらの大半は旧平良市街地にあるビジネス客向けのものであった。2000 年代半ばになると、旧平良市街地でビジネス客と観光客の双方に対応可能な都市型ホテルが増えはじめた。一方、リゾートホテルのうち伊良部大橋開通以前に営業していたのは、宮古島東急ホテル＆リゾーツ、「シギラリゾート」にある 4 つのホテル、伊良部島にあるヴィラブリゾートの 6 軒に過ぎなかった（**表 8-2**）。

　伊良部大橋が開通すると、宮古諸島の各所でリゾートホテルが相次いで建設され、2018 年 7

表 8-2 宮古諸島の主なリゾートホテル

地区	施設名	開業年	客室数	建設・運営主体(所在地)	備考
平良	HOTEL LOCUS	2018 年 1 月	100	日建ハウジング・沖縄UDS (那覇)	
	(仮称)トゥリバー地区ホテル	計画中(用地取得済)	未定	三菱地所(東京)	
城辺	(仮称)宮古島東海岸リゾートホテル	2019 年開業予定	41	日建ハウジング・沖縄UDS (那覇)	コテージタイプ
下地(与那覇)	宮古島東急ホテル&リゾーツ	1984 年 4 月	246	東急ホテルズ(東京)	
下地(来間島)	(仮称)来間島リゾートプロジェクト	2017 年開業予定(遅延)	約100	飯田産業(東京)	
シギラリゾート (上野・城辺)	ホテルブリーズベイマリーナ	1993 年 7 月	307	ユニマットプレシャス(東京)	
	ウェルネスヴィラブリッサ	1998 年 11 月	95		
	シギラベイサイドスイート　アラマンダ	2005 年 7 月	176		
	ザ シギラ	2013 年 4 月	10		コテージタイプ
	ホテルシーブリーズカジュアル	2017 年 11 月	170		
	インギャーコーラルヴィレッジ	2017 年 7 月	72		コテージタイプ
上野	フェリスヴィラスイート 宮古島・上野	2015 年 6 月	12	日建ハウジング(那覇)	コテージタイプ
伊良部	ヴィラブリゾート	2004 年 1 月	6	たびのレシピ(仙台)	コテージタイプ
	紺碧ザ・ヴィラオールスイート	2016 年 2 月	8	南西リゾート(宮古島)	コテージタイプ
	フェリスヴィラスイート伊良部・佐和田	2018 年 3 月	8	日建ハウジング(那覇)	コテージタイプ
	デイズビーチホテル瑞兆	2018 年 7 月	14	スパークリゾート開発(八重瀬町)	コテージタイプ
	(仮称)沖縄伊良部島計画	2018 年開業予定	約60	森トラスト(東京)	
	ブルーオーシャン宮古島	2019 年開業予定	24	三光ソフラン(埼玉)	コテージタイプ

注：1)一棟貸の別荘は「リゾートホテル」と名乗っていても、本表には掲載していない。
　　2)建設・運営主体が「日建ハウジング・沖縄UDS(那覇)」と記されている 2 軒は日建ハウジングが建設し、沖縄UDSが運営を行う。

(各施設のホームページやプレスリリースにより作成)

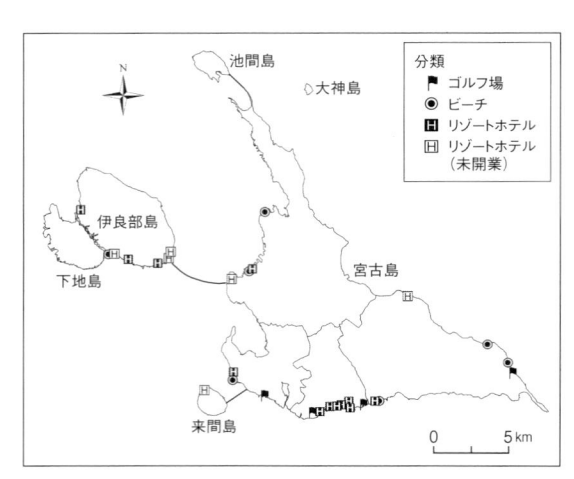

図 8-4　リゾートホテルとビーチ、ゴルフ場の分布
(各施設のホームページにより作成)

月までに 7 軒が開業した。また、2018 年 7 月時点で 4 軒が建設中である(**表 8-2**)。当初の運営業者が 10 年間で 4 回も着工を延期した平良港トゥリバー地区のリゾートホテルについても、不動産大手の三菱地所(株)が当初の運営業者から用地を取得し計画を進めている[21]。

リゾートホテルは、宮古島南部の「シギラリゾート」やその周辺と、伊良部島南部から西部にかけて多数が集中している(**図 8-4**)。とくに伊良部島では 6 軒中 5 軒が伊良部大橋開通後に建設されており、伊良部大橋の影響力の大きさがうかがえる。

2.　観光客増加に対する小規模宿泊施設の対応

　筆者は、2008年12月〜2009年6月に宮古諸島にある小規模宿泊施設（宿泊定員15名以下の民宿、ゲストハウスおよび小規模な旅館など）41軒に対して経営状況やインターネットの利用状況等に関するヒアリングを行い、その結果を報告した[22]。また2013年7〜12月には、前回のヒアリングで対象とした41軒と新規開業した2軒のうち、前回調査後に廃業した施設と調査時に休業中であった施設を除く37軒にヒアリング調査（再訪した35軒には追跡調査）を行い、その結果を報告した[23]。

　今回は前回と前々回の調査で対象とした小規模宿泊施設のうち、同じ経営者が営業を継続している28軒と新たに調査対象とした7軒の計35軒を対象として、施設経営の現況や前回調査時以降の変化等についてヒアリング調査を行った。ここでは、（1）伊良部大橋開通後の変化、（2）本土直行便増加の影響、（3）航空券予約の早期化とANAのキャンセルポリシー変更、の影響の3点に絞り、小規模宿泊施設の対応について考察する。

（1）伊良部大橋開通後の変化

　対象とした35軒のうち4軒は伊良部大橋開通後に開業したため、残る31軒を対象とした。ほとんどの宿泊施設が諸島全体の観光客の急増を実感しているものの、自施設の宿泊客数に関しては31軒のうち16軒が「変化がない」と回答したか、増減に関するコメントがなかった。「開業直後は一時的に減少したが、回復した」と回答した施設も2軒あった。また、平良市街に位置する1軒が「常連客は変わらないが、市街地にホテルが増えた影響で新規客が来なくなった」と回答した。

　伊良部大橋開通後に宿泊客が増えたと回答した施設は6軒あった。このうち2軒は「他の季節は変化がないが、夏の観光客が増えた」と回答し、その要因としてホテルが満室になることで自施設に客が流れてくることをあげた。

　一方、宿泊客が減ったと回答した施設も5軒あった。このうち3軒はドミトリー中心のゲストハウスで、減少の要因として個室のある民宿やホテルに客が流れたことをあげた。残る2軒は1990年代から営業してきた民宿で、いずれもホテルだけでなく農家民泊にも人が流れたことを要因としてあげた。

　全般的にみると、前回の調査でリピーターを優先する経営方針を示した施設では、リピーターを安定的に確保したことで、伊良部大橋開通による観光客急増の影響を受けにくい傾向がみられた。しかし、2000年以前に開業した施設では、施設自体の老朽化に加えてリピーターの高齢化が進んだことで、宿泊客が減少したところが目立った。

（2）本土直行便増加の影響

　本土直行便増加の影響に関しては、大部分の施設が「直行便を利用する宿泊客が増えた」と回答した。このなかには「関西からの宿泊客が増えた」、「中部からの観光客が増えた」との回答がそれぞれ5軒あった。羽田便に関しては、「JTA便よりもANA便の方が発着時間帯が良いので、ANA便を利用する宿泊客が増えた」と回答した施設が3軒みられた。JTA便が羽田発6時40分→宮古着9時55分、宮古発19時50分→羽田着22時25分であるのに対し、ANA便が羽田発11時40分→宮古着14時50分、宮古発15時40分→羽田着18時15分で[24]、当日中に羽田以遠との乗り継ぎも可能なことが、ANA便を利用する宿泊客の増加につながっていると考えられる。

(3) 航空券予約の早期化とANAのキャンセルポリシー変更の影響

　航空会社では、通常運賃より大幅に安い早期購入割引航空券を自社のウェブサイトで販売しており、近年ではこれらを利用する観光客が増加している。JTA・RACを含むJALグループでは「先得」、ANAグループでは「旅割」と呼ばれる早期購入割引航空券を販売しているが、発売開始日や予約期限等の条件は両グループともほぼ横並びで、予約期限が早いタイプほど割安になる。

　両グループの早期購入割引航空券発売開始日は、近年しだいに早期化している。開始日は2013年4月30日発売分までは5か月先の搭乗分まで購入可能であったが、5月1日発売分からは約6か月先の搭乗分まで購入可能になった。さらに、2013年9月2日発売分からは約7か月先の搭乗分まで購入可能になった。また、2014年03月30日搭乗分からは、搭乗75日前までに購入すれば割引率が従来よりも高くなる「ウルトラ先得」「旅割75」が新設されたことで、本土直行便は早くから満席となり、予約がとりにくい状況になってきた。

　早期購入割引航空券のキャンセルポリシーは、2016年10月29日搭乗分まで両グループとも基本方針に大差がなく、割引率の低い航空券よりも相当高額の取消手数料を払う必要があった。ところが、2016年10月30日搭乗分からは両グループのキャンセルポリシーに大きな差異が生じた。JALグループの「先得」は従来通り運賃の50％にあたる取消手数料と430円の払戻手数料を徴収しているのに対し、ANAグループの「旅割」は搭乗55日前まで取消手数料が無料となった。この結果、「旅割75」は75日以上前に購入して搭乗55日前までにキャンセルすれば、430円の払戻手数料しか支払う必要がなくなり、多客期の「旅割75」は発売開始直後に満席となることも珍しくなくなった。

　航空券予約の早期化とANAのキャンセルポリシー変更は、小規模宿泊施設の予約にもさまざまな影響を及ぼした。最大の影響は宿泊キャンセルの増加で、調査対象施設のうち5軒が「キャンセルが増加した」と回答した。宿泊キャンセルには、①「旅割75」を発売開始直後にとりあえず購入したが都合がつかなくなり、搭乗55日前までに航空券も宿泊施設もキャンセルする、②旅行日程は決まっており宿泊施設を先に予約したが、航空券が確保できず旅行を断念する、の2パターンがあると考えられる。このうち後者に関連しては、「キャンセルは目立たないが、航空券がとれないので空室があっても行けないと言ってくる客が多い」という回答も6軒あった。このような回答は、諸島を目指す観光客が増加しても、航空需要の増加と予約の早期化が障害となって、顧客を十分に獲得できない宿泊施設があることを示唆している。

　一方、以上のような状況への対応策を講じている施設も目立つ。主な対応策は、①飛行機の予約を確認してから宿泊予約を受け付ける、②ダイナミックパッケージ（「旅作」「JALダイナミックパッケージ」「楽パック」「じゃらんパック」等の航空券付き宿泊プラン）の利用を促進する、の2つで、3軒が前者、7軒が後者を実施している。このうち前者は、インターネット予約では実施が困難なため、電話予約をしてくる客（主としてリピーター）には先に航空券を確保するよう促し、それが確認できた時点で宿泊予約の確定としている。後者は、希望の航空便と宿泊施設を同時に予約できるため、航空券がとれないことを理由にキャンセルされる心配がない。利用客にとっても、航空便と宿泊施設のいずれかが確保できずに旅行を断念することがないため、利用を促進している施設では、ダイナミックパッケージを利用する客の割合が高まっている。

Ⅴ　観光客の増加による島民生活や他産業への影響

1.　航空需要の急増による影響

　先島諸島では、2008年に石垣−宮古−那覇を結ぶ航路の旅客輸送が休止されて以来、航空路線が諸島と諸島外とを結ぶ唯一の旅客輸送手段となった。航空路線の現況については、**表8-1**に示したとおり本土直行便の提供座席数が年々増加してきたのに対し、那覇便の提供座席数が微減した。夏期には本土直行便、那覇便とも臨時便や期間限定運航便の増発によって提供座席数が増えるが、それでも満席に近い状態となっている。お盆休み期間にあたる2017年8月10～20日の平均搭乗率は、羽田線のJTAが95.8％、ANAが95.7％、名古屋線（ANA）94.1％、関西線（ANA）94.3％、那覇線のJTAが96.4％、ANAが94.3％、RACが97.5％で、時間帯が良くない便を除いてほぼ満席となった[25]。お盆以外の夏休み期間や、諸島内でのイベント・祭事がある時期も全便が満席に近い状態で、ビジネス客や急用で諸島外に行きたい島民がキャンセル待ちをしても、最終便まで搭乗できない日があるという[26]。

　宮古空港のターミナル内の手荷物受取場やチェックインカウンター、保安検査場、搭乗待合室の混雑も深刻化しており、ANAの本土直行便や県内便の発着が集中する15時前後には数10mの列ができることもある。このうち保安検査場は、2018年3月10日に2か所から3か所に増やしたことで混雑が緩和された。しかし、手荷物受取場やチェックインカウンター、搭乗待合室は拡張の余地がなく、発着便が重なる時間帯には混雑が慢性化している。

　航空貨物の輸送も飽和状態に達している。航空機が滑走路を離陸できる最大重量（最大離陸重量）は機材ごとに決められているが、悪天候下で離陸する場合、空港の標高が高い場合、滑走路が短い場合は、通常よりも搭載物の重量を減らす必要がある。また、飛行距離が長い本土直行便は燃料を多く搭載しなければならない。悪天候で目的地に着陸できない可能性がある場合、台風等を避けて迂回する場合、搭乗客や手荷物が多い場合は、燃料搭載量がさらに増加する。本土直行便では機体、燃料、搭乗客、乗務員、手荷物等の総重量が最大離陸重量に迫ってしまい、島外から島に運ぶ物資や、島から移出する特産物などの航空貨物がほとんど搭載できない便もある。

　一方、那覇便は飛行距離が短く燃料搭載量も少ない分、離陸重量にも余裕がある。このため、宅配便や島から移出する特産物は、積み残しのリスクが小さい那覇経由で運ばれる場合が多い。

　しかし、那覇便に使用している機材は貨物室が小さく、最大貨物搭載量はANAのB737-500で5t、B737-800で8.4t、JTAのB737-400で7.2t、B737-800で7.9t、RACのプロペラ機DHC8-Q400CCで4.1tである。このため宮古−那覇線の貨物輸送力は全便合わせても最大94.3tで（**表8-1**）、1便で76.7tを運べるANAのボーイング777-300型（B777-300）の約1.2機分にすぎない。このため、搭乗客が貨物室に預ける手荷物や、配達日が指定されている宅配便・郵便物が多い時期には、那覇便でも貨物があまり積めない場合がある。とくに高価で日持ちしないマンゴーの出荷時期（6～7月）に台風が接近した場合、島外に避難する観光客と手荷物を満載した定期便にマンゴーが載せられず、積み残されたマンゴーの商品価値が低下して生産農家が大損害を被る可能性がある。このためJTAでは、貨物室だけでなく客室にもマンゴーを満載した臨時便を運航し、極力積み残さないよう配慮している[27]。

　以上のように、航空需要の急増は観光客に提供できる座席数の逼迫だけでなく、島民の諸島

外への移動や、航空貨物の輸送にとっても大きな懸念材料となっている。沖縄県では、2018年4月から高松空港の民間運営を手がけている三菱地所と協定を締結して、下地島空港旅客ターミナル施設を同社が整備し、国際線・国内線およびプライベート機の受け入れを行う事業を展開している。ターミナルは2019年3月の開業を予定しており、LCCや新規参入航空会社等の就航に向けた交渉を進めている。しかし、LCCの場合は貨物室が小さいB737-800や同サイズの旅客機を多用しており、航空貨物を扱う会社もほとんどない。また、下地島空港の開港で伊良部島におけるリゾートホテル等の開発がさらに進めば、環境悪化や後に述べる水供給問題の深刻化につながる恐れもある。

2.　クルーズ船寄港による影響

クルーズ船の寄港は、外国人の宮古諸島に対する関心を高める意味で大きな役割を果たした。しかし、クルーズ船は2015年後半の6回と2018年の1回（予定）が夜間停泊したのを除くと、午前中に入港し当日の夕方に出港してしまうため、上陸時間は長くても10時間程度である。

この間、乗船客は諸島内の観光スポットや量販店をレンタカー、貸切バス、タクシーを利用して駆け足で巡ることになるため、経済的な恩恵を受けられるのは埠頭内への入構が認められたバス・タクシー・レンタカー会社と、食事をするレストラン、土産や日用品を購入する島外資本の量販店などに限られる。一方、宿泊施設や島民が経営する一般商店は、ほとんど経済的な恩恵を受けることができない。

専用岸壁や旅客ターミナルが整備された後は、日をまたいで停泊する船が増え、将来的には諸島内の宿泊施設に宿泊する外国人が増えることも予想される。しかし、上陸して宿泊する外国人観光客が増えた場合は、宿泊施設の不足や国家間の文化や社会的慣習の違いに起因する外国人客と宿泊施設とのトラブルが顕在化する可能性もある[28]。

3.　リゾートホテルの急増による影響

リゾートホテルは、夏の繁忙期になると1人あたりの宿泊料金が1泊5万円を超える客室もあり、民宿・ゲストハウスとは料金やサービスの面で競合しないと考えられる。しかし、近年ではリゾートホテルの相次ぐ新設によって閑散期の平日には供給過剰となり、空室が目立つホテルもみられる。このため、一部のホテルでは繁忙期に1泊数万円する客室を1万円以下で販売しており、質の高いサービスを提供している民宿等との競合も懸念される。

リゾートホテルの急増は、島民の生活や産業にもさまざまな影響を及ぼしている。なかでも大きな懸念があるのが、(1)水供給の逼迫、(2)建築資材・労働力の不足、(3)防災対策の遅れである。

(1)水供給の逼迫

Ⅱ節3項でも述べたとおり、宮古諸島は透水性の高い隆起珊瑚礁からなる。降水の大部分は蒸発するか地下に浸透してしまい、地表には河川がほとんどない。このため、上水道はいくつかの湧水や地下水源に依存している。また、農業用水に関しては城辺地区にある3つの地下ダムに貯めた水を利用している。これらの水源が整備された近年では、上水道、農業用水とも供給が安定しているが、長期にわたって降雨がないと水不足になることには変わりがない。

こうした状況のもとで、リゾートホテルをはじめとする宿泊・観光施設が多数建設され、観光客の水使用量が増加すれば、水不足が深刻化する可能性もある。実際、伊良部島では2018年4

月27日の昼頃から島南部の1231世帯で水がまったく出なかったり、出が悪くなったりする事態が4日間続いた。宮古島市は断水の原因を「観光客や帰省客の増加に伴う水使用量の急増」と発表した後に「設備の不具合」と訂正したが、使用量増加の影響も否定しなかった[29]。今回の事態は伊良部島の一部で発生したが、観光客の増加が続けば諸島全体の水供給が逼迫することも懸念される。

(2) 建築資材と労働力の不足

リゾートホテルの相次ぐ建設は、建築資材の高騰にも結びついている。とくに生コンクリートは、2012年4月の建築基準法改正で耐震強度に関する基準が厳格化された。これにより、宮古島の石灰岩を砕いた白砕石が使えなくなり、沖縄本島の黒砕石を運搬する必要が生じた。また、安価な台湾の川砂が輸入禁止となり、沖縄本島の海砂と砕砂を混合するようになった。これに伴い、砕石や海砂を移入する費用が増加したことから、宮古諸島での生コンクリート価格は高騰し、1m^{2}あたりで沖縄本島より8000円以上高くなった[30]。生コンクリートの高騰は、リゾートホテルをはじめとする観光施設の建設が増えたことで慢性化しており、一部のリゾートホテルでは島外で砕石や砂を調達して工事を続けたり、工事計画を延期したりする事態が発生している。

リゾートホテルの増加は諸島内における雇用機会の増加にも結びついた反面、労働力不足や人件費高騰を招いている。リゾートホテルのスタッフや新たなホテルの建設に従事する作業員は、諸島内の労働力のみで満たすことができず、諸島外からも労働力を求めているが、宿舎となる賃貸物件の不足が深刻化していて、諸島外からの労働力受け入れが困難になっている[31]。また、宮古空港周辺には島民や日本人観光客、外国クルーズ船客による物品購入機会の増加を見込んで、大型商業施設が相次いで立地している。このうち1店舗は、開店時に宮古島の時給相場(800円)を上回る1000円でパートやアルバイトを募集したことから、島全体の賃金相場が跳ね上がり、ホテル従業員や建設作業員の確保がより難しくなった。

建設業の経営者B氏へのヒアリングによると、生コンクリートや建設資材の価格が概ね20〜30％上昇したのに加え、人件費も高騰したため、建設作業員の確保に苦労しているという。また、公共工事は落札した金額が確実に得られるものの、落札後に資材価格や人件費が高騰すると利益が減ってしまう。さらに、公共工事は完成後に費用が支払われるため、工事途中で資材価格や人件費が高騰すれば会社の運転資金が減り、経営悪化にもつながりかねない。このため、近年ではレンタカー会社と契約して経営者家族が洗車作業に従事している。繁忙期には1日に約100台が出発し、約100台が帰着するため、帰着したレンタカーを1台3分間で洗車し、すぐに別の客に貸し出せるようにする。作業報酬は毎月支払われるため、公共工事よりも安定的に収入が得られるという。

雇用機会の増加や賃金上昇は、多くの若者が職を求めて流出する宮古諸島にとって歓迎すべきことである。反面、諸島内企業の経営者にとって必ずしも喜べない事態であることが、B氏の話からもうかがえる。

(3) 防災対策の遅れ

図8-4に示したように、すべてのリゾートホテル(建設中や計画中のものを含む)は海岸沿いに立地している。それらの大部分は標高0〜15mにあり、大地震に伴う津波が発生した場合は被害を受ける可能性が高い。宮古島の歴史を記録した古文書『宮古島在番記』には、1771(明和8)年の「明和の大津波」によって「宮国、新里、砂川、友利四ヶ村人家引き流される」と記されてお

り、宮古島南部の「シギラリゾート」一帯が大きな被害を受けたことが明らかになっている。

　『宮古島在番記』に記された「四ヶ村」の住宅は、現在段丘上の標高40m以上の地域にある。「シギラリゾート」がある海岸沿いの低地にはほとんど住宅がない。伊良部島でリゾートホテルが集中している南部から西部の海岸沿いにも住宅は少なく、津波が到達する可能性が高い地域を避けて居住している。逆に、リゾートホテルはオーシャンビューを重視して、津波被害のリスクが高い地域に建設されており、地震発生時に宿泊客を迅速に避難させる訓練の実施や避難経路の確保が求められる。しかし、最新の「宮古島市地域防災計画」は2013年に修正されたものであり、伊良部大橋開通後に建設されたリゾートホテル等の存在や観光客の増加は加味されていない。早急に防災計画を修正し、観光客が安全に避難できるようにすることが重要な課題といえる。

Ⅵ　おわりに

　海に囲まれた離島は、本土に比べて利用できる資源に限りがあり、さまざまな面で制約を受ける。なかでも島外との往き来に利用できる交通手段は船舶か航空機に限られ、それらに搭載できる人数や物資の量にも限りがある。また、島外から原材料を持ち込んで加工し、製品を出荷するためには多額の輸送費を必要とするため、第2次産業は島内にあるものを加工するものに限られ、既存の第3次産業も基本的には島内に住む人々を対象とするものがほとんどであった。これに対して、近年急速に発展してきた観光産業は、島外から来た人々が島内でさまざまな消費行動をとることで、島が経済的に潤い、新たな雇用機会が創出される。このため、多くの離島では観光を経済の活性化や人口の維持に役立つ重要産業として位置づけ、その振興を図ってきた。しかし、宮古諸島では本章で述べたとおり、短時間にあまりにも急速かつ過度な観光振興を図ってきたために、生活や産業にさまざまな歪みが生じてきた。

　諸島と諸島外とを結ぶ航空輸送の能力が限界に近づき、観光客の輸送のみならず、島民の諸島外への移動や、島民の経済や生活を支える物資の移出入にも影響を及ぼしている。さらに、航空輸送能力の逼迫は、航空便が満席で来島できない観光客の増加や、小規模宿泊施設におけるキャンセルの増加に結びついた。

　外国クルーズ船客の「爆買い」を当て込んだ大型商業施設やリゾートホテルの相次ぐ建設は、諸島における雇用機会の増加や賃金相場の上昇に結びつき、減少傾向にある人口の維持にも期待がかかる。その一方で、労働力不足による賃金相場の急激な上昇が諸島内にある既存産業の経営者を苦しめることにもなっている。建築資材と労働力の不足は、観光施設や大型商業施設の建設遅延や、諸島外から来るホテルのスタッフや建設作業員が住む賃貸住宅の供給不足にも結びつき、さらに労働力不足に拍車をかけるという悪循環に陥っている。

　以上に述べたように、急速かつ過度な観光振興は、島民生活や観光以外の産業に連鎖的に悪影響を及ぼしているだけでなく、観光が観光の首を絞めていると言っても過言ではない状況に陥っている。こうした状況が続けば続くほど、観光振興の「反作用」が大きくなるといえよう。

＜注および文献＞

1）沖縄県「観光要覧」による。なお沖縄県や県内自治体の観光統計では、「観光入込客数」という文言は用いず「入域観光客数」と表記しており、宮古諸島（多良間島・水納島を含む）、八重山諸島の全域を示す

文言として、それぞれ「宮古圏域」「八重山圏域」を用いている。また、沖縄県の観光統計は、2007年度以降、年度統計に統一されたため（「観光要覧」の時系列的変化を示す統計は暦年も併載）、本稿でも原則として年度統計を用いる。

2) 本土から沖縄への観光旅行は、費用や観光目的の面でグアム・サイパン旅行と競合する。円高や原油価格の低下により海外旅行の費用が下がると、手軽にマリンレジャーを楽しもうとする客層がグアム・サイパンに多く渡航するが、円安や原油価格の上昇により海外旅行費用が上がると、同じ客層が沖縄に向かう傾向がみられる。

3) 沖縄県文化観光スポーツ部観光政策課が2016年12月19日に公表した資料による。

4) 前掲3)。

5) ITmediaビジネスオンラインに2018年1月18日付で掲載された「好調な沖縄観光産業、しかし課題も噴出」による。（http://www.itmedia.co.jp/business/articles/1801/18/news023.html）

6) 2017年7月2日付の琉球新報によると、①那覇空港の北側に米軍嘉手納飛行場への進入経路となる空域があり、2本の滑走路で同時に離着陸できない、②旅客ターミナルと海側の新滑走路を行き来するには、既存の陸側滑走路の離着陸を止めて横断しなければならない、③滑走路を共用する自衛隊機の使用が増えている、といった理由から発着回数が大幅に制限されるという。

7) この問題に関しては、東洋経済オンラインに2018年2月27日付で掲載された鳥海高太朗氏のビジネスレポート「『石垣空港』」急成長に航空各社が喜べないワケ　喫緊の課題は『ターミナル』の改善だ」に詳述されている。（https://toyokeizai.net/articles/-/210290）

8) 竹富島では、島の自然、生活や伝統文化を守るために1986年に制定された「竹富島憲章」に反するリゾート開発に疑問を抱く島民有志が、2010年に「竹富島憲章を生かす会」を結成した。同会では、入島税の制定を求める署名運動を展開し、税収入によってリゾート開発用地を買い戻すことを計画したが、島民の圧倒的多数がリゾートの受け入れを容認したことから、開発は予定通り行われた。

9) 環境の保全や観光客へのサービスに使途を限定した「環境協力税」は、県内では伊平屋村が2005年4月から、伊是名村が2008年7月から、渡嘉敷村が2011年4月から導入している。また、座間味村でも2018年4月から環境協力税にあたる「美ら島税」が導入された。

10) 助重雄久「宮古島における小規模宿泊施設の急増と多様化」（平岡昭利編著『離島研究Ⅳ』海青社、2010）125-140頁。

11) 久住健治「沖縄県における観光振興の現状と課題～石垣島・宮古島を中心に～」立法と調査281、2008、86-92頁。

12) 通行料無料の橋としては日本最長である。

13) 旧宮古支庁や宮古島市が公表している年間入域観光客数は2006年まで暦年統計であったが、2006年度は暦年統計と年度統計が併記され、2007年度以降は年度統計に一本化された。

14) Cruise Lines International Associationの資料「2017 CLIA State of the Industry」等による。

15) 中野　武「訪日クルーズ旅客500万人の実現に向けた取り組み」海と安全574、2017（http://nikkaibo.or.jp/pdf/574_2017-1.pdf）。

16) 内閣府沖縄総合事務局が各港の港湾管理者（沖縄県、那覇港管理組合、宮古島市、石垣市）からのヒアリングにもとづき集計した数値を示した。

17) 照屋雅彦・宮國綾乃「平良港におけるクルーズ振興への取り組みについて」（内閣府沖縄総合事務局平成28年度沖縄ブロック国土交通研究会発表資料）による。

18) 宮古毎日新聞2017年4月18日付に掲載された「第2回宮古島クルーズ客船誘致・受入環境整備連絡協議会」で市観光課が発表した数値で2018年1月寄港分の一部を含んでいる。港湾課が公表したデータでは寄港回数は12月までで130回となっている。

19) 2017年7月に横浜港、清水港、佐世保港、八代港、本部港、平良港の6港が指定され、2018年2月に鹿児島港が追加指定された。

20）宮古福祉保健所に届け出た軒数を示した。

21）宮古毎日新聞 2017 年 4 月 6 日付、宮古新報 2017 年 4 月 7 日付の記事による。

22）前掲 10）。

23）助重雄久「宮古島観光におけるインターネットの役割とその変化」（平岡昭利・須山　聡・宮内久光編『離島研究Ⅴ』海青社、2014）221-238 頁。

24）2018 年 5 月の運行ダイヤに基づく。

25）宮古毎日新聞 2017 年 8 月 24 日付の記事による。

26）ヒアリング調査の対象とした小規模宿泊施設経営者のうち数名が、自分や知人が終日搭乗できなかった経験を語った。

27）ＪＴＡの宮古営業所、八重山営業所での勤務経験がある関連会社社員Ａ氏からのヒアリングによる。沖縄県が出資するＪＴＡは県産特産物の損害を最小限に抑えるため、台風接近時には機材繰りが可能な限り臨時便を運航し、客室にも特産物を載せて那覇まで運搬する。宮古のマンゴーだけでなく、八重山のパイナップルも対象になっている。

28）以下の文献では、国家間の文化や社会的慣習の違いによって対馬の宿泊施設と韓国人観光客の間に生じたさまざまなトラブルについて詳述している。助重雄久「長崎県対馬におけるインバウンド観光の展開と課題」（平岡昭利編著『離島研究Ⅲ』海青社、2007）113-128 頁。

29）宮古毎日新聞 2018 年 5 月 17 日付の記事による。

30）宮古毎日新聞 2012 年 6 月 6 日付の記事による。

31）おきぎん経済研究所の 2017 年県内賃料ネットワーク調査によると、宮古島市の賃貸物件稼働率は99.5％で、県内 10 地区のなかで石垣市（99.7％）に次いで 2 位となった。また 2016 年度の貸家新設住宅着工戸数も県内 11 市のなかでトップとなった。

（助重雄久）

III　島のくらし

鹿児島県奄美大島名瀬のカトリック教会発祥記念碑（須山　聡撮影）

9章　東京都三宅島神着における初午祭の継承に関する文化地理学的研究

I　はじめに

　伊豆諸島を構成する東京都三宅島（人口2506人、2017年）は、東京本土から約180km南南西に位置し、行政上は三宅村に区分される（**図9-1**）[1]。全周約38kmの三宅島の中心部には直径東西およそ1.6km、南北約2kmにもおよぶカルデラをもつ雄山（標高775m）が聳え、さらにこれを取り巻くように約100もの爆裂火口が存在する[2]。三宅島は火山活動が非常に活発な地域のひとつで、832（天長9）～2013年の約1200年間に、確認し得るだけでも20回もの大規模な火山活動があったと推測されている[3]。その存在は2000年の大規模な火山活動の折に、全島民が約5年間にもおよぶ島外での避難生活を余儀なくされたこと（全島避難）で世界的に知られるようになった（以下、本章ではこの噴火を「2000年の噴火」と記す）。このように、三宅島は大規模な自然災害の被災地という点で社会的な注目を浴びたことから、平成期以降、社会学や人文地理学などの分野において自然災害と復興（地域振興）という視点で研究が蓄積されてきた。

　浅野は2000年の噴火以降、島民たちが三宅島や避難先の東京本土においてボランティアと連携し、復興のための活動を展開していた点を明らかにした[4]。また、高木・瀬戸は三宅村・三宅島観光協会の一次資料に基づき、三宅島の産業の復興の過程を詳細に報告するとともに、島民に対する聞き取り調査から、被災者の経済的状況を浮き彫りにした[5]。さらに筒井は近代から平成

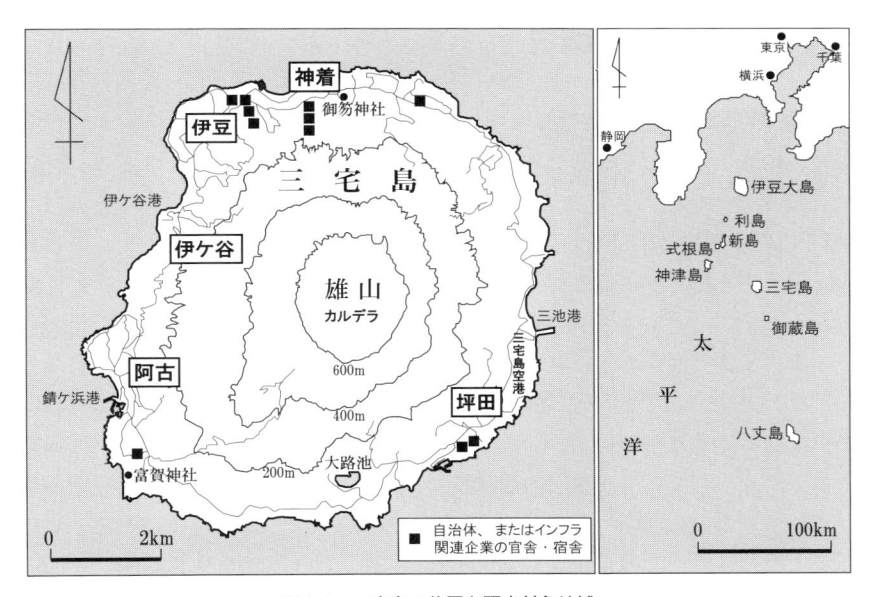

図9-1　三宅島の位置と研究対象地域

期にかけての三宅島の観光開発史を概観し、2000年の噴火以降、三宅島の観光産業が直面している課題を論じ、今後の観光開発のあり方について提言した[6]。

　以上記したように、三宅島については2000年の噴火と社会・産業の復興という視点で研究がなされたが、大規模な自然災害が三宅島の祭礼文化におよぼした影響や、被災後に祭礼文化がどのように復興したかに関しては十分に明らかにされていない[7]。離島は各島で文化的背景が大きく異なるといわれるが、日本が海洋に囲まれた災害大国であり、祭礼文化が地域復興の鍵のひとつになっているという事実を考慮すると、それぞれの離島に根差した祭礼文化を詳細に把握・記録していくことも日本の人文地理学者に課せられた責務のひとつだと筆者は考える。とくに、大規模な自然災害に遭遇し、離島の人びとの避難期間が長期に及んだ場合、これらの祭礼文化は継承の危機に曝される。このような場合、被災前の祭礼に関する詳細な学術情報の有無が多様な離島の祭礼文化の継承を左右するといっても過言ではない。また、大規模な自然災害に直面してもなお、祭礼文化を円滑に継承している事例に注目し、その要因を究明することも離島を含む被災地を再生させるうえで重要な参照点となろう。

　以上を受けて、本章では大規模な自然災害に遭遇したにもかかわらず、現在、地域の産業の特性を基盤に比較的多くの人びとを吸引し、伝統的な祭礼「初午祭（はつうまさい）」を円滑に継承している東京都三宅島神着（かみつき）を事例として、この集落の人びとが初午祭をいかにして存続させているかについて解明を試みる。上記の研究課題を解決すべく、まず、三宅島に関する先行研究・統計資料を手掛かりとして、この島の文化と産業の概要を把握した（Ⅱ節）。次に、神着における初午祭の観察調査、および、その担い手である「神着青年団」に対する聞き取り調査の成果をもとに、初午祭の担い手の属性・儀礼構成・宗教的意義を明らかにした（Ⅲ節）。最後に、2000年の噴火の前後、すなわち1990年代から2010年代の間に神着の人びとが初午祭をどのように継承してきたのか、また、現在、これを円滑に継承させている要因とは何かについて、産業の特性にともなう人口の動向に注目して考察を行った（Ⅳ節）。

Ⅱ　研究対象地域の概要

1．三宅島の地域文化の特性

　三宅島の雄山の麓には北側から時計回りに、神着・坪田（つぼた）・阿古（あこ）・伊ケ谷（いがや）・伊豆の5集落が存在し、これらの間には比較的起伏のある急坂が連続する。昭和30年代に島を一周する都道212号三宅循環線（通称「三宅一周道路」）が完成するまで、島民たちは陸路よりは、むしろ漁船を利用して集落間を往来した（阿古在住の元教員A氏による）。このような地形条件のために、集落間の日常的な交流はあまり進まず、島民の生活圏・通婚圏は自集落内にほぼ限定された。その結果、5集落は同一の島内にありながらも、祭礼・方言・冠婚葬祭などの習俗や住民の気質に差が生じたといわれる。たとえば、島民たちが「婚家の葬式で出身集落の葬式と同様に振る舞えば恥をかく」と教育をされてきたことや（A氏による）、彼らが各集落の人びとの気質について「漁師町である阿古の住民はサバサバしていて宵越しの金は持たない性格だ」、「江戸時代に島役所が置かれ、古くから行政の中心地だった神着の住民は役人のような性格をしている」などと語る点にその一端を垣間見ることができる。このような自他を明確に区別する「ムラ意識」は昭和50～60年代まで根強くみられ、阿古の若者たちが他集落の飲食店に酒を飲みに行くと、外出先で地元の男性たち

と喧嘩になることもあったという（島外出身、阿古在住の50歳代男性B氏による）。

　このように三宅島では集落ごとに独自の文化を育んできたが、その一方で、江戸期以降、島民たちは流人を通じて本土の文化を受容した。江戸期に三宅島は伊豆大島・八丈島とともに流刑地のひとつとなり、1677（延宝5）年から明治初頭の間に、大名・旗本・御家人・僧侶・医者・百姓・無宿者などさまざまな社会階層の人びと1329人が、性犯罪・喧嘩・博奕などの「中流」の咎で三宅島に配流された[8]。このように多数の罪人が三宅島に送られたがゆえに、一時期、流人が島の全人口の1割以上を占めたこともあった。彼らは島内の流人専用の小屋に数人で入居するなどして、島民と日常的に接触しながら生活を送った[9]。

　流人たちは三宅島において窃盗・放火・喧嘩・脱走などの罪を重ねる一方で、島の生活をより豊かにすべく自らの知識・技術を伝えることもあった。彼らが三宅島に伝えた技術の一例として、溜池をあげることができる。1856（安政3）年に、武州多摩郡小金井村（現・東京都小金井市）の小次郎が三宅島に流された。小次郎は水不足に悩む島民のために私財を投じて現在の伊豆に溜池を造成し、島内の水利環境を改善させた[10]。また、毎年2月に島内の各集落で行われる獅子舞をともなう祭礼「初午祭」も流人が伝えた文化である。その起源は、新春に流人たちが各戸で獅子舞を披露し、島民から幾ばくかの謝礼を得て糊口をしのいだことに遡るといわれる。神着では文政年間（1818～30年）に流人金次が獅子舞を始め、1861（万延2）年の段階においてこれが恒例化していたことが古文書で確認されている[11]。また阿古においては、文化年間（1804～1818年）に流人若本熊次郎によって獅子舞が創始された[12]。

　江戸・明治初頭の三宅島は流刑地ではあったが、この事実は「島内の治安の悪化」という負の要素とともに、「島民の生活・文化水準を高める」という正の要素ももたらしたと言えよう。現在の三宅島の人びとは上記の歴史的背景について、「かつて流刑地であったからこそ、今の生活文化ができた」と、島に多数の有形・無形文化財を残した流人の存在を肯定的にとらえる傾向にある。平成期の島民たちの「他集落の者」「島外出身者」に対する「ムラ意識」は、都道の完成、全島避難とその解除後に進められた小中学校の統廃合などを経て、次第に弱まっている。阿古に住むB氏は「島外出身者の自分にとって島に溶け込むまではきつかったが、慣れてくると非常に過ごしやすい環境になった。近年、島民たちが島外の人に対して親切になり、以前に比べると開けてきた感じがする」と述べる。この発言からも把握できるように、平成期において、島民たちは「他地域出身者の流入」に対して抵抗感を示すことはほとんどない。

2.　三宅島の人口動態と産業の特性

　1940（昭和15）年から現在に至るまでの約80年間において、三宅島の人びとは1940・62・83年、そして2000年に4回もの大規模な火山活動を経験した。そのため、彼らの中には「20年に1度の頻度で大規模な噴火が発生する」と考える者も多い[13]。昭和期以降の火山活動の中では、とくに1983年の噴火と2000年の噴火が島民の生活に深刻な影響を与えた。1983年の噴火においては、同年10月3日に阿古の東側で溶岩が流出し、約400世帯が焼失・埋没した。阿古在住のある高齢の女性は、当時の様子を「一晩のうちに、あっという間に自宅が溶岩に飲み込まれた」と述べる。また、2000年の夏季には雄山の火山活動が活発化し、火山灰と高濃度の火山ガスが噴出した。東京都三宅村は火山ガスが人体に及ぼす影響を考慮し、9月2日に全島民を島外へ避難させた。彼らは東京都をはじめとする26都道府県に離散し、2005年2月の避難解除（全島帰島）までの約

5年間にもおよぶ避難生活を余儀なくされた。2017年現在、雄山から噴出する火山ガスの量は減少し、島民たちは日常生活を取り戻してはいるものの、2000年の噴火は「三宅島は火山活動が盛んで危険だ」というイメージを基幹産業である観光産業に与え続けており、現在もこの地域の経済活動を停滞させている[14]。

　図9-2は住民基本台帳に基づいて、三宅島の各集落における人口の推移を示したものである[15]。1983年の噴火では、溶岩流のために阿古の家屋が焼失・埋没した。この時、被災した阿古の住民たちは神着の仮設住宅に避難できたことから、彼らが島外に転出することはほとんどなかった。だが、その約20年後に2000年の噴火が発生すると、島民の中には火山地帯に住み続けることへの不安や島内の経済活動の衰退を理由に島外へ移住する者も多数現れるようになり、過疎化と少子高齢化が進展した。以上記したように、今日の三宅島においては「20年間隔で頻発する噴火」が住民を不安に陥れ、これが島の各集落の人口を減少させる大きな要因のひとつになっている[16]。

　一方で、2000年の噴火以降も三宅島に留まった人びとは実に多様な職業に従事し、この島の経済活動を支えてきた。その様子を電話帳『タウン＆ハローページ三宅島・御蔵島』（2015年12月版）から把握できる（**図9-3**）。これを分析した結果、2015年現在、三宅島には全部で208もの公共機関・商業店舗・事業所が存在しており、三宅島の北側に位置する神着・伊豆に病院・福祉施設や役場・役所・文教施設などの公的機関が、南側の阿古・坪田には飲食店、宿泊業、運輸業の店舗・事業所が集積する傾向にあることが明らかになった。したがって、三宅島の北側は公的な、南側は観光関連の機能が高いと解釈できる。三宅島では集落に応じて主だった産業が異なるが、これが初午祭の継承の容易さと密接に関わっている（Ⅳ節）。この点について論じるのに先立ち、次節において本研究の調査対象とした三宅島神着の初午祭とその担い手の特徴を概観する。

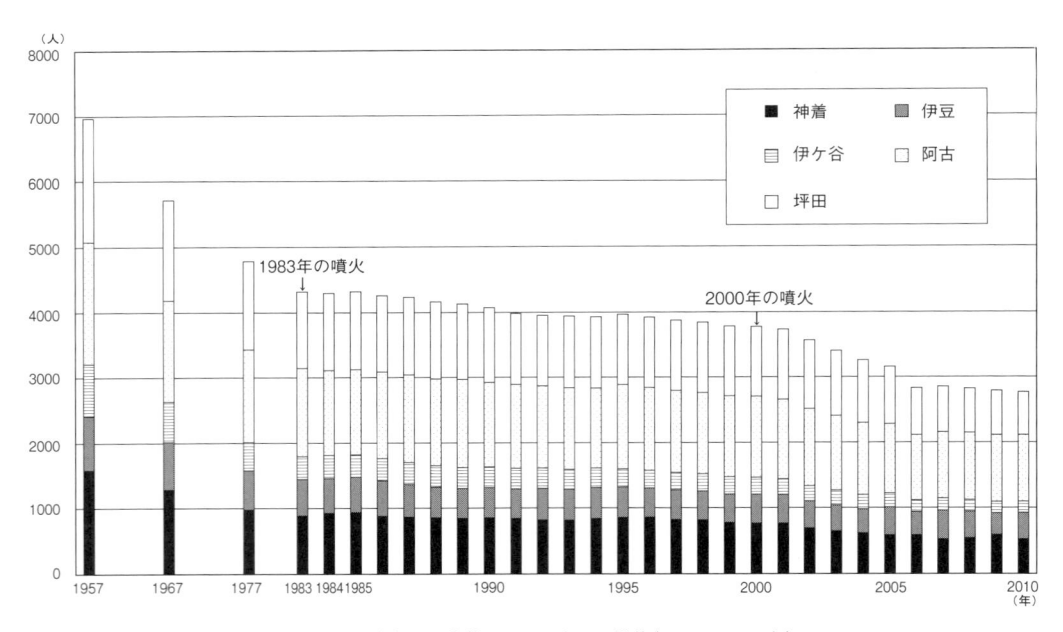

図9-2　三宅島の5集落における人口の推移（1957〜2010年）
（三宅村役場資料により作成）

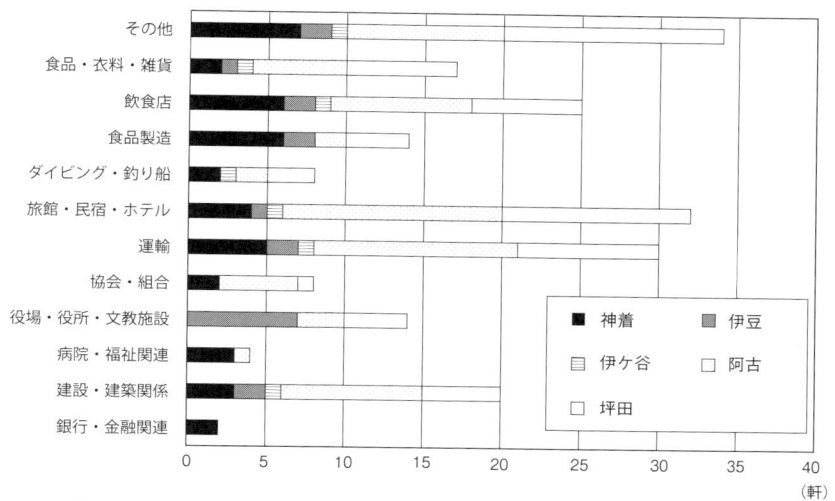

図9-3　三宅島の5集落における公的機関・商業店舗・事業所などの軒数（2015年）
（『タウンページ＆ハローページ 東京都三宅島・御蔵島版』により作成）

Ⅲ　神着青年団と神着の初午祭

　三宅島の5つの集落では各集落の男性が青年団、または保存会を組織し、獅子舞を継承している[17]。毎年2月上旬の初午の頃になると、男性たちは獅子頭を携えて自集落の全世帯を対象に門付けを行う[18]。三宅島では訪問先で獅子頭の口を開閉させることを「祓い」、そして獅子舞を奉納することを「踊り」と呼ぶ。これらの行為はいずれも各戸の「悪魔」「厄」を祓い（通称「あくまっぱらい」）、五穀豊穣・大漁満足をもたらすと考えられている。5つの集落のいずれにおいても初午祭が行われるが、集落によってその祭礼日と門付けの方法は異なる。たとえば2017年の場合、初午祭の祭礼日は坪田が2月6日、阿古・神着・伊豆の3集落が11日、伊ケ谷が12日であった[19]。また、神着・阿古・伊ケ谷では門付け時に踊りを奉納するが、坪田では祓いを行うのみだという。獅子舞の一行は訪問先からご祝儀（現金、白米、酒類など）を貰い受けるが、これが青年団の団費、すなわち活動資金となる。各青年団では団費を元手にバーベキュー大会をはじめとするレジャー活動を展開し、団員間の親睦を深める。その一方で、彼らは盆踊り大会やクリスマスツリーの設置といった集落の行事の企画・運営に参画したり、祭礼時に神輿渡御や屋台経営を担い、祭礼を盛り上げたりするなどして地域振興に貢献している。島民たちは各集落の青年団を「自分たちが支払ったご祝儀で飲み食いするだけの集団」としてではなく、「集落の活性化に不可欠な存在」として認識する傾向にある。

1．神着青年団の組織と機能

　2015年現在、神着で初午祭を継承する「神着青年団」（以下「青年団」と記す）には、幼児から高齢者までの約50名の男女が所属している（**写真9-1**）。1931（昭和6）年に神着村役場が編集した『神着村勢概要』には、その前身にあたる「若者組」に関する記述がみられる[20]。同資料に「（神着には）江戸時代より若者組なるものあり青壮年の必ず入會して以つて村内公役流人警備近く

写真 9-1　御笏神社に集合した神着青年団（2015 年）

は異国船警備又は消防の役をも為したり……現在は十五歳より二十五歳迄とし年末現在數四十一名……」（カッコ内は筆者補入）とある。江戸期の神着には若者組が存在しており、その構成員が集落の公役、流人・外国船に対する警備、消防をはじめとするさまざまな役割を担っていたことや、昭和初期の段階でこれに 10 ～ 20 歳代の多くの若い男性が所属していたことがうかがえる。

　平成期の青年団は、団長（1 名）、副団長（2 名）、庶務・会計（各 1 名）からなる「幹部」、幹部が統率する「一般の団員」（10 ～ 30 歳代）、そして現役を引退した 40 歳代以上が属す「OB」の 3 つの階層で構成される。神着では一般に、男性が高校を卒業すると青年団に入り、幹部の指示にしたがって集落の行事や、御笏神社の「牛頭天王祭」、富賀神社の「富賀大祭」、初午祭などの祭礼に参加する[21]。青年団を統括する団長は一般の団員の様子をつぶさに観察し、彼らの中から次期幹部を指名する。幹部は 2 年間の任期を務めると、団長と同学年の一般の団員とともに引退して OB となる。OB は幹部から何らかの助言や支援を求められた場合、これに対応するが、基本的には「現役の団員の活動に口出しをしないこと」を暗黙の了解としている[22]。神着在住の高齢の男性によると、OB の人数が増え始めると、「彼らの一部は自然と青年団の活動から遠ざかっていく」という。かつて、神着出身者のみが青年団に加入可能であったが、近年は他地域出身者であっても、同集落の住民からの紹介があれば所属できる（後述）。

　青年団の組織的な特徴に「上下関係」を重視する点がある。その様子を垣間みせる 2 つのエピソードが存在する。ひとつは、団長主催の宴会の折に深酒をして体調不良に陥った団員が出ても、全団員に対し、2 次会の終了時まで帰宅を一切認めなかったというエピソードである。もうひとつは獅子舞の稽古に関するものである。かつて、正月過ぎから初午祭までの 1 か月間、OB が全員で後輩たちに獅子舞の稽古をつけていた[23]。その際に、後輩が獅子頭の顎の角度を不必要に上げるなどの不適切な所作をすると、彼は OB たちが納得するまでの約 1 時間、重量のある獅子頭を被ったままの状態で練習を継続させられた。近年、青年団のこの「体育会系的」ともいうべき気質は「若干和らいだ」ものの、団員たちは依然として上下関係を重視して活動を展開している。

2.　神着の初午祭

　2015 年現在、神着では初午祭を 2 日間にわたって実施している。門付け前日の午後 7 時に青年団の団員とその家族は「初午祭宵宮」に参列すべく、御笏神社に集合する。初午祭宵宮の冒頭で、神着の女性 6 名が神殿の正面に座して禊祓の詞を唱え、祭礼空間を祓い浄める。その後、翌日の門付けに参加する団員が自己紹介を行い、獅子舞を披露する。次に神職が神事を執行し、翌日の門付けで使用する 3 基の獅子頭に魂入をする（入魂式）[24]。元青年団団長の C 氏は「島内では神着のみに神職が住んでおり、初午祭の時には彼に必ず神事をしてもらっている。これは島内の他集

落ではみられないものだ。自分たちはこ
のことに誇りを感じている」と語る。この
発言から、神着の住民が神事によって初午
祭を「神聖化」している点に他集落との違
いを見いだし、強い誇りを抱いていること
がわかる。神職による神事が終了すると、
団員たちは三々五々帰宅する。

写真 9-2　神着青年団による門付け（2015 年）

　翌日の午前 7 時に団員たちは御笏神社
に再度集合し、初午祭の安全祈願に参列
する。その後、彼らは 3 組にわかれて門
付けを開始する（**写真 9-2**）。各組は①獅子
頭を頭に被り、獅子の前足を担当する獅
子頭役、②ひょっとこの面を被り、獅子の後足を担うひょっとこ役、③①・②以外の舞手（交代
要員を含む数名）、④ご祝儀を管理するカゴショイ役、⑤太鼓（通称「バチ」）・鉦の担当（数名）の
約 10 名で構成される。2015 年の門付けには女性も参加していたが、彼女らは⑤を担当する、あ
るいは青年団の男性たちに同行するのみで、舞手（①・②・③）を務めることはない。それは、神
着の人びとが獅子頭を神、またはその眷属として認識しており、月経のある女性がこれを用いた
「ご神事」に深く関与することを禁忌視しているからである。門付けの間、①は「神である獅子
になりきること」が要求される。そのため、彼は休憩時間以外に獅子頭を外す、衣装を脱ぐ、団
員を含む他者と話す、「人間の体」である手・指を他者にみせるなどの行為を固く禁じられてい
る[25]。

　青年団の一行は訪問先に到着すると、「オオアタリー！」と叫びながら玄関の中に入る。そし
て、①・②の 2 名は、世帯主の求めに応じて屋内（廊下、畳の間、仏間や神棚がある部屋など）で
1～2 分間にわたって二人立ちの形式で獅子舞を奉納する（**写真 9-3**）[26]。一行はご祝儀を受ける
と退出し、次の世帯へと向かう[27]。

　青年団は「ご祝儀を奮発する」世帯・団体・機関に対しては、その庭先・道路・構内などに 3 匹
の獅子を集結させ、5～6 分間程度の時間をかけてより丁寧に舞を奉納する。まず、①・②の 6 名
で通常の門付けと同様に二人立ちの形式で 1～2 分間にわたって獅子舞を勇壮に舞う（A）。その

写真 9-3　神着青年団による獅子舞（2015 年）

写真9-4　ひょっとこの悪戯で踊りに参加させられた住民（2015年）

後、舞手たちは獅子が疲労のために床に伏し、眠りに入る所作をする（B）。すると、ひょっとこの面を被った3名の②が獅子の幕の外に飛び出し、見物人を巻き込みながらさまざまな悪戯をする。それは、見物人の眼鏡を奪い取り、これを自身でかけて立ち眩みをしてみせる、見物人にひょっとこの面を無理やり渡して踊りに参加させたりするなどの非常にユーモラスなものばかりで、周囲の人びとを大いに笑わせる（C）（**写真9-4**）。ひょっとこたちによる悪戯の途中で、⑤が太鼓を叩き、「キタ！」という掛け声をかけると、3名の②は悪戯を即座に中止し、獅子の幕の中へと急ぎ戻る（D）。⑤をはじめとする青年団の一行は絶妙なタイミングで（A）～（D）を繰り返し、見物人たちを抱腹絶倒の境地へと誘う。以上から、現在、青年団が継承する初午祭には「新春の厄祓い」という宗教的な意義とともに、人びとに笑いをもたらし、地域社会を活性化させる効果があると言える。なお、2015年の初午祭において、青年団は自動車を利用して午前9時～午後8時の間に316件もの門付けを済ませた。その折に青年団の一行は、行政上は伊豆に属する三宅支庁・三宅島警察署、ならびにこれらの官舎などでも獅子舞を奉納した。

Ⅳ　神着における初午祭の衰退と復活

1. 1990年代における初午祭の再興

　1990年代半ばに青年団の団長を経験したD氏（神着在住、50歳代）によると、D氏が幼少の頃、神着の初午祭では青年たちが獅子舞の門付けを行っていた。ところが昭和40～50年代に入ると、初午祭の門付けは特定の世帯のみを対象に限定的に行われるようになり、青年団が初午祭に関与することはなくなった。これにより青年団は経済的基盤を喪失し、その活動を停滞させた。D氏によると、当時の青年団では団員たちでシイタケを栽培・販売したり、牛頭天王祭で屋台を経営したりするなどしてわずかな収益を得ていたに過ぎず、「経済的にはジリ貧だった」という。そのため、青年団には団員たちの活力源となる酒宴を開催する余裕はなかった。D氏が1990年代半ばに団長に就任すると、地域振興を意図した神職E氏たちが青年団に対し、初午祭で門付けを実施するよう依頼した。D氏は団員のモチベーションを高める酒宴の開催費用を獲得すべくこれを許諾し、初午祭の門付けに参画することとした。

　青年団による初午祭の門付けが復活した1995年当時、団長のD氏は神着出身の男性団員15名

を束ねていた。彼らに加え、初午祭の折には神着の未婚の女性4〜5人がカゴショイ・救護・まかないを担当し、男性たちの活動を支えた。D氏によると、この当時、同集落の出身者で初午祭に必要な人員をほぼ確保できており、島外出身者に協力を要請することはほとんどなかった。初午祭の当日、青年団の一行は衣装を新調していなかったことから、夏季の祭礼「富賀大祭」で使用する浴衣を身につけての門付けとなった。寒さで震えたものの、彼らは各戸で獅子舞を奉納して廻った。その年は多額のご祝儀を獲得できなかったが、翌年にはご祝儀の総額が2倍になった。団員たちはこれを「集落の人びとの自分たちに対する期待の現れだ」と感じ、それ以降、「より気合いを入れて獅子舞を奉納しなければならない」と祭礼の継承に対して強い責任感をもつようになったという。以上記した経緯で1990年代半ばに神着の初午祭は再興されたが、2000年の噴火のために、同集落の人びとは日本各地において約5年間にもおよぶ避難生活を余儀なくされ、この祭礼は再び継承の危機に直面することになる。

2. 2000年の噴火と初午祭の途絶・復活

　2005年2月、東京都三宅村は雄山の火山活動の鎮静化を受けて全島避難指示を解除した。これにともない、神着の人びとも順次帰島を開始した。この年、同集落の住民間において「元の島に戻すのだから、行事も元に戻そう」という意見が出され、初午祭復活の機運が高まった。しかし、当時、青年団の青年・中年層で帰島していたのは、現役の団員1名と前団長F氏を含むOB2名の合計3名に過ぎなかった。いまだ島外で避難生活を送っていた当時の団長G氏はF氏に団長への復帰と初午祭の実施を打診し、F氏がこれを快諾したことで初午祭は復活を遂げた。このような緊急的な措置が可能であったのは、F氏が団長経験者であり、初午祭の儀礼構成と宗教的意義を十分に熟知していたこと、そして、F氏が帰島済みのOBたちと人脈を有しており、彼らへの協力要請が容易であったことによる。これ以降、青年団では現役の団員のみで活動ができない場合にはOBに支援を求め、必要な人手を確保する体制を整えていった。その結果、青年団における現役の団員とOBとの階層区分は、2000年の噴火以前に比べると曖昧なものになった（D氏による）。

　こうして神着の初午祭は辛うじて復活したが、全島帰島以降の数年間、同集落の男性たちは復興作業に注力せざるを得ず、初午祭の準備や獅子舞の練習に十分な時間を割くことができなくなった。これに加え、当時、30〜40歳代前半であった団員の一部は、子どもの「生活上の安全」や「教育・就職の機会」を慮り、本土へ移住した。このような「若い世代」が増加したことから、青年団は「地元の住民」のみで初午祭を行うことがきわめて困難になった。

　初午祭の担い手不足という深刻な問題を解消したのは、仕事の都合で島外から三宅島へと転入してきた島外出身者であった。全島帰島以降、三宅島の復興が進むにつれ、NTT・東京電力をはじめとするインフラ関連企業に勤務する会社員や、東京都三宅支庁・三宅島警察署・三宅小中学校・医療機関などの公的機関に勤める公務員・医療関係者たちが、この島に再び出向するようになった。彼らは上記の企業・公的機関やこれらの宿舎（社宅・官舎）が立地する神着・伊豆で生活を送るなかで団員と人脈を構築し、世帯単位で青年団に加入していった（図9-1）。

　ここで、神着の人びとが「神着は江戸時代から三宅島の行政の中心地だ」という自負のもと、NTT・東京電力・三宅支庁・三宅警察署とその宿舎が立地する伊豆の一部を「自集落」とみなし、祭礼空間の一部として扱っている点に留意したい。三宅島において島外出身者は地元の人びとの

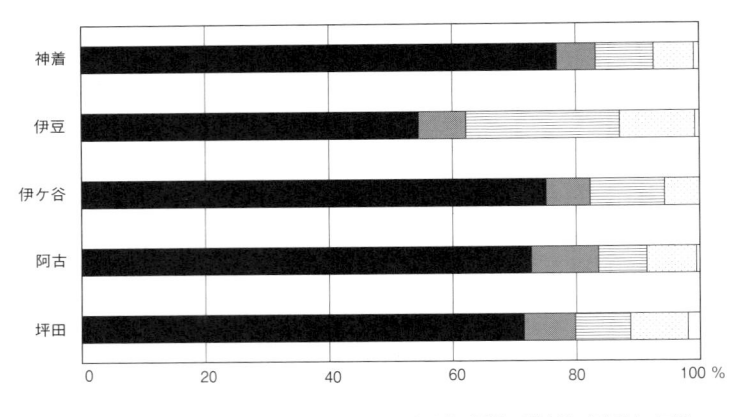

図9-4　三宅島の5集落における住民の5年前の居住地域（2015年）
(国勢調査により作成)

「身元保証（紹介）」がなければ集落の祭礼・行事への参加がかなわないが、団員たちは両集落に所縁をもつ新住民の中でも、とりわけ公的な職業の人物を「神着の関係者」と解釈し、いわば「芋づる式」に彼らを組織に取り込んできた。C氏によると2015年の段階で、青年団の全団員に占める島外出身者の割合は2～3割にも及ぶという。比較的多くの島外出身者が青年団に適応した理由として、彼らが厳格な階層性にしたがって運営される公的機関・大手企業に所属し、その組織体制に順応してきた人びとであるがゆえに、明確な階層性を保持してきた青年団への加入に対して抵抗感が少なかった点を指摘できよう。

　以上から、青年団は島外からの転入者を世帯単位で受け入れ、出向期間が終了すると彼らを島外へと送り出し、さらに新たな転入者とその世帯を迎え入れるという循環を繰り返すことで初午祭を円滑に継承してきたと結論できる。現在、これとやや類似した現象が坪田でもみられる。三宅村会議員H氏によると、近年、村役場職員に占める島外出身者の割合が増加しているが、彼らは坪田の官舎に入居し、同集落の祭礼・行事に参加するようになったという。**図9-4**は、2015年における三宅島の5つの集落の住民たちの5年前の居住地を示したものである。同図をみると、公的機関・インフラ関連の大手企業、およびこれらの宿舎が集積する伊豆において、島外からの流入人口が37.1％ときわめて高く、これに坪田（19.9％）が準じていることが把握できる。

　筆者が神着の住民に対し、2000年の噴火以降、地域がどのように変化したかについてたずねたところ、彼らは異口同音に「地域に若い人が増えてきた」と答えた。実際に、2005年から2015年にかけての10年間で、神着の50歳未満の人口が占める割合は27.2％から38.4％へ、同じく伊豆は39.7％から48.8％へと増加しており、三宅島の北部では「人口の若返り現象」がみられる[28]。このように「若い世代」の人口の割合が相対的に増えたことを受けて、神着の人びとは「自分たちの地域が活性化している」と感じ、祭礼文化の継承に明るい希望を見いだしている。

　これに対し、阿古のように初午祭の継承が困難な地域も存在する。2010～15年の間に、同集落には島外から143名の転入者があった。しかし、彼らの大部分を占める青年層は春・夏の観光シーズンに三宅島の民宿・ホテル・ダイビングショップなどで非正規労働者として働き、シーズンオフの秋・冬になると職を求めて他の離島やリゾート観光地へ転出する傾向にある。彼らの定

住性の低さは、三宅島の宿泊施設の大部分が家族経営の民宿であり、これらが秋・冬季の従業員数を最低限に抑えるべく、島外からの人びとを長期雇用しないという経済的な構造に起因する。以上記した雇用形態が主流であるがゆえに、阿古に転入してきた青年層が地元の青年団に加入することは困難をきわめると推察される[29]。三宅島の各集落の産業構造を反映するかのように、神着の青年団の団員数は比較的多く、幹部の交代も円滑になされているが（H氏による）、阿古においては団員数が減少傾向にあり、青年団の組織そのものの存続が危惧されている[30]。

　神着では2000年の噴火という大規模な自然災害を経験してもなお、近隣に公的機関・インフラ関連の大企業とその宿舎が集積するという、地域的特性をもとに人的資源を獲得し、祭礼文化をスムーズに継承していた。しかし、現地調査の結果、同集落の獅子舞はこの数年間で「伝統的で荘厳な舞」から、見物人たちを抱腹絶倒の境地へと誘う「ユーモラスな舞」へと、その性質を変容させた事実も浮き彫りとなった（D氏による）。

　神着の住民の中でもとりわけ高齢の女性たちにとって、初午祭の獅子は「昔は（獅子が）あまりにも怖くて、ご祝儀を玄関先に置いて家の中に獅子を入れないようにと団員に頼んだこともあった」と言わしめるほど、迫力のある畏怖の対象だった。また、青年団のOBにあたる高齢の男性は「かつては獅子で住民を泣かせてなんぼだった」と語る。神着の住民にとって「恐ろしい存在」であったはずの獅子は、2000年の噴火を契機にその荒々しさを和らげてユーモラスな性質を強めた（Ⅲ節参照）。その要因として、以下の2点を指摘できる。

　第1に、2000年の噴火の影響で、神着の男性たちは島外において約5年間にもわたる避難生活を送り、また全島帰島以降は復興作業に注力せざるを得なかった。その間、現役の団員はOBたちの厳しい指導のもとで獅子舞を練習する機会を喪失した。これは、現役の団員たちに伝統的な所作の一部を省略させるなど、獅子舞を「自由裁量」で踊る余地を与え、伝統的な舞が有していた迫力・緊迫感を弱める要因となった[31]。

　第2に、全島帰島後の青年団では、比較的自由な雰囲気の中で獅子舞を練習するようになり、そこに三宅島の文化的伝統をもたない島外出身者とその家族が合流して現在の「現役の団員」を形作った。現在の「現役の団員」は獅子舞の伝統を重視しながら、世帯単位で青年団の活動に従事している。つまり、これは彼らが「世帯間の和やかな近所づきあい」の一環として、獅子舞を練習し、祭礼を継承していることを意味する。このような青年団の団員の属性と人間関係の変化は、彼らの間に獅子舞の荘厳さ・迫力よりはむしろ、あらゆる世代に受容されやすいユーモラスさを好む風潮を生じさせたと考えられる。

　以上から、三宅島の初午祭は大規模な自然災害の頻発という中において、担い手を確保しつつ、伝統的な祭礼の「古式」を維持することがいかに困難であるかを示す事例のひとつだと言えよう。

Ⅴ　おわりに

　本章では、活発な火山活動が続く三宅島において、江戸期に起源をもつ伝統的な祭礼「初午祭」を円滑に継承している神着に注目し、以下の2点の解明を試みた。第1点目は、同集落の人びとが継承している初午祭の概要と担い手の特徴である（①）。そして第2点目は、2000年の大規模な火山活動の前後において、神着の人びとがいかにして初午祭を継承してきたか、また、現在、

これをスムーズに存続させている要因とは何かという点である（②）。筆者による現地調査の結果、①・②に関して以下の知見を得ることができた。

①　初午祭の概要とその担い手：現在、神着に伝わる初午祭は、江戸期に流人が始めたとされるもので、この祭礼の折に、同集落の男性たちで「悪魔祓い」のご利益があるといわれる獅子舞を世帯ごとに奉納している。近代には神着の男性たちで組織する若者組が、また第二次世界大戦後は同じく青年団がこれを担った。同集落の男性を主軸としたこれらの組織は非常に厳しい上下関係に基づく地縁組織だといえるが、昭和50〜60年代頃までは島外や島内の他集落出身者の受け入れに対しては極めて消極的であった。1983年の噴火と2000年の噴火が約20年の間隔で発生したことを受けて、中年層の団員の一部は家族とともに島外へ移住するようになり、その結果、神着出身者のみで初午祭を実施することが困難になった。

②　2000年の噴火と初午祭の継承：2000年の噴火以降、神着の初午祭の人手不足を解消したのは、三宅島にある大手インフラ企業の出張所・事業所や公的機関に出向中の島外出身者とその家族であった。これらの企業・機関、ならびに宿舎は神着とその隣接集落の伊豆に集積しており、島外からの新住民たちはそこで労働・生活するなかで団員たちと人脈を構築した。そして、新住民たちはこれを契機に世帯単位で青年団に加入し、初午祭を含む集落の祭礼・行事に参加し、地域社会に溶け込んでいった。新住民たちは赴任期間を全うすると島外へと転出するが、彼らの後任者が順次転入してくる。神着の人びととは、このように島外から継続的、かつ安定的に流入してくる島外の人びとに強く依存した形で伝統的な祭礼を円滑に継承していた。

日本の多くの離島では過疎化・少子高齢化が著しく進展し、これらの社会問題は祭礼を含む多様な生活文化を衰退させる要因となっている。今後、離島の住民たちが地域特有の文化を円滑に継承し、地域を振興させていくには、本章で事例とした三宅島神着のように、島外から人口を安定的に吸引する集落を対象とした、人的資源の獲得に関する研究を蓄積し、これを手がかりとして離島全域における人的資源に係る支援の方策を具体的に検討することが必要となろう。そのためには、各離島の公的機関・大手インフラ企業とその関連施設の分布状況、ならびに、離島の人口動態を把握する作業も不可欠となる。上記の点を今後の研究課題として掲げ、本稿を終えることとしたい。

［付記］本稿は、國學院大學研究開発推進機構研究開発推進センター「地域・渋谷から発信する共存社会の構築」プロジェクトの調査・研究成果の一部である。

＜注および文献＞

1)　三宅村役場住民基本台帳による。http://www.vill.miyake.tokyo.jp/gyousei/syoukai/jinkou_setai.html（三宅村役場HP、最終閲覧日2017年12月23日）。
2)　伊豆諸島東京移管百年史編さん委員会編『伊豆諸島東京移管百年史 下巻』東京都島嶼町村会、1981。
3)　国立天文台編『理科年表 平成27年 第88冊』丸善出版、2014。
4)　浅野幸子「三宅島噴火災害（全島避難）」（浦野正樹・大矢根　淳・吉川忠寛編『復興コミュニティ論入門』弘文堂、2007）166-175頁。
5)　高木　亨・瀬戸真之「三宅島雄山噴火による長期避難とその後の復興過程」（平岡昭利・須山　聡・宮内久光編『離島研究Ⅴ』海青社、2014）47-64頁。

6) 筒井　裕「自然災害と地域振興 —— 三宅島観光の現況と課題 —— 」(國學院大學研究開発推進センター編・古沢広祐責任編集『共存学2』弘文堂、2014) 123-142頁。

7) 宮内久光「離島を対象とした人文地理学研究の動向」(平岡昭利・須山　聡・宮内久光編『離島研究Ⅴ』海青社、2014) 9-30頁より、人文地理学的視点から離島の祭礼文化に関する調査・研究が進展していないことが把握できる。なお、本稿の脱稿後に、以下の論考が刊行された。伊藤　純「芸能を媒介とするネットワークの形成と自律的伝承の課題 —— 三宅島神着天王祭を事例として —— 」儀礼文化学会紀要6、2018、100-123頁。

8) 三宅島史編纂委員会編『三宅島史』三宅村、1982。

9) 前掲8)。

10) 小金井小次郎の指導で造成された溜池「小次郎井戸」は、現在、三宅村指定文化財に登録されている。なお、これを縁として三宅島と小金井市の間において地域間交流が推進されている。

11) 前掲8)。浅沼金一郎『三宅島の文化を尋ねて』弘文堂、1969。

12) 三宅島教育委員会編『三宅島の民俗芸能』三宅島教育委員会、1981。

13) 阿古のある飲食店の経営者(50歳代男性)は「次の噴火」に備えるべく、自宅に併設した店舗を比較的安価な木材で建設している。

14) 前掲4)〜6)。

15) 三宅村役場に対する聞き取り調査によると、1983年の噴火の折に、1982年以前の集落別人口に関する統計資料(三宅村役場住民基本台帳)を焼失したという。

16) 三宅村企画財政課編『三宅村人口ビジョン』三宅村、2017。同資料によると、2017年現在、三宅島において年少人口が占める割合は8.6％で、以下同様に生産年齢人口が53.2％、そして老年人口が38.2％となっており、「超高齢社会」の水準に達している。また2062年には、この島の人口がおよそ1300〜1400人にまで減少すると推測されている。

17) 神着・坪田・阿古・伊豆では青年団が、伊ケ谷では伊ケ谷郷土芸能保存会が初午祭とその折に奉納される獅子舞を継承している。

18) 阿古青年団による初午祭については、以下の先行研究が存在する。筒井　裕「自然災害と共存する祭礼 —— 東京都三宅島の初午祭を事例として —— 」(國學院大學研究開発推進センター編・古沢広祐責任編集『共存学3』弘文堂、2015) 61-80頁。

19) 阿古では初午の日に、それ以外の集落においては初午の日に近い土・日曜日を利用して初午祭を実施している。

20) 神着村役場編『神着村勢概要』神着村役場、1931。

21) 前掲8)。御笏神社は、事代主命の后にあたる佐伎多麻比咩命を祀る式内社である。同社では、毎年7月に疫病退散を祈願する牛頭天王祭を執行している。御笏神社の社伝によると、牛頭天王祭の起源は1820(文政3)年に遡るという。また、富賀神社(阿古鎮座)は三宅島の総鎮守とされる古社で、阿米都和気命・事代主神・伊古奈比咩神を主祭神とする。隔年で斎行される同社の祭礼「富賀大祭」は神輿が三宅島を一周することで名高い。富賀大祭でこのような大規模な神輿渡御を行うようになったのは1880(明治13)年のことだといわれる。

22) 近年も現役の団員がOBに対し、玉串・榊などの祭礼道具の調整方法について助言を求めたことがあった。

23) 2015年現在、団員たちは冬季に入ると火・金曜日の週2日間、さらに初午祭の2週間前になると土・日曜日を除いた平日の5日間、いずれも夜間に獅子舞を練習している。1990年代半ばには、「獅子舞の師匠」と呼ばれる高齢の男性(青年団OB、現在80歳代)が獅子舞の役割を決定した。近年は、全島帰島直後の2005〜06年に団長を務めた人物(現在はOB)が現役の団員の稽古を見守る。

24) かつて、青年団では獅子頭を御笏神社の神殿に一晩安置してから門付けを行ったという。

25) 獅子頭役が訪問先からご祝儀を貰い受ける際に、彼は獅子の幕で手を覆い、布越しにご祝儀袋を受け取

らなければならないとされる。

26)　青年団には、門付け時に死者を出した世帯（通称「ブク」）を訪問してはならないというきまりがある。なお、青年団では、獅子頭役に対し、「家屋の内側から外側へと災厄を祓うようなイメージ」で舞を奉納するよう指導を行ってきたという。

27)　青年団では、初午祭で得たご祝儀の 10 ％をネギモトと御笏神社にそれぞれ分配し、残りの 80 ％を団費としてきた。ネギモトとは御笏神社の境内社（稲荷堂）をまもってきた世帯である。なお、団費の一部は団員間の親睦を深めるべく「娯楽費」として使用される。

28)　総務省統計局 e-Stat、2005・10・15 年『国勢調査』小地域集計「年齢、男女別人口、総年齢及び平均年齢 ― 町丁・字等」による。https://www.e-stat.go.jp/（最終閲覧日：2017 年 12 月 23 日）。

29)　三宅島観光協会の会長 I 氏によると、この島の民宿で季節労働者 1 名を住み込みで雇用すると、1 か月あたり約 20 万円の人件費を要するという。

30)　前掲 18)。

31)　前掲 18)。現役の団員たちが舞の所作の一部を省略したり、舞の内容をよりユーモラスなものにしたりしている点について、OB たちは「目上の者が厳しくすれば若者がついてこなくなるので、継承が難しくなる」と考えており、この風潮を容認する傾向にある。こういった傾向は阿古においてもみられる。

（筒井　裕）

10章　鹿児島県奄美大島におけるIターン者の選別・受入を通じた集落の維持
── 瀬戸内町嘉鉄にみる「限界集落論」の反証 ──

I　はじめに

1.　研究の枠組

　2005年における人口減少社会への突入とともに、近年、日本の農村を巡っては、その現状や将来を「限界」や「消滅」の語とともに喧伝する論考がさまざまな角度から注目を集めている。大野は、高齢化率などの定量的指標をもとに、農村地域の集落を存続集落、準限界集落、限界集落、消滅集落に区分した[1]。存続集落は、集落総人口の50％以上が55歳未満の人口によって構成される。一方、55歳以上の人口が集落総人口の50％を上回ると、準限界集落に区分される。さらに、65歳以上の人口が過半数を占め、かつ世帯数が20戸未満の限界集落では、独居老人世帯が増加し、共同体としての社会生活の維持が困難になり、やがては消滅集落を迎えるという。

　小田切は、限界という語調の強さを指摘し、この概念提起を批判するとともに、農山村が有する持続性や強靭性にも注目する必要性を主張した[2]。また、新沼は、高齢人口が50％を超える集落においても、別居子により社会機能が維持されている事例を明らかにし、数値基準のみならず、地域の実態に即した対応を求めた[3]。山下は、大野の論考に対して、高齢化率を過度に重視し、それを集落の限界や消滅に結びつける論理展開に疑問を呈しつつも、同論の意図はあくまでも過疎化や高齢化する農村地域に対して注意を喚起することにあったとした[4]。しかし、限界集落の語は、その後、政府やメディアを通じ、日本の農村にとってのあたかも不可避な末路のように扱われ、学術界の内外で流布した。すなわち、農村地域の維持・再生を企図して提起された限界集落の概念は、既定路線の「限界集落論」として社会的に構築された。

　こうして言説化された限界集落論にくわえ、2014年に日本創生会議人口減少問題検討分科会により提出された報告書、通称「増田レポート」では、全国の基礎自治体を対象に統計資料に依拠した分析が行われ、全896の「消滅可能性自治体」が抽出された。ここでの抽出法は、2010〜2040年間での若年女性（20〜39歳）の人口減少率の推計に基づいており、その算出根拠には疑問符が付された[5]。また、地方の人口減少を強調する一方、地方から大都市圏への人口移動数に関しては、30年間に渡って同数を維持すると仮定している点も合理的とは言い難い。徳野は、統計データによるこうした分析を外形的手法と指摘し、集落点検などによる質的データに基づく現状理解の必要性を説いた[6]。

　増田レポートに対する批判は、主に二つの論点に集約される。一つは、地方の消滅を既定路線とし、農村住民に地域からの撤退を急き立てているととらえられる点である。元総務大臣という増田の肩書きは、レポートの内容に権威を与えるとともに、それを一種のプロパガンダとしても十分に機能させ得る。他方の批判は、増田が「選択と集中」という経済的論理に基づき、農村から中核都市への人口移動を誘導した点にある[7]。しかし、国土空間の多様性という文化的・社会

的視座に立てば、依然として都市から農村への人口移動が求められよう。また、食料の国内自給という観点においても、生産空間としての農山漁村の維持が不可欠である。

　国内における人口移動は、戦後一貫して農村から都市へと向かった。しかし、農村から都市への急激な人口移動の結果、その後、都市で生まれ育った都市住民が増加した。こうした背景において、1990年代後半には、田舎暮らしブームが生じた[8]。彼らにとって、農村空間は自らが体験し得なかった価値ある空間として評価され得る。都市から農村へと投げかけられるまなざしは近年変質しており、農村空間には新たな価値が与えられている[9]。

　小田切は、田園回帰の語をつかい、都市から農村への移住現象を単なる人口移動としてではなく、国家的な社会変動としてとらえた[10]。第二次世界大戦の敗戦以後、高度経済成長（1950年代〜70年代）、バブル経済の出現と崩壊（1980年代〜90年代）を経て、2011年には東日本大震災が発生した。これらの出来事にくわえ、グローバル化・情報化の進展が人々の価値観の形成に影響していることは論をまたない。今日、価値判断の基準は多様化しており、戦後に醸成された価値体系は必ずしも日本社会を独占的には支配していない。近年では、国外への移住も含め、ライフスタイルを重視した経済的論理ではとらえきれない移住者が確認される[11]。

　都市から農村へ向かう移住者は、国内の人口移動研究において、Iターン移住者（以下、Iターン者）として分類される。地方の限界や消滅が示唆される一方、戦後以降みられた向都離村に逆行する近年のIターン移動は、ルーラルツーリズムとともに、地方再生の切り札として期待される側面をもつ[12]。本論は、こうしたIターン者に注目し、国土縁辺地域における集落の「存続」の可能性を検討する。

　研究対象地域として、鹿児島県奄美大島の瀬戸内町嘉鉄集落（以下、嘉鉄）を取り上げる。奄美大島は、環海性・隔絶性などによって特徴づけられる離島であり、条件不利地域として位置づけられるが、1990年代末以降、嘉鉄にはIターン者が継続的に流入している。本論の目的は、Iターン者の価値観と彼らを受け入れる集落に内在する機能に注目し、Iターン者を取り入れた集落の維持形態を明らかにすることである。現地調査は、2013年6月、2014年9月、2016年2月、および2017年7月に実施した。Iターン者のほか、集落区長をはじめとした従前の住民、役場職員、地元不動産仲介会社の社長などに聞き取りを行った。

2.　南西諸島におけるIターン者と地域社会

　離島地域は国土の縁辺地域に位置づけられるとともに、本土の農村部にはみられない種々の要素が存する空間としてもとらえられる。中でも南西諸島では、環海性・隔絶性といった離島地域が有する普遍的要素にくわえ、その温暖な自然環境が、都市に在らぬものを希求する都市住民にとって、移住のプル要因として機能している。1990年代末以降におけるIターン者の増加に対応し、2000年代以降、南西諸島におけるIターン者と地域社会との関係に焦点を当てた研究が蓄積されてきた。

　谷川は、Iターン者のライフヒストリーに着目した語りから、大隅諸島におけるIターン者の移住過程、および地域社会において彼らが抱える諸問題を説明した[13]。また、竹下は、屋久島においてIターン移住に不動産仲介業者が果たす役割とその限界性を示し、既存の地域住民とIターン者との間のコンフリクトの存在を指摘した[14]。

　一方、石川は、石垣島へのIターン移住が、市街地周辺に新たに建設された賃貸マンション・

アパートへの若年者の試験的流入と島内北部における退職中高年者の定住という２類型から成ることを明らかにした[15]。中高年者が居住する石垣島北部では、全住民がＩターン者によって占められる集落も存在するという。石垣島のように観光地化や住宅開発が過度に進行した島に限らず、集合住宅への流入やＩターン者集積地域での居住は、Ｉターン者と従前の住民との間での空間的すみ分けを示す。このとき、従前の地域住民とＩターン者の間では、比較的軽微な社会的接触が生まれるにすぎない。

　Ｉターン者と地域社会との関係に関して、竹下は、Ｉターン者の集落行事への参加率の低さが、屋久島における従前住民の不満になっていることを指摘した[16]。また、奄美大島北部および名瀬を中心にＩターン者の動向を分析した須山は、20歳代〜40歳代と比較的若年の単身Ｉターン者に、こうした行事参加への消極的な姿勢がみられることを明らかにした[17]。また、又吉は、石垣島の川平集落を取り上げ、単身や夫婦のみのＩターン者世帯が既存の地域社会との接点を有さず、集落から社会的に無視されている状態にあることを指摘した[18]。他方、家族世帯のＩターン者は、子どもを通じた従前住民との日常的交流を経て、集落行事にも積極的に参加し、地域社会に貢献しているという。しかしその一方、同論では、従前住民とこうした家族世帯のＩターン者の間にも、集落行事の運営主体／協力者という明確な線引きが存在することも同時に指摘された。

　南西諸島へのＩターン移住に関する研究は、大隅諸島の屋久島、先島諸島の石垣島に多くみられる。これらの島々では、観光地化や住宅開発が進み、本土における知名度も高い。また、奄美大島を事例とした須山は、島内の北部から名瀬にかけての比較的利便性が高い地域を取り上げた[19]。翻せば、南西諸島において観光地化や都市化が進んでいない地域では、Ｉターン移住に関する研究も進展していない。しかし、実数は相対的に少ないものの、それらの地域においてもＩターン者は認められ、集落の人口比からみたとき、その影響力は軽視できない。また、国土縁辺地域の衰退を巡る一連の議論においては、観光地化や都市化が遅滞した地域においてこそ、その様態の把握が求められる。これらを踏まえ、本論は、奄美大島島内においても相対的に利便性が低い嘉鉄を事例とすることにより、集落維持の観点からＩターン者と地域社会の動向を検討する。

　離島の集落において、Ｉターン者の流入は、過疎化や少子高齢化を是正し、集落を維持するための有力な手段になり得ると考えられる。しかし、Ｉターン者が移住先の集落に社会的な意味合いで参加しないとき、彼らの存在は必ずしも当該の地域社会に積極的な影響ばかりを与えるわけではない。小田切によれば、集落の衰退は、①人口規模縮小と高齢化（人の空洞化）、②農林地の荒廃（土地の空洞化）、③集落機能の停滞（むらの空洞化）の三つの次元で進行する[20]。小田切の枠組に依拠するならば、農村集落の維持や存続の可能性を検討するためには、人口や農地といった物理的・空間的次元のみならず、集落機能という社会的次元からも集落の現況をとらえる必要がある。Ｉターン者による集落への流入は、それ自体で人の空洞化、または人の空洞化と土地の空洞化の予防や解消に貢献すると考えられる。しかし、むらの空洞化を予防・解消するためには、彼らによる集落行事などへの積極的な参加が求められる。このように、集落を複合的な次元で維持していくためには、Ｉターン者を物理的、または数値（統計）的な対象としてのみならず、社会的な存在としてもとらえる必要があろう。

　以上を鑑みると、本論では、主に２つの点において研究上の意義が認められる。まず、南西諸島において研究の蓄積が乏しい、都市化・観光地化が遅滞した集落を取り上げることにより、当

該分野の研究に新たな知見を提供する。すなわち、南西諸島においても、特に周縁化が進んだ集落におけるＩターン者の動向を明らかにすることができる。さらに、フィールドワークに基づき、物理的・数値的な次元のみならず、社会的な次元からもＩターン者と彼らが流入する集落をとらえることにより、日本の農村の不可避な末路として流布されてきた限界集落論について、その妥当性を評価することが可能となる。

Ⅱ　瀬戸内町嘉鉄へのIターン移住

1.　研究対象地域

　本論の研究対象地域は、奄美大島の嘉鉄である。嘉鉄は、奄美大島の最南部に位置する瀬戸内町の集落である（**図10-1**）。瀬戸内町には56の集落があり、その中心地は名瀬に次いで島内第2位の人口を有する古仁屋である。嘉鉄は、古仁屋から約5km東方に位置する。また、南方を加計

図10-1　研究対象地域

呂麻島と大島海峡に面し、集落南部には深い入り江に沿った砂浜が広がる。周辺の他集落と同様に、海側を除く三方は山地に囲まれ、集落は地理的に隔絶されている。集落内を東西方向に走る県道は、嘉鉄から古仁屋までを結ぶ。また、集落北側の緩傾斜地は、1970年の減反政策以前においては主に水田として、現在では主に自給用の畑地として利用されている[21]。集落の中心地は、嘉鉄公民館である。豊年祭などの集落行事に際しては、ここが会場となり、公民館東側の敷地には土俵が組まれる[22]。

　奄美大島と島外を結ぶ主要な地点は奄美空港である。奄美空港は島内最北部の奄美市笠利町に位置する。1992年、奄美空港には日本エアシステムによる東京からの直行便が就航した。これを契機に、島内北部では観光開発が進展した。また、2014年には格安航空会社（LCC）のバニラエアもこの路線に参入し、首都圏からの観光客の増加を促進している。さらに同社は、2017年、大阪との間にも直行便を結び、奄美大島と島外との結びつきを一層強化している。

　奄美大島において空港への近接性は、大都市圏をはじめとした本土の都市への近接性と同義ととらえられる。このため、島内北部には比較的大型のリゾート施設が複数立地する。また、島内最大の人口を有する名瀬、および名瀬と空港を結ぶ国道58号沿いには、大型スーパーや本土資本の商業施設が複数分布し、本土の都市と遜色がないほどの都市的機能を有している。すなわち、島内北部から名瀬周辺にかけて居住するＩターン者は、奄美大島という離島地域に居住しつつも、本土へのアクセシビリティと都市的な生活様式を確保している。

　他方、瀬戸内町は島内最南端に位置し、空港への近接性が最も低い。瀬戸内町の古仁屋においては、スーパーマーケット、ドラッグストア、コンビニエンスストアがそれぞれ1軒立地するものの、高次な買い物が可能な商業施設はなく、都市機能において名瀬との格差は大きい。嘉鉄の集落内部には小規模な個人商店が立地するのみであり、生鮮食料品などの買い物に際して、住民は古仁屋に行く必要がある。また、名瀬や古仁屋などにおいて集合住宅が多数立地する一方、嘉

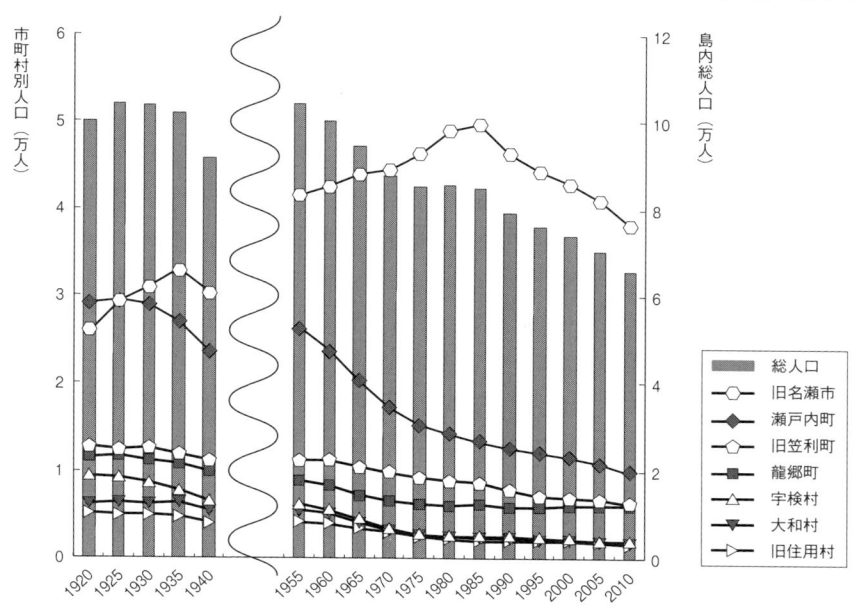

図10-2　奄美大島における人口の推移（1920〜2010年）
（国勢調査により作成）

鉄においては嘉鉄小学校の教員住宅を除き、すべてが戸建の住宅である。Iターン者は、住宅所有者が高齢化するなどして管理が困難となった空き家にその都度流入しているため、集落内に不規則に分布している。

　1953年における本土復帰以降、奄美大島の総人口は減少を続けている（**図10-2**）。この傾向は東京や関西など、島外への人口流出による。一方、島内唯一の都市である名瀬では紬産業が興隆し、1980年代まで島内他地域の人口を吸引した[23]。他方、名瀬を除くすべての地域からは、1950年代以降、名瀬および本土に一貫して人口が流出している。中でも、嘉鉄の位置する瀬戸内町は漁業を主な産業とし、戦前までは名瀬に匹敵する人口規模を有したが、本土復帰以降、最も顕著な人口減少を経験している。1955年に2万6371人を数えた人口は、2010年の国勢調査では初めて1万を下回り、9874人にとどまった。

　国内の他地域と同様に、戦後、奄美大島においても合計特殊出生率は減少しているが、2008〜12年の5年間において、全ての市町村で合計特殊出生率が県内平均（1.61）を上回った[24]。中でも瀬戸内町の合計特殊出生率は、島内で最も高い2.06であった。しかし、1998年以降、島内の人口は自然減に転じている。また、2010年において、高齢化率は島内平均で28.0％、瀬戸内町では34.0％に達した。若年層を中心に島内出身者の島外流出が継続しているとともに、高齢化の結果、死亡数が出生数を上回っている。現在、奄美大島では、社会減と自然減の両方によって人口が減少している。

2.　嘉鉄の人口動態とIターン者

　2014年12月現在の住民基本台帳において、嘉鉄は世帯数115、人口224を数えた[25]。このうち、Iターン者は12世帯34人であり、総人口の約15％を占めた。**図10-3**には、1959〜2014年の嘉鉄における人口、および世帯数の動態を示した。嘉鉄では、世帯数において大きな変動はなく、120世帯前後を維持している。しかし、1959年において529を数えた人口は、世帯内における若年者の流出に伴い、その後急速に減少した。1974年までには、1959年の約37％減少し、333を数えるにとどまった。1970〜80年代においても人口は継続して減じたが、1994〜2014年の20年間においては、200人台前半を維持している。1世帯当たりの平均人員は、4.17（1959年）、3.03（1974年）、2.18（1994年）、1.95（2014年）で推移してきた。

　現地での聞き取りにより明らかになった、全12のIターン世帯の基本属性を**表10-1**に示した。現在、嘉鉄に居住するIターン者は、すべて1990年代末以降に移住した。同時期は、田舎暮らしブームが発生した時期に一致する。このことは、石垣島や屋久島をはじめとした本土居住者にとって馴染み深い島のみなら

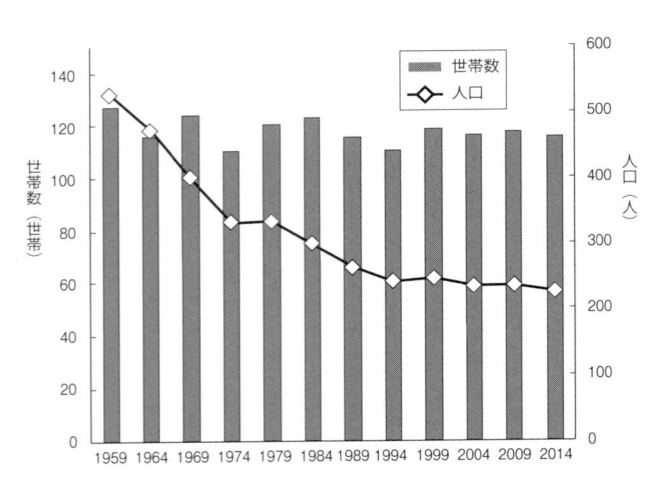

図10-3　嘉鉄における世帯数・人口の推移（1959〜2014年）
（瀬戸内町住民基本台帳により作成）

表10-1　嘉鉄におけるIターン者の基本属性（2014年末時点）

世帯ID	家族構成（年齢）								出身地		前住地	前住地での職業	現在の職業	嘉鉄への移住年
	0-9	10-19	20-29	30-39	40-49	50-59	60-69	70-	世帯主	配偶者				
A	□	■		□	■				熊本	埼玉	埼玉	会社員	漁師・ペンション経営	2011
B		■			□■				東京	東京	東京	ダイビングガイド	町職員・農家	2009
C		■				□			東京	-	東京	劇団員	観光業経営	1998
D					□				大阪	-	東京	会社員	観光業経営	1998
E	□■			□■					北海道	古仁屋	東京	僧侶	僧侶	2009
F	□■				□			■	大阪	-	大阪	会社員	ペンション経営	2007
G		□■		□			■□		兵庫	大阪	大阪	自動車整備士	郵便局員	2001
H						□			京都	-	大阪	飲食業・警備員	無職	2013
I					■□				東京	神奈川	東京	会社員	町職員	?
J				□					石川	-	大阪	会社員・大学院生	NPO職員	2011
K	□■	■			■				北海道	東京	東京	会社員	ツアーガイド・介護士・農家	2014
L				□				■	兵庫		兵庫	会社員	無職	2011

注：□は男、■は女を示す。

(聞き取り調査により作成)

ず、奄美大島において、なおかつ空港から遠隔な地域である嘉鉄までもが全国的な流行に取り込まれていたことを示唆する。

　Iターン者の移住前の居住地は、東京7、大阪4、埼玉1（世帯）であり、大都市圏に限定される。F氏、G氏、J氏を除くIターン者が、移住前または移住の構想前においては、奄美大島への来島経験をもたなかった。このうち、H氏とI氏は瀬戸内町役場が企画する移住体験ツアーへの参加を通じて移住したが、残るIターン者は行政の仲介を経ずに移住した[26]。また、世帯構成からIターン者をみると、単身世帯4と家族世帯8に大別される。嘉鉄においては、全Iターン世帯の3分の2を家族世帯が占める。嘉鉄におけるIターン者の年齢は、30歳代～40歳代が中心であり、合計14人を数える。単身のIターン者は30歳代～60歳代の男性であり、家族世帯においては、3世代同居のF、Gの世帯を除いて核家族世帯である。また、家族世帯全8のうち、6世帯には0歳代～10歳代の子どもがおり、その数は合計12人に及ぶ。さらにこのうち、F氏の子2人とG氏の子1人を除く9人の子どもは小学生以下である。2014年現在、嘉鉄小学校の総児童数は19人であった。同小学校の校区には、嘉鉄のほか、蘇刈、伊須が含まれる。1名の児童は蘇刈から通学しているが、伊須に居住する児童はいない。嘉鉄には残る18人の小学生が居住するが、このうち、Iターン世帯の子は3分の1の6人を数える。

　図10-4の人口ピラミッドによると、嘉鉄の人口構成の主体は55歳以上である。その数は133人に上り、集落全体の59.4％を占める。また、65歳以上の人口は90人であり、嘉鉄の高齢化率は40.2％に達する。大野の集落区分に照らせば[27]、嘉鉄は準限界集落となる。一方、嘉鉄では30～54歳の全47人（総人口の21.0％）のうち、36.2％の17人をIターン者が構成する。また、0～19歳の37人（総人口の16.5％）のうち、32.4％の12人をIターン者の子が占める。

　嘉鉄のIターン者には30歳代～40歳代を世帯主とする家族世帯が半数を占め、彼らは集落における人口構成の不均衡を是正している。Iターン者を除くと、嘉鉄の世帯数は103、人口は190であり、1994年までの下降曲線の延長線上におおむね一致する。総人口に占める55歳以上、65

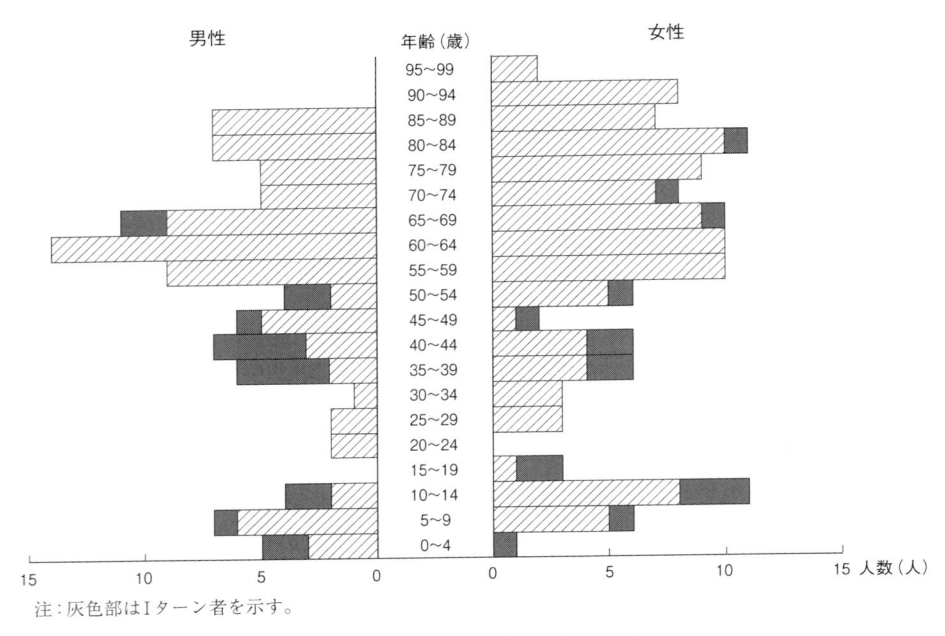

注：灰色部はIターン者を示す。

図10-4　嘉鉄の人口ピラミッド（2014年末時点）
（瀬戸内町住民基本台帳により作成）

歳以上の人口割合は、それぞれ67.4％、44.7％にまで上昇する。また、Iターン世帯の平均人員は2.83であり、集落平均（1.95）を上回る。これらのことから、Iターン者は集落の少子高齢化と人口減少に一定の歯止めをかけているといえる。

3. Iターン者の生活・就業環境

　移住前の職業をみると、全12のIターン世帯の世帯主のうち、7人は会社員であった。また、現在の職業については、4人が観光関連の自営業者である。また、このうち1人は、他のIターン者（K氏）を雇用している。さらに、B氏は瀬戸内町の観光協会に勤務している。すなわち、全体の半数に当たる合計6人のIターン世帯主が観光業に携わっている。このうち、家族世帯のIターン者3世帯は、農業や漁業などの一次産業にも兼業で従事している。名瀬や島内北部に比べ、瀬戸内町では観光業が盛んではないが、嘉鉄のIターン者は、町内における一種のニッチともとらえられる観光産業に多く従事している。

　また、聞き取りにより、すべてのIターン世帯が最低1台の自家用車を保有していることがわかった。公共交通機関が脆弱であるとともに、各集落が地形的に隔絶されている奄美大島では、基本的な移動手段は自家用車である。路線バスも運行されているものの、名瀬－古仁屋間でも運行頻度は1時間に1本程度であり、その利便性は低い。

　古仁屋には、ドラッグストア、スーパーマーケット、コンビニエンスストアのほか、携帯電話ショップなどのサービス業、病院、郵便局、町役場などが立地するものの、家具や自動車などの買回品や耐久消費財を販売する小売店は立地しない。これらの高次な商品、高度なサービス提供のほか、行政サービスの申請や交付のためには、より高次の中心地機能を有する名瀬に行く必要がある。しかし、Iターン者の名瀬への訪問頻度は、頻繁な人でも月に2回程度であり、2か月

に 1 回程度にとどまる人も多い。

　1998 年に大阪から移住した D 氏は、移住当初、月に 2 回ほど買い物のために名瀬を訪れていた。しかし、2000 年代後半以降、インターネットショッピングの利用が増加した。インターネットショッピングが開始された当初には、家具や家電製品などの重くて運搬が困難な商品などを購入していたという。しかし、送料の無料化や利用の手軽さから、現在では、軽量の雑貨や小物なども購入の対象となっている。インターネットショッピングを利用するようになって以降、名瀬での買い物回数は年に 4 回ほどに減少した。今日、嘉鉄の I ターン者の購買行動は、自家用車による古仁屋への頻繁な来訪とインターネットショッピングを基盤としている。

Ⅲ　I ターン者の価値観と移住の意思決定

　本節では、嘉鉄への I ターン者のうち、単身で移住した者、家族で移住した者をそれぞれ取り上げ、その発話内容をもとに、移住に関する意思決定の過程と要因、彼らの価値観を分析する。

1.　ライフスタイル移住と島内での世帯形成

　B 氏は、1972 年に東京都で生まれ、高校卒業までの 18 年間をそこで過ごした。高校卒業後、かねてから好きだったという海に携わる仕事をするため、八丈島に渡り、2 年間をダイビングインストラクターとして過ごした。その後、八丈島で出会った友人からの勧めを頼りに、1992 年、奄美大島に来島した。八丈島での経験を生かし、蘇刈のリゾートホテルでダイビングインストラクターとして、住み込みで働いた。さらにその後、約 1 年間オーストラリアへのワーキングホリデーも経験したが、帰国後は再び奄美大島に戻り、蘇刈のリゾートホテルに復職した。

　2001 年には、ホテルの同僚であった女性と結婚し、同年に娘が生まれた。B 氏と同様に、同氏の妻もまた東京都出身の I ターン者であった。夫妻は、結婚と子どもの誕生を機に、勤めていたリゾートホテルを退職し、蘇刈にダイビングショップを開業した。2001 年以降の約 6 年間も蘇刈での居住を続けたが、娘の小学校入学を契機に嘉鉄へ転入した。蘇刈は嘉鉄小学校の校区であり、集落内に小学校を有さない。蘇刈から嘉鉄までの通学路は起伏のある道程で 3 km 以上あることなどもあり、小学校が立地する嘉鉄への引越しを決めたという。また、同夫妻は嘉鉄への転居に際し、蘇刈のダイビングショップを閉業した。ダイビングショップの閉業に関して、B 氏から得られた発話内容を以下に記した。

　　　ダイビングショップを経営している時は、シーズン中には休みが取れないくらいに忙しかった。子どもとの時間をちゃんと取れないなら、島に暮らしている意味はないから、店を閉めて転職することを決めた。そういう時間をちゃんと取りたいから、ここ（奄美大島）に住んでいるわけだから。

　B 氏は、ダイビングショップ閉業後、瀬戸内町観光協会の臨時職員に転職した。また、同氏の妻は、嘉鉄の集落内北部にある瀬戸内町営農支援センターでの研修後、2 年後にはパッションフルーツ農家として独立した。夫妻それぞれの所得は、本土の都市部での所得水準に比べると、決して高くはないものの、こうした仕事により得られる収入を夫婦で組み合わせることにより、子どもをもつ家族世帯の生計も成り立つ。聞き取りによれば、B 氏一家が賃借する住宅の家賃は、月 1 万 5000 円にすぎない。すなわち、島内においては、収入のみならず支出もまた少ないため、

本土の都市とは異なる世帯の経済構造が存立する。奄美大島の島内では、本土の都市に匹敵する収入を得られる仕事は限定的である。しかし一方、農業や季節的に生じる労働需要は恒常的に存在し、それらはIターン者の生活にとって重要である。

B氏が求める生活環境は、海や山に囲まれた豊かな自然環境である。聞き取りからは、奄美大島の島内においても「名瀬（などの都市的な地域）に住むくらいなら、わざわざ移住はしない」との発話も得られた。同氏は、奄美大島の島内においても、都市化や観光開発が比較的進展していないため、嘉鉄に好んで居住しているという。また、仕事よりも家族とともに過ごす時間を優先しており、ワークライフバランスの充足をなにより望んでいる。蘇刈から嘉鉄への引越しも、子どもを中心に考えた暮らしを優先した側面が大きい。

B氏の事例は、Iターン者が有する価値観を端的に表す。高校卒業後、同氏は八丈島、オーストラリア、奄美大島という温暖で自然環境に恵まれた地域を選び、そこで自身が理想とするライフスタイルを実践してきた。奄美大島には通算20年以上にわたり居住を続け、同様の価値観をもつ妻を得て、この地で子どもも授かった。B氏の事例は、単身での移住者が島内での人口再生産に貢献していることを例証する。

B氏は、東京都区部の出身であり、都市的生活の利便性を実体験として十分に理解している。同氏は、当初、趣味やそれを可能とする理想的な自然環境を求めて、いわば自由気ままに移住した。しかし、結婚して子どもが生まれた以降も、移住先である奄美大島は自身が考える理想的な生活環境に結果的に合致した。B氏は、理想的なワークライフバランスなど、東京では得られないライフスタイルの実現を求め、奄美大島最南端のこの集落に居住している。

2. 子育て環境の追求と都市への懐疑

K氏は、小学4年生までを北海道で過ごしたものの、その後、親の仕事の都合で東京都に引越し、卒業、就職、結婚、子どもの誕生など、すべてのライフイベントを東京で経験した。K氏の両親も都内に居住するとともに、同氏の妻も東京都の出身である。すなわち、移住前、K氏の生活基盤はすべて東京にあった。しかし、夫妻の趣味はともに野外でのレクリエーションであり、休暇を得ては家族で自然環境に恵まれた地域に行き、キャンプなどを楽しんでいたという。以下には、東京での生活と移住前の出来事について、K氏から得られた発話内容を記した。

　東京にいた時は、家族でいろんなところに行った。家族旅行は、いつも移住先探しも兼ねていた。（夫婦）どっちも自然が好きだし、子どもも同じだから、ずっと地方に移住したかった。屋久島には3回行ったし、子どもは山村留学もした。屋久島への移住はかなり現実的に考えていた。ただ、屋久島は自然環境には恵まれているけど、人とのつながりが弱いように感じた。子どもの反応を見ても、（屋久島は）少し違うかなって感じた。子どもが一番だから、最終的には子どものリアクションをみて移住するのをやめた。でも、屋久島への移住の機会を逃した後は、もう移住は無理なのかなって思っていた。

K氏は自然環境に加え、近隣住民との濃密な人間関係などの社会的な環境も重視し、長期的、かつ現実的に移住先を選定していた。前述したB氏も子育て環境の重視を指摘していたが、B氏とは異なり、K氏は移住前においてすでに結婚しており、子どももいた。K氏の移住に関する意思決定は大前提として家族を単位とし、中でも3人の子どもの意思が最も尊重された。このため、同氏の移住の決断には慎重さが求められ、その決定には時間を要した。結果として、屋久島はこ

の一家にとっての移住先にはならなかった。奄美への移住時、K氏は39歳であり、妻は43歳であった。また、長女が小学6年生、双子の次女と長男は小学4年生であった。最優先事項である子育てを中心に、嘉鉄を移住先として選んだ理由について、K氏は以下のように説明した。

> 長男の体が弱かったから、空気の良いところで育てたかった……このタイミングが、移住の最後のチャンスだと思った。長女が中学校に入学したら、もう移住はできないと思った。最終的には、子どもたちをここ（嘉鉄）に連れてきた時に、反応がすごく良かったから移住を決めた。集落内に小学校もあって、今では子どもたちも楽しそうに遊んでいる。それに古仁屋にも近いし……そういう意味でもここがちょうど良かった。

　上記の発話は、K氏の移住の意思決定において、子育てが最も重要な要素であったことを再確認させる。また、B氏やK氏をはじめ、嘉鉄のIターン者の多くは、最初から名瀬などの都市的地域を候補にしていない。彼らは、島内において利便性が高い都市的地域をあえて回避し、嘉鉄に移住した。しかし、名瀬や古仁屋に比べ、嘉鉄の生活利便性は低い一方、町内の加計呂麻島、与路島、請島などに比べれば、嘉鉄の利便性は相対的に高いといえる。また、集落内には小学校が立地し、同じ校区の蘇刈、伊須を含めた瀬戸内町東部において、嘉鉄は低次の中心地として位置づけられる。K氏一家にとって、嘉鉄は濃密な人間関係と豊かな自然環境を享受しつつ、一定の利便性を確保し得る、いわば条件が整った"ちょうどよい"地域であった。

　さらに、K氏は都市における移住のプッシュ要因についても言及した。

> 東京にいる時、周りの子どもは塾に行ったりして忙しく過ごしていた。そういうのを見て、なんとなくかわいそうに思った。そういう子がうちに来て遊んだりもしたし、一緒にキャンプに連れて行ったりもした……それから、東日本大震災の影響も大きかった。みんな食べもしないのにコンビニに走って、大量に食べ物を買い占めたりして……ああいうのを見て、なんかむなしくなったね。

　この発話は、K氏が東京で経験した都市的生活の負の側面を映し出している。ここでも、同氏の視線は子どもたちに向けられている。自身の子どものみならず、その友人までを広く観察し、屋外での遊び場が少なく、放課後には塾通いをするなど、忙しく過ごす東京の子どもたちの生活を目の当たりにし、自身の子どもとともにキャンプへ連れて行くなどしていたという。こうした発話からは、K氏が一種の反都市的な価値観を有していることが読み取れる。また、移住の一因として、東京における東日本大震災の経験が指摘された。最大の被災地である三陸地方に比べ、相対的には被災地とは言い難い東京において、K氏が指摘したような利己的行動が看取されたことは否めない。この事象は、東日本大震災という未曾有の混乱により、都市社会を特徴づける個人主義の原則が利己主義として表出した結果と考えられる。他方、移住の意思決定時、K氏にとって、嘉鉄は共同体としての機能が維持され、都市とは対照的な利他的な価値観を有する地域として認識された。K氏の東京から嘉鉄への移住は、東京に内在する人間関係の希薄さや利己的な価値観に対する反動、あるいは強い懐疑の結果としてもとらえられる。

Ⅳ　住宅取引と集落行事にみるIターン者の選別・受入

　本章では、Iターン者による嘉鉄への移住過程を集落への空間的な流入過程と社会的な参入過程に分け、分析を行う。まず、1.において、Iターン者の空間的な流入過程をとらえるため、嘉

鉄の集落内における住宅確保のプロセスについて検討する。その後、2.において、集落への社会
的な参入過程を捕捉するため、集落行事の役割を分析する。

1. 閉鎖的な住宅市場とⅠターン者の選別

　嘉鉄における不動産は、基本的には所有者と購入者・賃借者との間で直接に取引されてきた。
古仁屋の不動産仲介会社社長への聞き取りによれば、1995年の創業以降、嘉鉄で扱った物件は2
件にすぎないという。このうち、1件は聞き取り時において売り出し中であった。持ち主は、首
都圏在住の70歳代の女性であり、住居にくわえて農地の売り出しも希望していた。本土への転
出後、住宅を所有し続けたものの、高齢になるとともに帰還の意志がなくなった、あるいは帰還
が困難になったと考えられる。このように、所有者が高齢化するとともに遠方に居住し、住宅の
処理に窮した場合に限り、嘉鉄の住宅は不動産仲介会社を介した一般の市場に浮上する。

　聞き取りによると、同社長はすでに7人の購入希望者をこの物件に案内したという。このうち、
島内出身者は古仁屋在住者1人にとどまり、残りは瀬戸内町油井在住のⅠターン者1人、本土在
住のⅠターン希望者5人であった。このことから、嘉鉄の住宅がⅠターン者からの高い需要を有
していることがわかる。しかし、同社長は嘉鉄の物件を扱うことに抵抗感を有しているという。
島内においても、嘉鉄のような大規模とはいえない集落では、人間関係が特に濃密である。この
ため、売約者が島外者である場合、集落において問題を引き起こすリスクが高いと判断される。
売り出し中の物件に関しても、リスクをできるだけ低下させるため、島内在住者を優先しつつ、
島内出身者を最優先して売買を成立させる意向であるという。この会社では、人口が集積する古
仁屋のほか、清水に2棟28戸、阿木名に5棟30戸の賃貸の集合住宅を扱う。Ⅰターン者の顧客
には、こうした集合住宅に居住することを勧めている。

　現在、嘉鉄に居住するⅠターン世帯全12のうち、4世帯は奄美大島内の他地域を経由すること
なく、嘉鉄に移住した（**図10-5**）。嘉鉄に直接Ⅰターン移動した者のうち、K氏世帯を除く3世帯
が、集落内または島内に親族や知人がいたため、住宅を確保することができた。他方、残る8世
帯は名瀬や古仁屋など、島内の他地域で居住した後に嘉鉄へ移り住んだ。

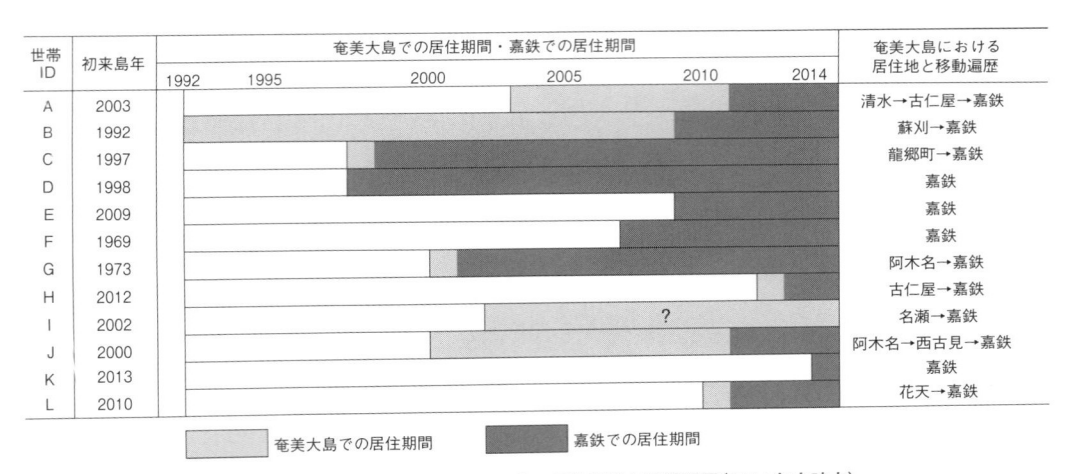

図10-5　奄美大島におけるⅠターン者の居住経験と移動遍歴（2014年末時点）
（聞き取り調査により作成）

　嘉鉄への I ターン移住の流れを**図10-6**
に示した。嘉鉄への I ターン移住は、移住
前における島内での親類・知人の有無に基
づき、大きく２つに区分される。移住前に
おいて、奄美大島に親類・知人を有する移
住者は、親類や知人が構築した島内の社会
的ネットワークを活用し、嘉鉄に住宅を確
保することが可能である。たとえば、E 氏
は、妻が古仁屋出身者であったため、妻の
親の知人の紹介によって、嘉鉄に住居を得
た。すなわち、本人 − 親族 − 親族の知人 −
住宅所有者という、３次的なネットワーク
を介して、住居を確保した。

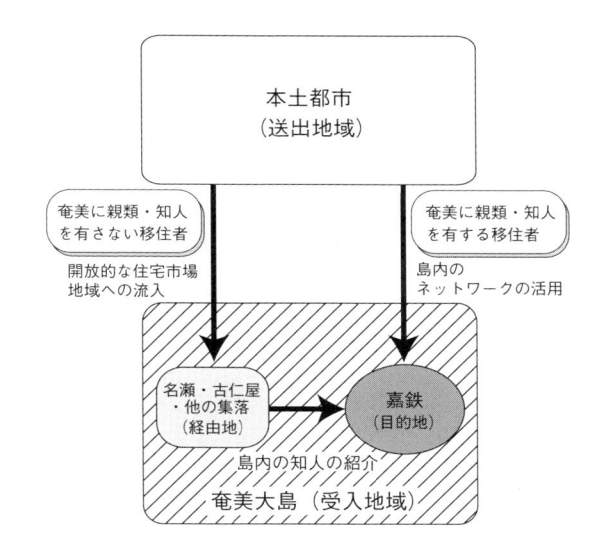

図10-6　嘉鉄への I ターン移住の仕組み

　また、D 氏は集落内に所在するダイビン
グショップ兼ペンションにおいて、移住
前、従業員として住み込み就労を経験し
た。半年間の住み込みを経て、同氏は当時のペンション経営者であった F 氏の父親の紹介によ
り、集落内に住居を獲得した。すなわち、D 氏は観光施設で住み込み就労することによって、そ
の間に地域住民（雇用主）との信頼関係を構築した。現在、D 氏はここを住居兼ダイビングショッ
プとして利用している。D 氏の場合、移住前に集落内のペンションで住み込み就労したため、他
地域を経ることなく、集落内に住居を確保することができた。

　他方、移住前において奄美大島に親類や知人を有さない I ターン者にとって、住宅市場が狭小、
かつ閉鎖的な嘉鉄に住居を確保することは困難である。したがって、彼らが嘉鉄での居住を希望
する場合、古仁屋、清水、阿木名など賃貸の集合住宅が立地する、住宅市場が開放的な集落に一
度居住することを余儀なくされる。また、花天をはじめとした過度に空き家が発生している集落
などでは空き家バンクを介した居住も可能である[28]。他の集落での居住期間において、彼らは
嘉鉄の集落内外での人間関係を構築し、その後、島内の知人の紹介によって嘉鉄に流入すること
が可能となる。こうした移住の流れは、一度島内の他地域を経由することから、I ターン移動と
いうよりむしろ、"L字"状の移動パターンを示す。

　A 夫妻は、2003年に埼玉県から I ターン移住した。保育所と小学校が立地することなどから、
同夫妻は、奄美大島への移住当初から、嘉鉄での居住を希望していた。しかし、住宅の確保が困
難であったため、最初、清水の集合住宅に居住し、その後間もなく古仁屋に移った。A 夫妻が、
集落内の空き家所有者に辿り着くまでには長期間を要した。清水からの転居後、古仁屋に約８年
間居住し、2011年に妻の職場の先輩の紹介により、念願であった嘉鉄に賃貸の戸建て住宅を確
保した。また、前節で取り上げた B 氏もまた、17年間に及ぶ蘇刈での居住経験を基盤に、島内
の知人の紹介によって嘉鉄に賃貸の住宅を得た。すなわち、A、B 両氏はいずれも島内の他地域
に長期間居住することにより、嘉鉄内外における人脈を形成し、その結果、嘉鉄に住宅を確保す
ることができた。

　このように、嘉鉄ではインフォーマルな取引に基づく、閉鎖的な住宅市場が存在する。これに

より、嘉鉄では集落住民との関係を有さない外部者の進入を未然に防ぐとともに、Iターン者を選別している。住宅所有者の高齢化、本土での長期居住などに伴い、嘉鉄においても空き家は認められる。しかし、嘉鉄の空き家所有者の多くは、先祖伝来の土地を見ず知らずの相手に売却または賃借することに抵抗感を有している。このため、嘉鉄では空き家が発生しても、それが一般の住宅市場に出回ることは稀である。住宅の売却または貸与を行う際には、自らの知人や知人の知人、あるいは、さらにそのまた知人といった1〜3次的な社会的ネットワークの圏内で住宅が取引される。Iターン者が嘉鉄に住居を確保するためには、こうした嘉鉄の住宅所有者を中心とした社会的ネットワークに参加することが求められる。

2.　集落行事を通じたIターン者の受入

　奄美大島では広く集落単位での行事が維持されているが、中でも嘉鉄は瀬戸内町内で有数の行事が盛んな集落である。嘉鉄では豊年祭をはじめ、多様な行事が数多く実施される。嘉鉄の従前住民は、Iターン者に対して、行事への参加を移住の絶対条件として求めている。Iターン前において、嘉鉄の住民とIターン希望者との間では、話し合いの場がもたれる。ここで、地域住民は嘉鉄において行事が活発に行われている旨を伝え、Iターン希望者に行事への参加意志を問う。これにより、行事に参加する意志をもつIターン者を選別するとともに、移住後のトラブルを回避することが可能となる。すなわち、移住前、Iターン者は住宅の確保にくわえ、集落行事に関する地元住民との話し合いという二つの過程を通じて、ふるいにかけられる。

　嘉鉄では、年齢およびジェンダーを単位として、青壮年団、婦人会、熟年会、敬老会が組織されている。集落行事などの際、これらの組織が活動の単位となる。年度初めにおいて、集落区長が年間の集落行事計画をまとめると、各会はそこに示された行事に重複しないように、独自の活動を調整して計画する。たとえば、60歳未満の男性によって組織される青壮年団は、球技大会に参加するため、大会前には仕事終わりに町内の体育館で頻繁に練習するほか、豊年祭の開催時には土俵の整備などの力仕事を担う。

　一方、班は集落内部の空間的単位であり、嘉鉄には全4班が組織されている。各班において、それぞれ1人の班長が決められている。上記の年齢・ジェンダー単位の組織に比べ、班を単位とした組織の活動は少ないが、区長の連絡を伝える際には、区長から各班長に情報が流され、次に班長が班内の構成員にその情報を伝達する。また、清掃活動では、住民それぞれが班域内で草刈りや海岸などを清掃することにより、集落内部の美観を保つ。この活動は、近所付き合いを濃密化させるとともに、住民全員で居住・生活空間を清掃することに伴い、集落への愛着と構成員としての帰属意識を強化する役割も果たす。

　嘉鉄では、集落全体での行事、青壮年団などの年齢・ジェンダーに基づく組織にくわえ、班単位での活動やPTAの集まりもある。住民は各単位組織に重なり合って所属しているため、集落での生活は長閑とはいえない。しかし、聞き取りを行ったIターン者は忙しくはあるものの、こうした頻繁な行事を不満には思っておらず、行事に参加することを当然のこととして認識していた。

　毎年8〜9月に行われる豊年祭は、奄美において最も重要な年中行事である。嘉鉄の豊年祭は敬老会の構成員（敬老者）を来賓客として迎え、余興が披露されるため、敬老会も兼ねている。元来、豊年祭は収穫に際した祝祭であり、旧暦8月15日に開催された。しかし、今日、奄美大島

の大半の集落では、本土に居住する集落出身者の都合を考慮し、8月または9月の土日に開催される。嘉鉄では、旧暦8月15日に近い土曜日に催され、2013年度においては9月14日であった。豊年祭開催日の調整は、転出した集落出身者が集落との関わりを維持する狙いがある。また、継続的な本土への人口流出とそれに伴う集落住民の高齢化により、集落に現住する住民のみでは行事を維持することが困難になりつつあることも示唆する。こうした現状は、今日において奄美の集落社会が物理的な集落空間を越えて維持・形成されていることを示す。

　豊年祭では相撲が取り組まれるほか、青壮年団、婦人会、熟年会、小学校児童などの各単位集団によって、余興として踊りが披露される。豊年祭において、K世帯などの子持ちのIターン世帯は、夫は青壮年団員として、妻は婦人会員として、子は小学生としてそれぞれが余興を披露し、集落社会に貢献する。また、嘉鉄では、単身のIターン者も集落行事に積極的に参加している。

　2014年の豊年祭において、青壮年団は集落の伝統的な踊りである、カマ踊りを披露した。カ

写真10-1　青壮年団によるカマ踊りの練習風景
（2014年9月、髙橋昂輝撮影）

図10-7　豊年祭でのIターン者の貢献を伝える地元紙の記事
（南海日日新聞2014年9月7日より転載）

マ踊りは収穫を祝う嘉鉄固有の踊りであり、演者である青壮年団員は、カマを持ち稲刈りの様子を表現する。この踊りは、一時期途絶えていたが、約10年前に復活した。豊年祭に際しては、年齢・ジェンダー組織ごとに1週〜1か月前から公民館で練習が行われる。青壮年団によるカマ踊りに関しても、豊年祭前の1週間は、公民館で午後8時から連日練習が行われた（**写真10-1**）。ここでは、中年の嘉鉄出身者が指導役にあたり、Iターン者に踊りが継承される。

　2014年において、青壮年団員全41人のうち、11人がカマ踊りを実演したが、このうち6人をIターン者が占めた（**図10-7**）。この中には、家族世帯のIターン者のみならず、単身のIターン者も含まれた。さらに残る5人には、この年に帰還したUターン者1人と鹿児島本土から赴任中の教員2人を含んだ。このことは、今日嘉鉄の伝統文化がさまざまなアクターによって継承され、存続していることを示す。また、その中においてもIターン者は中核を成し、集落社会の担い手として不可欠な存在となっている。嘉鉄において、Iターン者は単なる協力者としてではなく、運営主体として行事に積極的に参加・関与している。

　嘉鉄にはさまざまな集落行事があり、それらの練習や開催を通じ、従前住民とIターン者の間では濃密な社会的接触が生まれる。嘉鉄において、集落行事は、従前の住民がIターン者を認識し、地域社会の一員として受け入れる場所として機能している。

Ⅴ　おわりに

　今日、日本の農村を巡っては、その現状や将来を「限界」や「消滅」の語とともに、喧伝する論考が注目を集めている。しかし一方、近年認められるIターン移住は、戦後以降の向都離村に逆行する人口移動現象であり、集落の限界や消滅といった言説に矛盾する。これを踏まえ、本論ではIターン者に焦点を当て、集落の「存続」の可能性を検討した。本論の目的は、Iターン者の価値観と彼らを受け入れる集落に内在する機能に注目し、Iターン者を取り入れた集落の維持形態を明らかにすることであった。

　本論では、鹿児島県奄美大島の瀬戸内町嘉鉄を取り上げた。奄美大島は南西諸島に位置する離島であり、環海性・隔絶性によって特徴づけられる。嘉鉄は奄美大島の最南部に位置し、島の内外を結ぶ奄美空港から最も遠隔な地域にある。島内においても、中心都市の名瀬や観光地化が進展した北部地域に比べ、その生活利便性は低い。1950年代以降、嘉鉄は一貫して人口減少を経験してきた。しかし、1990年代末以降、嘉鉄にはIターン者が継続的に流入している。現在、嘉鉄には、12世帯34人のIターン者が確認される。このうち、30歳代〜40歳代を世帯主とする家族世帯が半数を占める。

　Iターン者には、単身での移住者、家族での移住者などが確認された。移住の意思決定は、単身者の場合、本人の自由意志に基づくが、家族世帯のIターン者の場合、子どもをはじめとした他の家族構成員の年齢やライフイベントなどに依存する。嘉鉄のIターン者は、良好な自然環境、ワークライフバランス、子育て環境、濃密な人間関係など、都市に在らざる生活環境を求めて大都市圏から移住した。また、彼らの中には都市的価値観に対して反発や懐疑を抱く者もいる。以上のような価値観に基づき、Iターン者は奄美大島島内においても都市化や観光地化が進んだ地域を避け、選択的に嘉鉄に居住している。

　しかし、Iターン者が嘉鉄の集落内に住居を確保することは容易ではない。嘉鉄の住宅は、基

本的には不動産仲介会社などの一般市場には浮上せず、集落内外の人間関係に基づき、インフォーマルに取引される。移住前、島内に親類や知人を有するIターン者は、島内のネットワークを活用して嘉鉄に住居を確保することができる。しかし、島内に親類・知人を有さないIターン者は、一度島内の他地域に居住し、そこで嘉鉄内外の地元住民との社会関係を構築した上、嘉鉄の住宅所有者の社会的ネットワークに参加することが求められる。後者の移住過程は、Iターン移動というよりむしろ、L字状の移動パターンを呈する。

　嘉鉄では、集落行事が盛んに行われており、従前の住民は行事への参加をIターン移住の絶対条件と考えている。移住前、住民はIターン希望者との話し合いの場をもうけ、そこで彼らに集落行事への参加意志を確認する。濃密な人間関係を背景とした、住宅市場の閉鎖性と移住前における集落行事に関する合意形成は、地域社会に適合する人材を選別する役割を果たす。これらは、嘉鉄が有する既存の社会秩序を維持するための自衛機能としてとらえられる。

　嘉鉄のIターン者は、都市にはみられない集落の共同体的性格を肯定的にとらえるとともに、濃密な人間関係を事前に了解して集落に流入するため、移住後、集落行事に積極的に参加する。このことから、Iターン者は物理的、数値（統計）的のみならず、社会的にも集落の維持に貢献しているといえる。また、豊年祭をはじめとした集落行事は、開催日の当日のみならず、その準備期間も含めて、Iターン者と従前住民が共同作業する機会を提供し、両者の間での濃密な社会的接触を生み出す。嘉鉄において、集落行事は従前住民がIターン者を認識し、受け入れる場所として機能している。

　今日、嘉鉄には比較的若年のIターン者が流入し、集落の少子高齢化と人口減少を是正している。非都市的生活を希求するIターン者と彼らを選別して受け入れる集落に内在する機能が結びつき、嘉鉄ではIターン者を空間的・社会的に取り入れた集落の維持が行われている。

　本論は、本土の大都市に対し、周縁化された地域として位置づけられる離島において、その中でも、相対的に利便性が低く、観光地化や都市化が遅滞した集落においてもIターン者が少なからず流入し、集落維持において重要な役割を担っていることを実証した。こうした離島の集落の現況は、規定路線としての「限界集落論」を反証する事例として位置づけられる。

　［付記］　本章の作成には、JSPS科研費14J01668、および16K13299の一部を使用した。なお、本章はE-journal GEO 13-1、2018、50-67頁を一部改変したものである。

〈注および文献〉

1）　大野　晃『山村環境社会学序説 ── 現代山村の限界集落化と流域共同管理 ── 』農山漁村文化協会、2005。
2）　小田切徳美『農山村は消滅しない』岩波書店、2014。
3）　新沼星織「「限界集落」における集落機能の維持と住民生活の持続可能性に関する考察 ── 東京都西多摩郡檜原村M集落の事例から ── 」E-journal GEO 4-1、2009、21-36頁。https://www.jstage.jst.go.jp/article/ejgeo/4/1/4_1_21/_pdf/-char/ja　2017年12月19日閲覧。
4）　山下祐介『限界集落の真実 ── 過疎の村は消えるか？ ── 』筑摩書房、2012。
5）　前掲2）、山下祐介『地方消滅の罠 ──「増田レポート」と人口減少社会の正体 ── 』筑摩書房、2014。
6）　徳野貞雄「現代の家族と集落をどうとらえるか」（徳野貞雄・柏尾珠紀著『T型集落点検とライフヒストリーでみえる家族・集落・女性の底力 ── 限界集落論を超えて ── 』農山漁村文化協会、2014）14-224頁。

7) 増田寛也編著『地方消滅――東京一極集中が招く人口急減――』中央公論新社、2014。

8) 井口　梓「愛媛県における都市住民の農村移住」(田林　明編著『商品化する日本の農村空間に関する人文地理学的研究』平成19〜22年度科学研究費補助金基盤研究(A)研究成果報告書、筑波大学、2011) 367-379頁。

9) ①田林　明編著『商品化する日本の農村空間』農林統計出版、2013。②田林　明編著『地域振興としての農村空間の商品化』農林統計出版、2015。③Woods, M. *Rural Geography*. London, Thousand Oaks, and New Delhi: Sage Publications. 2005.

10) 前掲2)。

11) ①長友　淳『日本社会を「逃れる」――オーストラリアへのライフスタイル移住』彩流社、2013。②前村奈央佳・加藤潤三・藤原武弘「移動を希求する心理――『ライフスタイル移民』についての社会心理学的考察――」関西学院大学社会学部紀要120、2015、133-146頁。

12) 前掲2)。小田切徳美・石橋良治・土屋紀子・藤山　浩『はじまった田園回帰――現場からの報告』農山漁村文化協会、2015。

13) 谷川典大「大隅諸島への移住者とコミュニティ――ショート・ライフヒストリーと「語り」――」人文地理56-4、2004、393-409頁。

14) 竹下聡美「屋久島へのIターン移住における仲介不動産業者の役割」(平岡昭利編著『離島研究Ⅳ』海青社、2010) 98-109頁。

15) 石川雄一「石垣島におけるIターンの動向と中高年Iターン者の旧集落への移住」(平岡昭利編著『離島研究Ⅳ』海青社、2010) 83-97頁。

16) 前掲14)。

17) 須山　聡「奄美大島へのIターン移動」(須山　聡編著『奄美大島の地域性――大学生が見た島／シマの素顔――』海青社、2014) 180-190頁。

18) 又吉祥一郎「石垣島川平における混住化と古集落の再編」(平岡昭利・須山　聡・宮内久光編著『離島研究Ⅴ』海青社、2014) 133-150頁。

19) 前掲17)。

20) 前掲2)。

21) 静島秀麿著『故老たちのムンガタレから学ぶ――嘉鉄村の歴史と文化――』静島秀樹・静島良樹、2015。

22) 豊年祭は収穫を祝う祭であり、奄美群島内では、集落を単位として、基本的には毎年旧暦の8月15日に実施されている。

23) 2010年まで、奄美大島の島内では名瀬のほか、古仁屋もDID(人口集中地区)であった。

24) 奄美大島総合戦略推進本部「奄美大島人口ビジョン――奄美大島2060年の姿――」2015。http://www.city.amami.lg.jp/kikaku/documents/amamiooshimajinkouvision.pdf　2017年8月28日閲覧。

25) ここには、介護施設入所者など、集落内に住民票を有しているものの、域外に居住している高齢者10世帯17人も含まれる。

26) 2008年以降の毎年、瀬戸内町は移住体験ツアーを実施している。移住体験ツアーでは、地元住民との交流のほか、先着Iターン者から島での生活について話を聞く機会も設けられている。2008〜12年における計15回のツアーにおいて、参加者は計76人を数えた。また、同期間において役場を介してIターン移住した者は、移住体験ツアー参加者のほか、空き家バンクなどの利用者も含め、瀬戸内町全体で53組89人であった。しかし、瀬戸内町担当者への聞き取りによれば、役場を通してIターン移住する者は少数派にすぎず、町でも実際のIターン者の総数を把握していないという。

27) 前掲1)。

28) 空き家バンクは、瀬戸内町におけるIターン者誘致施策の一つである。2008〜12年間において、計20組33人が空き家バンクを利用して住宅を確保した。

（髙橋昂輝）

11章　鹿児島県奄美大島のカトリックと地域社会
── そのめまぐるしい相互関係の変化──

Ⅰ　はじめに

　2017年現在、鹿児島県奄美大島には31（巡回教会を含む、喜界島を入れると32）のカトリック教会が存在している。**図11-1**は奄美市名瀬の名瀬聖心教会のホームページ画像である。ひとつの島の中にこれほどの数の教会を有するところというと、真っ先に長崎を思い浮かべるであろう。長崎では周知のように戦国時代から江戸時代前期にかけてキリスト教の布教が盛んで、多くのキリシタンが存在したが、江戸幕府による禁教令によって弾圧が行われ、表立ってカトリック信仰を打ち出せなかった。そのため、潜伏キリシタンとして江戸期を過ごし、幕末のプティジャン神父による「信徒発見」を契機にカトリックが復興し、多くの信者を獲得するとともに明治以降も多くの教会が建てられた。長崎のこうした教会は「長崎と天草地方の潜伏キリシタン関連遺産」として2018年6月に世界文化遺産に登録された。くわえて近年ではキリシタン・ツーリズムに見られるように、長崎の島嶼部の教会は観光資源としても注目されている[1]。

　いっぽう、離島に複数のカトリック教会が存在しているという点は同じでも、奄美大島のカトリックの歴史や状況は長崎とは大きく異なる。近代以前の奄美大島には琉球王府から派遣されたノロによる先祖祭祀と、ユタによる祈祷や病気治癒・除霊をなど行う民間信仰の2つが存在していた。仏教については、1613（慶長18）年に曹洞宗の観音寺が奄美市名瀬大熊に存在していたが、島民の多くは近世期において仏教を受容しておらず[2]、1897（明治30）年に本願寺本堂が建立され

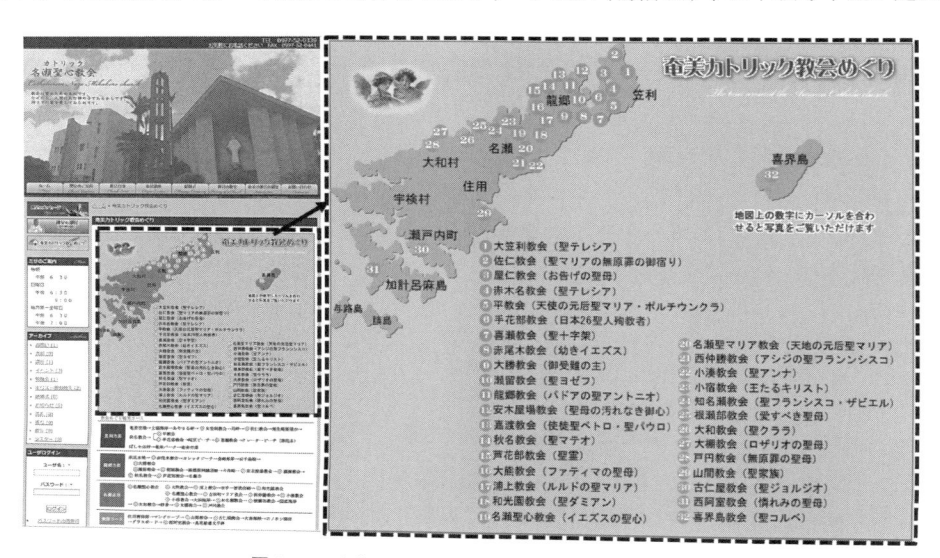

図11-1　奄美大島のカトリック教会の分布（2017年）
（名瀬聖心教会ウェブサイト http://naze-mikokoro.com/node/10 より引用）

て以降、本格的に仏教が受容されるようになった。神道についても明治初期の廃仏毀釈の影響で
観音寺から神社が分離され、新たに高千穂神社として建立された。当初は本殿や拝殿はなかった
が、1879（明治12）年頃に奈良から来島した人物を中心に講が組織されて神社建物の建設が始ま
り、大正年間に地元の有志によってようやく形が整えられていった[3]。このように、仏教や神道
が本格的に奄美大島の住民に受容されるのは近代以降のことである。すなわち、奄美大島の宗教
の状況はいわゆる本土とは大きく異なり、仏教、神道、そしてキリスト教が本格的に住民の間に
広まるタイミングはほぼ同じだった。

　奄美大島のキリスト教については、たとえば、安斎が沖縄と奄美大島を中心に南西諸島でのキ
リスト教の受容の歴史とその要因について調査研究を実施した[4]。また須山は奄美大島における
カトリックの普及と信仰の内容と現状、課題について考察し[5]、麻生は昭和戦前期のカトリック
教会の排撃事件について[6]、ならびに第二次世界大戦後の自然災害を通じたカトリック教会と地
元社会の関係について研究を行っている[7]。さらに田代や平山、山下はカトリック排撃の契機と
なったミッションスクールの廃校に関する研究を行っている[8]。そして宮下は昭和戦前期のカト
リック排撃について当時の関係者への取材をもとにした詳細なルポルタージュを執筆している[9]。
本章ではこうした先行研究をふまえながら、奄美大島にカトリックがどういった経緯で広まり、
どのような歴史をたどり、地元社会とどのような関係を築いてきたのかについて、特に明治期か
ら第二次世界大戦後を中心として概観し、宗教集団と地域社会の相互関係の変化について検討し
たい。

　なお、本章で使用した資料を述べておく。文書資料については『鹿児島新聞』『鹿児島朝日新
聞』『大島新聞』『南日本新聞』などの地方紙、『奄美』や『南島』といった戦前の地方雑誌、宮下正
昭によるルポルタージュ『聖堂の日の丸』、鹿児島短期大学付属南日本文化研究所編の『旧奄美高
等女学校調査報告書——大島高等女学校の設立と廃校について』、奄美宣教100周年実行委員会
編『カトリック奄美100年』、アントニオ平秀應の『宣教師たちの遺産』である。また、聖アント
ニオ神学院が所蔵する大正から昭和戦前期の写真類も使用する。

Ⅱ　奄美大島とカトリックの出会い

　奄美大島は南西諸島の中央部に位置する亜熱帯気候の島で（**図11-2**）、夏季から秋季にかけて
の台風の常襲地域である（**図11-3**）。島の北部では年降水量が3000mmを超え、中部から南部で
は1500〜2500mm前後である。また、島の中央部は標高300〜400mの比較的急峻な山地で、河
川の上流部に平野はほとんど形成されていない。そのため、島内の大半の集落はリアス式海岸の
湾頭の比較的小規模な海岸砂丘に立地している。奄美市名瀬（旧名瀬市）は島内でも比較的大きい
三角州上にあるが、それでも谷口から沿岸までの直線距離は1km弱である[10]。

　次に奄美大島の略史について説明する。奄美群島は中世には琉球王国の一部であったが、江戸
時代初期の1609（慶長14）年に薩摩藩の侵攻を受けた後、直接支配下に置かれた。江戸時代後期
になると、薩摩藩は米などの主食の栽培禁止をともなうさとうきびの強制栽培を行った。制度上
はさとうきびから作られた黒糖を藩が買い上げ、島民には米を支給することになっていたが、実
際には薩摩藩内の食糧事情により米の支給がたびたび滞り、島内では餓死者が続出した。また、
薩摩藩による黒糖の買い上げ制度の結果、島内で少数の大地主と多数の小作人ならびに家人と呼

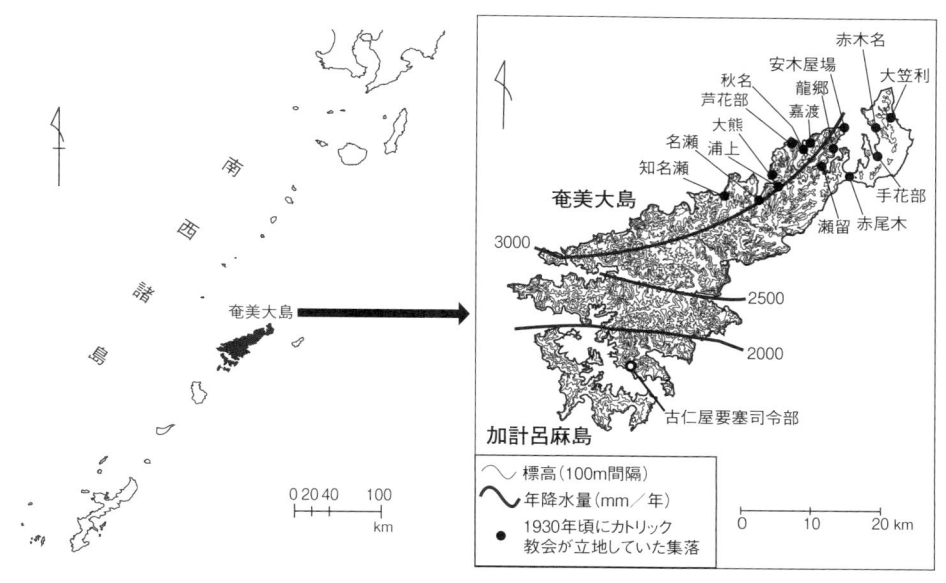

図11-2　対象地域

ばれる債務奴隷が生み出された[11]。

　明治時代以降も離島部の財政を島ごとに完結させ、鹿児島県の財政支出を抑える意図を含んだ、奄美「独立経済」の政策が推し進められた結果、本土との経済・財政格差が拡大するとともに、奄美大島全体が経済的に疲弊したことから、振興救済をたびたび政府や県に請願せざるを得ない状況に陥っていた[12]。また、近代に入ってからも奄美大島の主要産業はさとうきび栽培に大きく依存していたが、さとうきびの価格をめぐって鹿児島県が設立した大島商社から

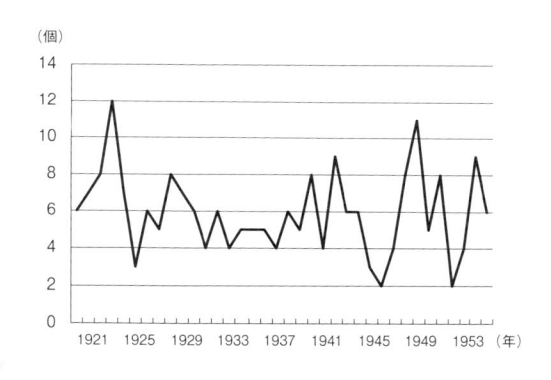

図11-3　名瀬市への台風の来襲数
（『奄美大島の概況　昭和35年度版』により作成）

の搾取に対する抗議行動が、1877（明治10）年ごろに丸田南里を中心に展開された（勝手世騒動）。こうした状況の奄美大島を明治後期のジャーナリストたちは「東洋のアイルランド」と呼んでいた[13]。その後も島内の経済状態は決して芳しいものではなく、大正後期から昭和前期の経済的不況が奄美大島を直撃した際、島民は経済的な苦境によって食糧の購入が困難になり、ソテツの実や幹から抽出したでんぷんを食べざるを得ず、ソテツに含まれる毒による中毒死が続出するという、いわゆる「ソテツ地獄」に襲われた[14]。

　奄美大島を取り巻くこうした状況の背景には、近世期には薩摩藩による経済的搾取の対象であり、近代以降も相変わらず本土からの経済的搾取と奄美「独立経済」政策の影響を大きく受けていたことがあげられる。近代以降の奄美大島は、沖縄とともに「社会的、文化的に不安定な位置に置かれることのある、境界地」[15]、すなわち近代国民国家形成途上の日本においては、社会的・政治的そして経済的な「周縁」の地だった。

表 11-1　奄美大島におけるカトリック略史

年	カトリック関連	関連事項
1891	名瀬の裁判所検事がキリスト教宣教師の招聘を呼びかける。 12月　パリ外国宣教会のフェリエ神父が来島。	
1893	夏　ノロや反カトリック集団による排撃。	
1894	1月　フェリエ神父、名瀬に土地を購入、教会建設開始。 カトリック信者への投石などの嫌がらせ。	8月　日清戦争開始
1896	10月　仏教僧侶によるカトリック非難と島民対立。	
1902	レンガみどう建設着工。	
1904	大笠利で集団洗礼。	2月　日露戦争開始
1914	8月　複数の神父が欧州戦線に召集、島内は司祭不足となる。	7月　第一次世界大戦勃発
1921	7月　ローマ法王が鹿児島・沖縄両県の教区をパリ外国宣教会に代わって フランシスコ会カナダ管区に委託。	古仁屋要塞建設開始 この頃「ソテツ地獄」が始まる
1922	レンガみどう完成。 10月　米川基神父来島、着任。	ワシントン海軍軍縮条約締結 10月　名瀬村から名瀬町に改変
1924	1月　大島中学の4年生2人（カトリック信者）が神社参拝拒否、放校。 4月　大島高等女学校開校、米川基神父が校長就任。 12月　大島高等女学校の教育勅語奉読不実施をめぐる鹿児島県議会での質 疑報道。	
1926	要塞地帯での機密地図流出をめぐる一連の報道。	
1927	10月　ローマ教皇庁使節が奄美大島来島。	8月　昭和天皇が奄美大島訪問
1929	10月　大島高等女学校が伊勢神宮式年遷宮式で遥拝式を不実施。 11月　名瀬町有志による大島高等女学校に対する調査と処分の当局への要 請陳情。	世界恐慌
1931	名瀬聖心教会に聖心愛児園を創設。	9月　満州事変
1933	8月　大島高等女学校廃校を求める町民大会。 9月　名瀬町議会、大島高等女学校の廃校を議決。 10月　名瀬町往来に「カトリック教攻撃ビラ」貼付。 12月　文部省が大島高等女学校の廃校を許可。	4月　滝川事件 6月　美濃ミッション事件
1934	9月　県立奄美高等女学校が大島高等女学校跡に移転。 12月　名瀬町民大会開催、外国人神父の島外追放、秋名教会襲撃事件。	
1935	長崎より日本人神父が来島、信者を訪問・激励。	12月　第二次大本事件
1936	3月　笠少将が名瀬町長就任。 6月　キリスト教排撃町民大会。 7月　大笠利教会焼失。	2月　二・二六事件
1937	6月　鹿児島県が島内の教会不動産を各町村に払い下げる。	
1938	6月　レンガみどうへの名瀬町役場庁舎の移転完了。 11月　無線電話開通と名瀬町役場庁舎移転改築の祝賀式典。	4月　国家総動員法公布
1939	日本人神父が密かに来島。	
1941		12月　太平洋戦争開始
1945	4月　空襲でレンガみどう焼失。	8月　太平洋戦争終結

（『カトリック奄美100年』により作成）

　このように、奄美大島の住民の多くが経済的に困窮して厳しい生活状況に置かれていた1891
（明治24）年、大島区裁判所の検事が奄美大島の近代化を目的としてキリスト教の誘致を行い、
これに応えたのがカトリック教会の中のパリ外国宣教会であった。ここからは先述の『聖堂の日
の丸』や『カトリック奄美100年』、麻生の一連の研究、そして近代の奄美大島のカトリックの略
年表を踏まえながら説明する（**表11-1**）[16]。
　1891年12月、パリ外国宣教会のフェリエ神父の来島を契機に、奄美大島での本格的なカト

リックの布教が始まった。当初はノロやユタ
などの奄美大島の伝統的な宗教集団にくわ
え、この頃に来島していた仏教の僧侶もカト
リックに反対したという[17]。また、名瀬大
熊では信者が観音堂を破壊し、仏像を教会の
踏石にするなど[18]、カトリックの布教初期
には島民や他の宗教集団との間でさまざまな
軋轢が生じた。だが、島民の多くは生活苦に
あえいでおり、外来のカトリックに対して生
活苦からの解放や医療・福祉・教育の充実に
大きな期待を寄せていた[19]。その結果、カ
トリック信者は急速に増加し、布教開始から
約30年後の1923（大正12）年には奄美大島全
体で4057人がカトリックに入信した。この
時期に最も近い1925年の奄美大島の総人口
が10万3862人であることから、島内人口の
およそ3.9％がカトリック信者であったと推
計される[20]。

　第一次世界大戦を経て1921年にはフラン
シスコ会カナダ管区（以下、フランシスコ会
とする）がパリ外国宣教会の後を継いで奄美
大島での活動を推し進めていくこととなる。
奄美大島の中央部には比較的急峻な山地が広
がっており、集落の多くが島の海岸部に存在
していたことから、パリ外国宣教会やフラン
シスコ会は島の北東部の主要な集落に教会建
設と布教活動を展開し、その過程でさまざま
な福祉あるいは教育などの活動にも取り組ん
だ。その中で地元名瀬町から女子高等教育の
充実のための高等女学校開校の要望があり、
フランシスコ会はそれに応える形で1924年
に大島高等女学校（以下、大島高女と呼称す
る）を開校した（**写真11-1・図11-4**）。また、
その2年前の1922年には名瀬市街地の中心
部に奄美大島のカトリックを象徴する建物と
して名瀬聖心教会（通称レンガみどう）が完成
した（**写真11-2・図11-4**）。この教会堂は当
時の奄美大島にあって数少ない大規模で近代
的な建築物であった。**写真11-3**はその名瀬

写真11-1　大島高等女学校（1927年頃）
（聖アントニオ神学院所蔵）

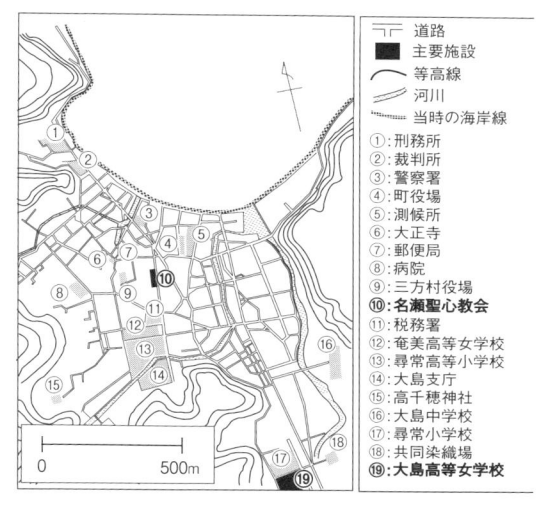

凡例
- 〒〒：道路
- ■：主要施設
- 〜：等高線
- 〜〜：河川
- ……：当時の海岸線
- ①：刑務所
- ②：裁判所
- ③：警察署
- ④：町役場
- ⑤：測候所
- ⑥：大正寺
- ⑦：郵便局
- ⑧：病院
- ⑨：三方村役場
- ⑩：**名瀬聖心教会**
- ⑪：税務署
- ⑫：奄美高等女学校
- ⑬：尋常高等小学校
- ⑭：大島支庁
- ⑮：高千穂神社
- ⑯：大島中学校
- ⑰：尋常小学校
- ⑱：共同染織場
- ⑲：**大島高等女学校**

0　　500m

図11-4　1930年頃の名瀬市街地
（『名瀬町案内』[21]により作成）

写真11-2　名瀬聖心教会（通称レンガみどう、1930年頃）
（聖アントニオ神学院所蔵）

写真 11-3　名瀬聖心教会の信者の集合写真 (1928 年頃)
(聖アントニオ神学院所蔵)

聖心教会の前で撮られた信者たちの集合写真である。前述のように奄美大島のカトリック信者は 4000 人を超え、旧名瀬町にも多くの信者が存在していたことがうかがえる。

　このように、カトリック教会は医療や教育といった社会福祉活動を通じて地域社会に貢献し、地域社会との関係を構築していた。しかしながら、カトリック信者の中学生による神社参拝拒否や要塞地帯の機密地図の漏洩「事件」をめぐるフランシスコ会のカナダ人神父へのスパイ疑惑が 1920 年代に『鹿児島新聞』や『鹿児島朝日新聞』などの地元新聞によってたびたび報道され、その中でカトリック教会と地域社会との関係は次第に変化を余儀なくされた。

　その背景の一つとして、奄美大島南西部の古仁屋要塞の存在があげられよう。第一次世界大戦後、奄美大島は軍事上の重要な戦略拠点として注目され、小笠原諸島の父島要塞や澎湖島要塞とともに「太平洋上の第一線要塞」として古仁屋での要塞建設が始まったが[22]、1921 年のワシントン軍縮会議の結果、太平洋における防備制限によって建設工事が中止された。こうした背景もあって、フランシスコ会のカナダ人神父に対するスパイ疑惑が地図漏洩「事件」として報道されたと考えられる[23]。

　ただし、興味深いことに 1933(昭和 8)年以降にカトリック排撃が本格化する以前は、奄美大島において必ずしもカトリック排除に賛同する言説だけが広まっていたわけではなかった。たとえば、地方雑誌『奄美』には 1930 年の 1 月号に大島高女の教育内容を批判することは近代国家としてふさわしくないとの主張や、外国人宣教師が校長であるため日本の国体への不理解はやむを得ないとする意見が掲載され、大島高女の学校行事や教育方針をめぐる報道の多様性が確認される[24]。

　また、1931 年の同誌 11 月号には奄美大島出身で東京の神田錦町の警察署長を務めていたカトリック信者へのインタビュー記事が掲載され、この人物の信仰の篤さや人格のすばらしさを評価している。そして、同年 10 月号にはイースター(復活祭)で使用するテッポウユリの栽培に関する記事が見られ、イースターの際に使用される沖永良部島産のテッポウユリが輸出先のアメリカで高い評価を得ている、と述べられている。

　こうした記事からうかがえるのは、1930 年代初頭の奄美大島におけるカトリックの評価が多様だったことであり、必ずしも排除されるべきネガティブな宗教という見方だけだった訳ではない。それが 1931 年の満州事変以降の国際情勢の変化も相まってか、奄美大島のカトリックに対しては次第に厳しい目線が注がれ、やがて排撃運動が展開されることになった。

Ⅲ　カトリック排撃

　奄美大島における一連のカトリック排撃運動とその直接的契機となった大島高女の廃校運動については『旧奄美高等女学校調査報告書』や、麻生・田代・平山・宮下・山下らの先行研究で明らかにされている。そこで先行研究の成果を踏まえつつ、当時の新聞記事などの史資料を参照しながら大島高女廃校の概要を述べたい。

　フランシスコ会は名瀬町所有の土地を無償で借り受け、そこに校舎を建設して大島高女を開校した。その際、名瀬町側の要請で、フランシスコ会と名瀬町との間で契約書とその「覚書」、およびそれを補足する「追加覚書」が作成されたといわれている[25]。しかし、1933 年 7 月、名瀬町役場内での「追加覚書」の紛失を地元紙がカトリック関係者による「追加覚書」の窃盗事件であるとし、重大な「売国奴事件」として大々的に報道した。同年 8 月には地元のジャーナリストらが町民大会を開催し、「カトリック排撃」と「大島高女の即時廃校」を名瀬町に要請した。9 月には名瀬町議会において「追加覚書」の「紛失」が議論され、地元新聞が大島高女の「不敬な教育内容」をさらなる大問題として報道した。間もなく名瀬町議会において大島高女の廃校が決議され、10 月には名瀬町長と町会議員数名が大島高女の設立認可取り消しを求めて、鹿児島県庁や文部省、そして陸軍省などへの陳情行脚を行った。また、大島高女の経営に携わっていたカナダ人神父へのスパイ疑惑が報道されるとともに、名瀬町内に「カトリック教攻撃ビラ」が貼り出された。

　こうした廃校運動に対して、大島高女の卒業生や一部のカトリック信者は廃校反対の声明を町に提出し、町民大会の場でも廃校反対を主張した。しかしフランシスコ会は大島高女の廃校を決定し、大島高女の校舎は「フランシスコ会が正当な理由なく学校を閉校した場合には校舎を無償で町に譲る」といった一連の「契約」通り、県立奄美高等女学校の校舎として転用された。

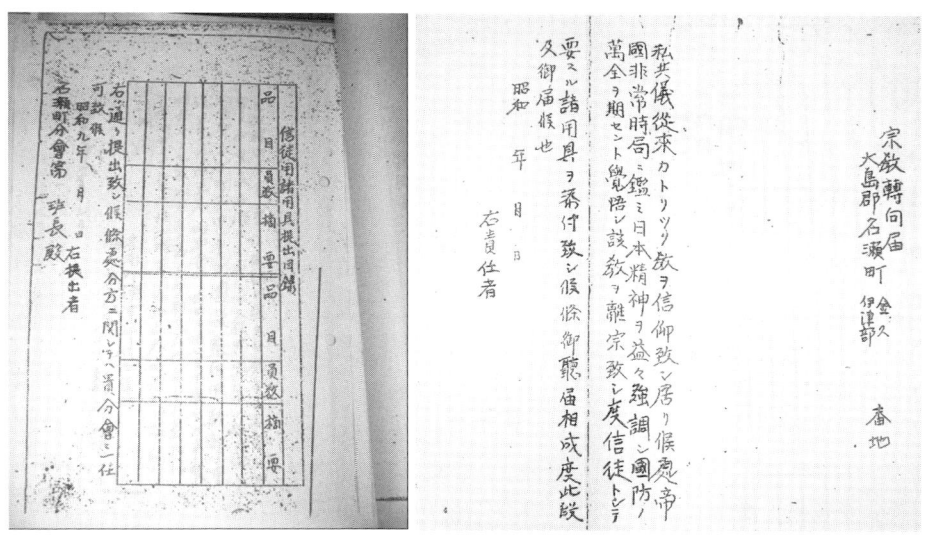

写真 11-4　カトリック祭具の没収リスト(左)と転向届(右)
(聖アントニオ神学院所蔵)

　大島高女廃校の直後はカトリックをめぐる報道は特に見られず、排撃運動もいったん終息した
かと思われた。しかし、当時の新聞や地方雑誌の記事によると、1934年末から翌年にかけてカ
トリック信者や関係者への排撃運動が奄美大島の各地で再燃した。たとえば、古仁屋にあった奄
美要塞の現役軍人が島内の集落を回りながらカトリック排撃講演を実施し、それに触発された名
瀬町の在郷軍人会や青年団が「カトリック排撃臨時総会」を開催したり、複数のカトリック信者
に信仰を棄てさせたりした。また、他の集落でも信者に棄教を強制する住民大会が催され、信者
がロープで四方を囲われた所に集められ、カトリックの信仰を棄てるまで囲いから出られないよ
うにされた事例や、地元の青年団がカトリックの祭具を没収し、海岸で焼却したり埋めたりし
て処分した事例もあった。**写真11-4**はこの一連の排撃運動の中で使用された祭具の没収リスト
（左）と「私共儀従来カトリック教ヲ信仰致シ居リ候処帝国非常時局ニ鑑ミ日本精神ヲ益々強調シ
国防ノ万全ヲ期セント覚悟シ該教ヲ離宗致シ度信徒トシテ要スル諸用具ヲ添付致シ候條御聴届相
成度此段及御届候也」と記載されたカトリックの棄教を誓う宗教転向届（右）である。これは謄写
刷りであることから、排撃の実践が突発的、散発的なものばかりではなく、組織的なものでも
あったと推察される。

　こうした排撃を受け、カトリック信者は外国人神父の島外追放を決定したが、その背景にはス
パイ疑惑がかけられたカナダ人神父を奄美大島から追放すれば信者への迫害が終息するのではな
いか、という希望的観測があったと考えられる。その一方で、神父に島に留まるよう強く希望し
た信者も複数名存在していたことから、地域社会による排撃運動への対応を通じて信者間の対立
が生じたことが見て取れる。神父や宣教師が追放され、排撃運動が激化する状況にあって密かに
教会に集まって祈りをささげる信者も少なからずいたが、神父のいない状況で大半の信者は孤独
のうちに信仰を守らざるを得なかった。さらに防火演習と称して自宅が集中的に放水を受けた
り、親類を頼って九州に避難した信者もいた。やがて奄美大島全域のカトリック信者のコミュニ
ティは数年で消滅し、教会不動産の多くはフランシスコ会から鹿児島県に寄付された後、奄美大
島の各町村に払い下げられ、その大半が第二次世界大戦の終了まで町役場や公会堂などの公共施
設に転用された。

　ただし、住民個人レベルで見ると必ずしもカトリック排撃に一様に賛成していたわけではな
く、また信者個人に対する排除の程度にも差が生じていた[26]。たとえば、龍郷町瀬留の信者で
あった人物の回想によると、排撃事件の最中に幼なじみの区長（非信者）が訪れて「いつかまたカ
トリック信仰を持てる時がくるから、今はひとまずカトリックを棄教してほしい」と涙ながらに
説得された、という。

　また、在郷軍人から信仰を捨てなければ銃殺されるとの脅迫を受けた名瀬町在住の信者は、自
身が経営する店舗が防空演習の放水の標的になった際、水浸しの中で家族を避難させてから頭に
鍋をかぶり、右手には十字架を持って警防団員らがいる道路に飛び出して「バンザイ」と大声で
3回叫んだ。その様子を見ていた見物人の中から「かわいそう」、「あんなになるまでしなくても
いいのに」といった発言があり、この人物に対して同情する人も少なからずいた。

　さらに、名瀬町の町会議員で薬店を経営していた人物の例も興味深い。この人物は1920年代
に大島高女を建設する際に私有地をカトリック教会に寄付し、1933年には大島高女の廃校にも
町議会で反対していた。その後薬店への嫌がらせなどもあってか、カトリックの棄教を表明し
た。1936年発行の『奄美』8・9月合併号では地元の名士として写真入りで紹介されていたのだが、

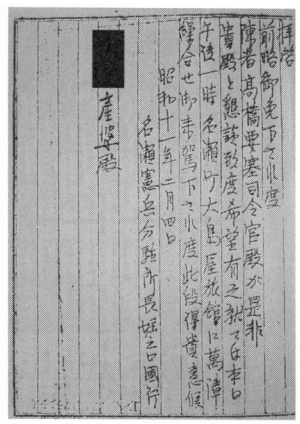

写真 11-5　破壊された墓(左)と信者への脅迫状(右)
(聖アントニオ神学院所蔵)

1939年ごろの防空演習で経営していた店舗が放水の標的になった。なお『カトリック奄美100年』によると、この人物は第二次世界大戦直後に「財団法人奄美天主公教会」の代表として、カトリックの教会不動産の返還運動に携わった[27]。

　そして名瀬町在住で助産師をしていた人物は、名瀬町の中でも熱心なカトリック信者であり、1933年の大島高女廃校の町民大会の会場で廃校反対を叫び続けた[28]。その後のカトリック排撃運動が展開される中、「奄美愛国義勇軍」の名で脅迫状が届いたり、名瀬憲兵分駐所長の名で「前略　御免下され度　陳者高橋要塞司令官殿が是非貴殿と懇談致度希望有之就ては本日午後一時名瀬町大島屋旅館に万障繰合せ御来駕下され度此段得貴意候　昭和十一年二月四日(後略)」との呼び出し状が送られてきたりした(写真11-5右)[29]。また、家族の墓が壊されたり、防空演習で家に放水されるなどの迫害を受け続けた(写真11-5左)。この信者はカトリック信仰者として迫害を受ける一方で、1935年の段階でも助産師を続けていたことから[30]、排撃の最中でも助産師としての信頼を得ていたと考えられる。1934年の暮れに信者住民が迫害緩和のためにカナダ人宣教師の追放を決議した時と、名瀬聖心教会の頂上の十字架が切り取られて代わりに日の丸が掲揚された時のことを「その時の胸の痛みは、生涯中最大のものであって忘れ去ることは出来な」かったと回想したこの信者もまた、第二次世界大戦後に「財団法人奄美天主公教会」の設立者に名を連ね、奄美のカトリック復興に尽くした[31]。

　なお、名瀬町の中心部に存在した写真11-2の名瀬聖心教会の転用に関する名瀬町長の発言を見ておきたい。かつてカトリック排撃運動の先頭に立った笠少将が名瀬町長として1938年の無線電話の開通記念式典での挨拶に立ち、名瀬町役場に転用された名瀬聖心教会の建物を「国防上の危険があったカトリック宣教師を排撃した地元住民の努力の賜物である」との言葉を残している。その後名瀬聖心教会の頂上の十字架が撤去されて日の丸がはためくことになった。カトリックの教会建物を排除した側が自らを利する形で転用することにより、カトリックの排除をナショナルやローカルなど複数の空間スケールの文脈で正当化するとともに、排除に関する物語を住民に想起させるテクストとしての機能が建物に付与されることとなった[32]。なお、名瀬町役場に転用された礼拝堂は1945(昭和20)年4月の米軍の空襲により焼失し、新しい礼拝堂が第二次世界大戦後に同じ敷地に再建された。

　以上のように、明治期から昭和戦前期のカトリックは直接的な布教活動のみならず、教育や医療など社会福祉の面でも地元住民からの信頼を得ていた。しかし、大島高女での教育内容が不敬とみなされたり、スパイ疑惑が報じられたりする中で、地域社会全体を巻き込んだ大規模な排撃の憂き目に遭うこととなった。一連の排撃の結果、奄美大島におけるカトリックのコミュニティはほとんど消滅することとなったが、第二次世界大戦後にカトリックの宣教師が来島し、住民との新たな関係が築かれていく。

Ⅳ　第二次世界大戦後の奄美大島とカトリック

1.　カトリックによる社会福祉活動の実践

　奄美大島は、台風やそれにともなう高潮などの自然災害が多発してきた地域である。そのため、明治時代の布教当初からカトリックは災害復興に何らかの形で携わってきたと考えられるが、戦前期の史資料の制約もあり、詳細な実態の解明は今後の課題となる。その一方で、島民の貧困状態の改善に向けて、カトリックは積極的な社会福祉活動を展開してきた。たとえば、大笠

表11-2　第二次世界大戦後の奄美大島におけるカトリック関係者の社会福祉関連活動

年　月	事　項
1947.11	オーバン神父がグアム島からアメリカの管区本部に奄美大島で必要な物資のリストを送り、支援を要請。
1948.6	名瀬に女子青年向けの職業訓練所「聖母ドレスメーカー」を開設(1951年9月閉鎖)。
1949.2	西仲勝に診療所を開設、日本人医師、看護師、助産師(いずれもカトリック信者)が診療活動を開始。
1949.12	カトリック図書館開設、日本人神父が館長に就任。5000冊以上の蔵書を揃えた。
1950	赤尾木に診療所を開設、日本人医師、看護師(いずれもカトリック信者)が診療活動を開始。毎月600名以上が受診。
1950	日本人伝道士が名瀬刑務所の教誨師に就任。
1951.3	フェリクス教区長がアメリカ管区本部に活動状況を報告。奄美大島と沖縄本島各地の医療活動、図書館、幼稚園、裁縫センター、洋裁学校などの活動報告。
1953.12	奄美群島が日本復帰。
1953.12	ゼノ修道士が来島し、名瀬市内の小学校に学用品や菓子を配布。
1954.1	ゼノ修道士が来島し、奄美大島各地で生活必需品や子どもの学用品、雑誌などを配布。
1954.6	ゼノ修道士が来島し、奄美大島各地で衣類や雑誌を配布。名瀬本願寺の僧侶がゼノ修道士に義援金を寄附し、島内での衣料品配布を手伝う。
1954.11	ゼロム神父が西仲勝にハンセン病未感染乳児収容所「こどもの家」を開設、ボランティアの女子青年と協力し、親をハンセン病で失った乳児を引きとって保育。
1955.2	幼きイエズス修道会のシスターが来島、奄美大島での幼児教育活動の準備を始める。
1955.7	ゼノ修道士が来島し、行李27個分の援助物資を配布。
1955.8	ゼノ修道士が来島し、名瀬市の小学校に東京都の小学校から寄せられた学用品を持参、配布。
1955.12	名瀬大火
1956.1	コンベンツアル聖フランシスコ修道会が世界各国の管区に名瀬大火による被災者への義援金を募るよう書簡で依頼。
1956.1	ゼノ修道士が名瀬大火の被災者のための支援物資を持って来島。
1956.7	ジェローム神父らが西阿室での台風被害者向けの支援物資を持参、配布。

（『カトリック奄美100年』および『南島におけるキリスト教の受容』により作成）

利教会のピオ神父が1927（昭和2）年9月にカナダのフランシスコ会管区長に送った手紙によれば、「現在診療所の建設を計画中で、その準備として、青年の信者数名に東京で看護の勉強をさせて」おり、それから3年後の1930年にはピオ神父と信徒の看護師たちが大笠利のおよそ5000人の患者を介抱し、さらに260人の在宅患者を治療したという[33]。

　奄美群島は1953年まで米軍統治下にあり、島内の経済状況は厳しく、戦災復興は必ずしも順調ではなかった。カトリック教会は、図書館・幼稚園・診療所を開設するなどの医療・福祉・教育の面での援助に加え、外国人宣教師たちによる物資の配給をたびたび実施した（**表11-2**）。

　たとえば、加計呂麻島の西阿室集落では、1954年頃からカトリックの布教が行われていたという。当初は少数の信者が誕生したが、住民の大半から必ずしも受け入れられず、布教への反対も見られたという。ところが、1956年に襲来した台風で村落の大半が壊滅に近い被害を受けた時、ジェローム神父ら3名の神父が食料や衣服、住宅の建材など救援物資を携えて名瀬から西阿室を訪れた。救援物資を配布する際、神父たちは被害の大きかった世帯を優先し、信者／未信者の区別なく配布した。宣教師たちのこうした姿を目の当たりにした住民たちのカトリックに対する認識は変化し、翌年にはおよそ500人の住民のうち88人がカトリックに集団改宗した[34]。

　この西阿室の事例は、奄美大島で最もインパクトの大きな災害である台風からの復興支援を契機として、宗教集団が地域社会と新たな関係を構築していった好例と言えるだろう。**表11-2**からも分かるように、カトリック関係者たちは西阿室以外の集落でも診療や幼稚園経営、職業訓練などを行った。米軍統治下では経済的、社会的な混乱と困難が続き、食料や生活物資、医薬品などが慢性的に不足していた。こうした支援活動は、奄美大島の人びとにとって大きな助けになり、戦後に両者の新たな関係が築かれていくきっかけとなったことは想像に難くない。

2.　名瀬大火とカトリック

　奄美群島が日本復帰を果たし、本格的な復興が始まろうとしていた矢先、名瀬市は1955年の2回にわたる大火できわめて大きな被害を受けた。

　1度目の大火は10月14日に発生し、住宅など118棟が焼失、被害額は当時の金額で2億7000万円余りとなり、死傷者は12名であった。この大火によって消防体制や消防施設の強化、名瀬市街地の区画整理事業の実施が強く望まれた[35]。

　2か月後の12月3日未明には、2度目の大火が発生した。名瀬市入船町のある民家から出火し、北東風にあおられた火は名瀬市街のほぼ全域に広がり、市街地の中心部が焼失した（**図11-5**）。この大火では1365棟の建物が焼失し、約16億円の被害を出したが、奇跡的に死傷者はなかった。『改訂名瀬市史』や先行研究によると、北東からの強風や慢性的な水不足に加え、消防体制の不備による初期消火の失敗、市街地に広がっていたバラック住宅の存在など、複数の要因が重なったため被害が拡大

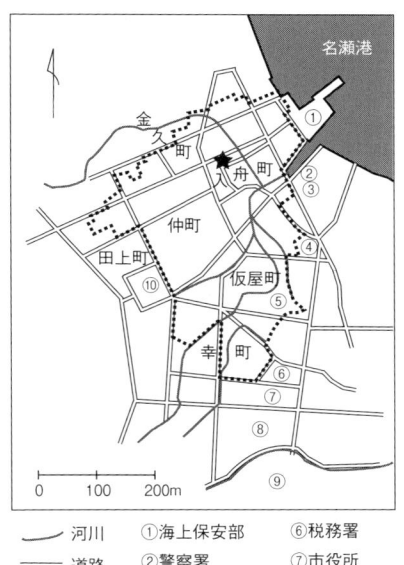

図11-5　名瀬大火（1955年12月）の被災範囲

したという。名瀬市は空襲で市街地の90％が被害を受け、加えて、米軍統治下の奄美大島では都市復興が進まず、焼け野原にバラック街が広がっていた。名瀬大火直後に調査を行った三島や調は、こうした建造物が焼失範囲拡大の大きな要因であったと指摘する[36]。

　ところで、三島によれば大火の際に破壊消防とともに、延焼を食い止めた空き地や緑地帯の一つが「公共用地に準ずるカトリック教会の庭園が有力な防火地帯」であったという[37]。名瀬聖心教会の土地と建物が、図らずも延焼を食い止める役割を果たしていた。戦後、名瀬聖心教会は戦前と同じ位置に再建された。確かに名瀬聖心教会のところで延焼が止まっている（図11-5）。戦後再建された名瀬聖心教会の礼拝堂はこの大火で焼失したが、同じ敷地内の建物のいくつかは焼け残った。1955年12月10日の『南日本新聞』の記事によると、名瀬聖心教会の外国人神父がインタビューの中で「日曜ミサを焼け残った教会の図書館で」執り行ったということである。この名瀬聖心教会の土地は「財団法人奄美天主公教会」が島内の各自治体に働きかけた結果、1948年に返還され、翌1949年に礼拝堂が建設された。「財団法人奄美天主公教会」による返還運動により、1930年代のカトリック排撃運動によって事実上没収されていた教会不動産の大半がカトリック側に戻ったのは、米軍統治下に置かれたことなどが大きな要因であろう[38]。もし名瀬聖心教会の土地が返還されず、同じ場所に教会が建てられていなければ、名瀬大火の被災範囲はさらに拡大していた可能性もある。そのように考えると、カトリックは大火の被災者への支援物資の配布や、世界各国の修道会への大火の復興支援の呼びかけといった直接的な支援のみならず（表11-2）、偶然とはいえ教会建物の立地それ自体によっても奄美大島の地域社会に対して大きな貢献をしたことになる。こうした事実から、近代以降の奄美大島に対して、カトリックが与えた影響の大きさや、カトリックと奄美大島の地域社会とが一連の排撃事件や第二次世界大戦、米軍統治、度重なる災害などを経て、そのつど新たな関係を築き続けてきたことを改めて知ることができる。

Ⅴ　おわりに

　奄美大島でのカトリックの歩みが長崎と大きく異なることを最初にも述べたが、カトリックが地域住民から受容され、関係を構築し得た背景には、江戸時代の薩摩藩の植民地化とさとうきびのプランテーション、明治期の奄美「独立経済」の政策、住民の経済状態、台風や大火などの自然災害、第二次世界大戦など自然・社会・政治・経済の様々な面で、奄美大島が置かれてきた困難な状況があげられよう。奄美大島のカトリックと地元社会との関係は、宗教集団と地域社会の相互関係を検討する上で示唆に富む重要な事例である。

　さて、幾多の困難を乗り越えて地域社会との相互関係を築き、受容されたカトリックだが、近年は信者の高齢化や神父・宣教師の不足などにより、各教会の維持と存続に関する問題や次世代への信仰の継承に関する課題が顕在化している。その背景には奄美大島の人口減少や少子高齢化が関係していると考えられるが、これは世代を超えてその信仰や理念が継承されてきた諸宗教が抱える問題とも共通するであろうし、島嶼部のみならず日本全体の問題の縮図としても捉えうるのではないだろうか。奄美大島のカトリックはまた一つ大きな歴史の曲がり角に直面しているのかもしれない。

〈注および文献〉

1) ①松井圭介「ヘリテージ化される聖地と場所の商品化」(山中　弘編『宗教とツーリズム —— 聖なるものの変容と持続 ——』世界思想社、2012) 192-214 頁。②松井圭介・小島大輔「長崎県・上五島におけるキリシタン・ツーリズムの展開」(平岡昭利編『離島研究Ⅲ』海青社、2007 年) 107-124 頁。

2) 改訂名瀬市誌編纂委員会編『改訂名瀬市誌 3 巻』名瀬市役所、1996、231-232 頁には、観音寺の鐘が慶長年間から明治 2 年までのおよそ 260 年間にわたって毎日鳴っていたという名瀬の古老の話が紹介されている。また、明治初期の廃仏毀釈の影響もあって、観音寺の見守りをしなくなった住民たちの中にはカトリック信者となる者もいて、やがて観音寺の土地はカトリックに寄付され、寺院は取り壊されたという。

3) 前掲 2) 269 頁。

4) 安斎　伸『南島におけるキリスト教の受容』第一書房、1984、337 頁。

5) 須山　聡「カトリックの普及と信仰の混淆」(須山　聡編『奄美大島の地域性 —— 大学生が見た島／シマの素顔 ——』海青社、2014) 207-227 頁。

6) 麻生　将「1930 年代奄美大島におけるカトリックをめぐる排撃と「排除の景観」の形成」人文地理 63-1、2011、22-41 頁。

7) 麻生　将「災害を通じた宗教集団と地域社会の関係の変化について —— 近代期奄美大島のカトリックの事例を中心に ——」京都歴史災害研究 14、2013、81-88 頁。

8) ①田代菊雄「奄美大島・大島高等女学校廃校問題(研究報告)」カトリック教育研究 8、1991、47-57 頁。②平山久美子「『大島高等女学校に関するエジド・ロア師の質問事項に対するカリキスト・ジェリナ師の回答』(1925 年 11 月)試訳」地域・人間・科学 8・9、2005、5-20 頁。③平山久美子「資料 フランシスコ会総長(ローマ)に宛てたモーリス・ベルタン神父(日本宣教地区長)の大島高等女学校の建築窮状の解決を求める『報告書』(1925 年 11 月)試訳(1)」地域・人間・科学 5、2001、121-143 頁。④平山久美子「フランシスコ会総長(ローマ)に宛てたモーリス・ベルタン神父(日本宣教地区長)の大島高等女学校の建築窮状の解決を求める『報告書』(1925 年 11 月)試訳(2)」地域・人間・科学 6・7、2003、95-112 頁。⑤山下文武「奄美におけるカトリック教排撃運動史 —— 大島高等女学校廃校問題を中心に ——」琉大史学 12、1981、11-19 頁。

9) 宮下正昭『聖堂の日の丸 —— 奄美カトリック迫害と天皇教 ——』南方新社、1999、458 頁。

10) 改訂名瀬市誌編纂委員会編『改訂名瀬市誌 1 巻　歴史編』名瀬市役所、1996、41-54 頁。

11) 名越　護『奄美の債務奴隷ヤンチュ』南方新社、2006、302 頁。

12) 西村富明『奄美群島の近現代史 —— 明治以降の奄美政策 ——』海風社、1993、9-41 頁。

13) 前掲 10) 557-614 頁によると、勝手世騒動の後も明治中期から後期にかけて、大島をはじめ奄美群島のサトウキビ農家は鹿児島県を中心とする本土の商社からの経済的搾取に苦しんだ。こうした状況を大阪のジャーナリストが「東洋のアイルランド」と報道した。

14) ①前掲 11) 50-58 頁。②前掲 12) 44-47 頁。ソテツ地獄は江戸時代後期の薩摩藩による砂糖買い上げと穀物栽培禁止の時期からたびたび発生していた。

15) 中西雄二「奄美出身者の定着過程と同郷者ネットワーク —— 戦前期の神戸における同郷団体を事例として ——」人文地理 59-2、2007、62-77 頁。

16) ①前掲 6)。②麻生　将「近代日本におけるキリスト教集団をめぐる排除の景観 —— 1930 年代の二つの排撃事件を事例として ——」E-journal GEO 11-1、2016、219-243 頁。

17) 奄美宣教 100 周年実行委員会編『カトリック奄美 100 年』奄美宣教 100 周年実行委員会、1992、55 頁。

18) 名瀬市大熊壮年団編『大熊誌』名瀬市大熊壮年団、1964、65-69 頁。

19) 前掲 4) 12-15 頁。

20) カトリック信者数は前掲 17) 234-235 頁による。なお、国勢調査によると、1925 年の大島郡全体の人口は 20 万 7252 人、このうちおよそ半数の 10 万 3862 人が奄美大島の人口で、残りは喜界島や沖永良部島

など奄美大島以外の島嶼部の人口である。また、データの時期はややずれるが、キリスト教編集委員会編『キリスト教年鑑2017』によると、1948年の日本の総人口に占めるカトリック信者の割合がおよそ0.14％であったことを考えると、大正期の奄美大島のカトリック信者の比率は日本全体の中でも相当高かったことになる。

21）　名瀬町編『名瀬町案内』名瀬町、1932。

22）　浄法寺朝美『日本築城史 ── 近代の沿岸築城と要塞 ── 』原書房、1971、300頁。

23）　宮下も前掲9）396-400頁、で同様の見解を示している。

24）　麻生　将「近代日本におけるミッションスクールをとりまく言説空間と排除 ── 大島高等女学校を事例として ── 」立命館文学650、2017、154-173頁。

25）　そもそもこの「追加覚書」が実在したかどうか疑わしいという。鹿児島短期大学付属南日本文化研究所編『旧奄美高等女学校調査報告書 ── 大島高等女学校の設立と廃校について ── 』鹿児島短期大学付属南日本文化研究所、1988、130頁。

26）　前掲9）、前掲16）②。

27）　前掲17）78-81頁。

28）　前掲9）19-20頁。

29）　「奄美愛国義勇軍」の名で届いた脅迫状には「皇道日本精神目覚めず、宣教師の手先としてスパイ行為を続け、信仰を捨てた元信者に対する説得工作をこれ以上続けるならば非国民として日本に一日たりとも生存することを許さない」旨の内容が記載されている。また、写真11-5右写真のように、この信者には軍関係者からの直接の働きかけもあった事が推察される。

30）　改訂名瀬市誌編纂委員会編『改訂名瀬市誌2巻　歴史編』名瀬市役所、1996、495頁。

31）　①前掲17）78-81頁。②アントニオ平秀応修士編『宣教師たちの遺産 ── フランシスコ会カナダ管区 ── 』フランシスコ会アントニオ神学院、1988、181頁。

32）　前掲6）、前掲16）②。

33）　前掲31）②106-107頁。

34）　前掲4）181-185頁。

35）　前掲30）370頁。

36）　①三島庄一「木造都市の大火について ── 名瀬市大火調査報告 ── 」日本建築学会論文報告集54、1956、749-752頁。②調　強「名瀬の火災とその復興事業」国土開発5-7、1956、23-26頁。

37）　前掲36）①752頁。

38）　前掲17）81頁によると、1948年8月の段階で奄美の教会の所有財産がすべて無条件でカトリック側に返却されたという。

（麻生　将）

12章　鹿児島県奄美大島におけるハブへの
人びとの対応
——撲滅と棲み分けに着目して——

I　奄美大島におけるハブに関する研究課題とハブの生態

1.　研究背景と目的

　日本におけるハブ（*Trimeresurus flavoviridis*）による咬傷被害は、奄美大島や沖縄で常に問題とされてきた。ハブに咬まれることにより、四肢が壊死し、場合によっては死亡することもある。現在は、血清が作られたことにより、死亡事故はほぼなくなっているが、ハブによる咬傷被害が毎年一定数発生している。

　こうしたハブによる咬傷被害から、医学、疫学、動物生態学などの研究分野を中心に研究が進められてきた。とりわけ 1904（明治37）年に血清が実用化されたものの、重症な場合、血清の効果が低かったため、血清の改良やハブトキソイドによる予防の研究、症状に関する研究が継続して行われてきた[1]。またハブの行動とそれを抑制する研究[2]、ハブの餌に関する研究[3]、ハブの体長や捕獲数から生息数に関する研究[4]、ハブの卵巣分析による繁殖履歴に関する研究[5]といった、咬傷被害を減少させるためにハブの生態・生理から個体数を管理することが検討されてきた。

　こうした中で導入された、フイリマングース（*Herpest auropunctatus*）（以下、マングースとする）にハブの餌となるネズミを捕食させることでハブを減少させることを目的とした対策事業は、ケナガネズミ・ルリカケス・アマミノクロウサギなど、奄美群島の貴重な在来種を減少させる結果を招き、人間が野生動物の生態系に関与する難しさを示した[6]。

　一方、ハブの捕獲数とサトウキビの収量が正の相関関係にあることから、サトウキビの収穫量が餌となるネズミ類の個体数の増減、さらにはハブの個体数の増減に影響を与えていると推測された[7]。また、ハブによる被害およびハブに対する恐怖は、直接的・間接的に島の文化・産業の発展に大きな影響を与えていることが指摘された[8]。これらから、ハブの咬傷被害を単なる自然災害ではなく、ハブと人間との関係性から考察する必要性がある。

　しかし、ハブと人間との関係性を捉える研究は、自然科学分野の研究に比べ蓄積が少ない。これは、ハブの咬傷被害と人間活動との因果関係を実証することの難しさゆえであろう。ハブと人間との関係性を地理学の視点から研究した千葉・小野寺は、1950 〜 70年代のハブ咬傷発生の地域差について、被害発生時の作業状況や産業基盤の違いから説明し、景気低迷期には所得水準の低い地域で販売目的のハブ捕獲が増加し、咬傷被害の増加につながったとしている[9]。しかし、その後ハブ咬傷被害と人間活動との関係性については検証されておらず、実証研究の蓄積が求められる。

　そこで、本章ではハブに対する奄美大島の人びとの対応として、撲滅と棲み分けの観点から、マングースの導入、用心棒からみたハブの駆除、ハブ買上げ制度と半専業的な捕獲、商品として

のハブ利用などに着目し、奄美大島におけるハブへの人びとの対応について明らかにする。

　ここでいうハブの撲滅とは、マングースの導入や駆除により奄美大島からハブを取り除こうとする行為であり、奄美大島からハブを絶滅させることを意味する。一方、棲み分けとは、奄美大島の各集落からハブを取り除こうとするものであり、ハブの生息空間と人間の生活空間とを分ける行為を指す。奄美大島の住民は、集落外にハブが生息することを容認しており、奄美大島からハブが絶滅することはない。

　本章では、Ⅱで奄美大島のハブ対策の歴史と現在の取組について、先行研究の精査や統計データの分析から整理する。ここではハブによる被害発生場所や被害発生時の作業状況の変化から、ハブ捕獲の危険性やハブ撲滅の難しさについても検討する。Ⅲではハブ撲滅を目的としたマングースによる対策の失敗事例を取り上げ、生態的防除によるハブ撲滅の難しさについて示す。次いで、人間の生活圏とハブの行動圏を分ける棲み分けの観点から、Ⅳで奄美大島宇検村を事例に用心棒による対策について分析する。Ⅴではハブ買上げ制度やハブハンターによる棲み分け対策と、その副産物的に生じたハブの商業的利用について取り上げ、その効果について考察する。そしてⅥでⅡ〜Ⅴをもとに奄美大島におけるハブへの人びとの対応について明らかにする。

2.　ハブの生態

　日本におけるハブは、奄美群島・沖縄本島周辺の22島に生息する日本固有種である。奄美群島は亜熱帯気候に属し、ヘビにとって好適な生息地であるため、陸棲蛇9種が生息しているが、ハブは奄美大島、加計呂麻島、請島、与路島、徳之島にのみ生息している。ハブは爬虫綱有鱗目クサリヘビ科ハブ属に属し、奄美大島にはハブのほか、ヒメハブ（*Trimeresurus okinavensis*）も生息する。体長は、ハブ100〜220 cm、ヒメハブ30〜80 cmで、頭部は長大な三角形をしており、背面の地色が黄色いものを金ハブ、地色が淡灰色のものを銀ハブ、赤色味の強い赤ハブ、全身黒色の黒ハブなどと呼ぶ。主にクマネズミ属を捕食するが、ドブネズミなどのネズミ類、カエル、イモリ、トカゲ、ヘビ、鳥類のほか、アマミノクロウサギといった自身の体長よりも大きな動物も捕食する。ハブの交尾期は3〜6月であり、この頃人家周辺への出没が増加する。産卵期は7月下旬〜8月下旬で、平均産卵数7〜9個、卵は産卵後42〜45日程で孵化する[10]。ハブは冬眠せず、海岸の砂浜や岩礁帯、平地から山地、耕作地や民家周辺など幅広い環境に生息する。とくにサトウキビ畑には餌となるネズミ類を求めて出没する。ハブは夜行性で、昼間は暗い場所に隠れているが、夜間は餌を求め徘徊する。ハブが最も活発に活動する時間帯は深夜0〜3時で、ヒメハブは日没後18〜22時と日の出直前の5〜9時に活動が活発になる。しかしハブ咬傷被害は、人間の活動時間帯である日中に集中する。ハブの活動には温度・湿度・照度が影響し、湿度が急上昇する降雨時には活発化する。ハブはS字形にした体を瞬間的に伸ばすことで相手に嚙みつくが、その素早さから奄美群島ではハブに咬まれることを「ハブに打たれる」という。ハブ毒は出血毒と呼ばれ、致死作用・出血作用・溶血作用・壊死作用があり、咬傷により内出血をともなう著しい腫張と筋組織の壊死を起こす。

Ⅱ　奄美大島におけるハブ咬傷被害と対策

1．ハブ対策の歴史

　奄美大島は奄美群島最大の島で
あり、鹿児島市から約370km離
れた場所に位置する（**図12-1**）。
島のほとんどは、森林や原野に覆
われ、耕作地はきわめて少ない。
奄美大島の人口は、国勢調査によ
ると1920年には約8万9000人で
あり、戦前までは約9〜10万人で
推移している。戦後、引揚者が増
加したことにより、1950年に約
10万7000人に増加したが、その
後は減少をたどり、2015年現在は
約6万1000人となっている。

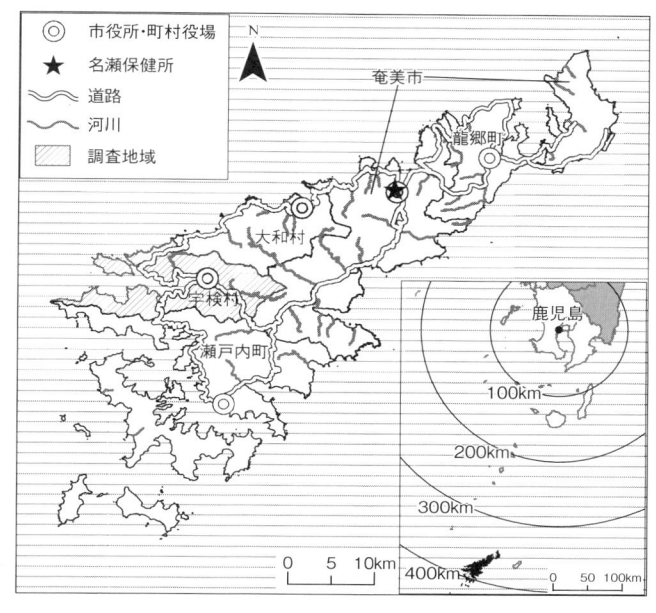

図12-1　奄美大島

　江戸末期の『南島雑話』には、
ハブにより毎年20〜30人が被害
に遭い、過半数が死亡する、との
記述がみられる[11]。しかし、千
葉・小野寺は、ハブをマジムンと呼び、精霊の一種と考え、ハブによる咬害を神に罰を受けたも
のとして恥とし、他人に秘する風習があったことから、実際の被害数は『南島雑話』の記述より
も多かったことが疑われる、としている[12]。

　明治期の鹿児島県令から内務省に出された伺書の中には、1879（明治12）年の奄美大島の咬傷
被害者が123名であったことが記されている。当時ハブ1頭と米1升を交換する捕獲奨励金があ
り[13]、年間60石を要したとある。千葉・小野寺はこれを根拠に年間捕獲数を6000頭と推定して
いる[14]。1904（明治37）年には抗ハブ血清が製造開始され[15]、ハブ咬傷による死亡率は低下した。
しかし奄美群島の人口1000人当たりの咬傷者数は、明治年間が1.7人、大正年間が1.6人、昭和
戦前期が1.8人とあり、被害比率はほとんど変わらず推移した[16]。戦前の奄美群島の経済社会は
極度の窮乏状態にあり、飢饉時には米・イモに代わりソテツのデンプンを食料とすることもあっ
た。ソテツを採取する際にハブに咬まれる機会が多かったと考えられる。

　戦後は被害人員比率が2.1人とむしろ増加した。米軍統治下において食料不足を補うための大
規模な開墾、および引揚者をはじめとする山林作業従事者の増加が原因である[17]。しかし、第
二次世界大戦中および米軍統治期には、ハブ対策はほとんど実施されていなかった。ハブ対策が
再開されたのは、奄美群島が日本に復帰した後の1954年に「奄美群島復興特別措置法」が制定さ
れて以降である。住民の生活の安定のための事業としてハブ類および病害虫の駆除事業が奄美
復興事業として実施された[18]。この頃からハブ捕獲奨励買上げ事業が開始され、1960年代には
各集落へハブの捕獲頭数が割り当てられた。さらに、1965年からハブトキソイドの接種が行わ

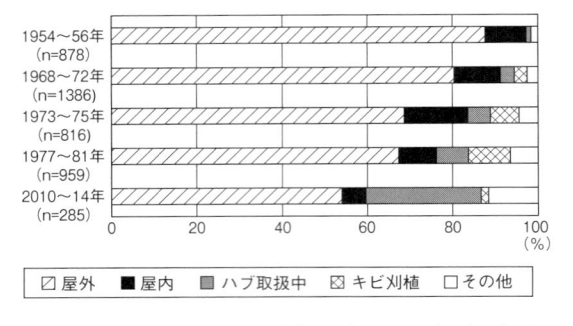

屋外には、戸外作業中、歩行中（畦道、木の上・下含む）、草刈・除草・掃除、伐採中、植物採取中（ソテツ採取中、薪取含む）を含む。
屋内には、室内での就寝中、用便中、入浴中、炊事・家事・室内雑用を含む。
その他には、給餌中（畜舎含む）、遊び、漁獲などを含む。

図12-2　ハブ咬傷被害の発生場所（1954〜2014年）
（鹿児島県保健福祉部薬務課資料、『蛇（ハブ）の民俗』[20]により作成）

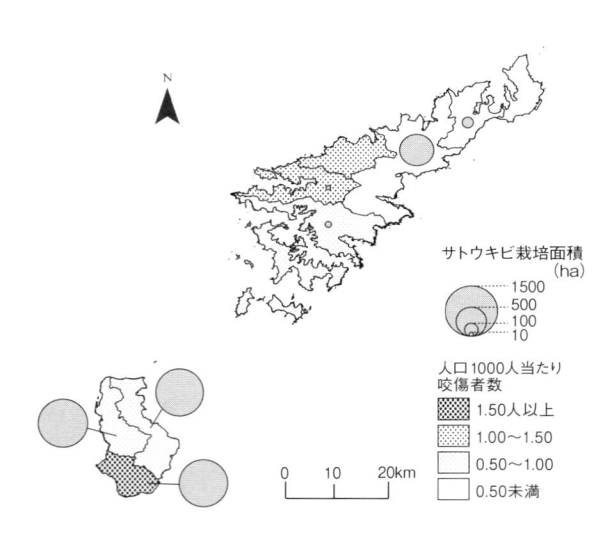

図12-3　サトウキビの栽培面積（2013年度）と
**　　　　ハブ咬傷者数（2014年）**
（『奄美群島の概況』（2015年）により作成）

れ[19]、2002年に千葉県血清研究所が閉鎖されるまで続いた。またハブの餌となるネズミ類やハブ自体を捕食させるため、1979年に奄美大島にマングースが導入された。しかし、1990年代に旧名瀬市を中心にマングースによる野菜や果実、養鶏等への農業被害が拡大し、さらにはルリカケスなどの希少な在来種が捕食され生態系のバランスが崩されたことから、マングースは駆除対象へと転換された。

　現在のハブ対策は、ハブの捕獲駆除とハブ血清を作るためのハブ買上げ事業を中心に、フェンスなどによる棲み分け対策やハブ講習会なども実施されている。

　図12-2によると、ハブ咬傷被害件数は戦後徐々に減少している。各年代とも被害の多くは屋外での作業中に生じている。しかし、ハブ取扱中の被害の割合が増加し、2010〜14年には全体の約27％を占めている。血清を得る、または駆除のためのハブ捕獲が、逆に被害を増加させている。ハブ咬傷被害の発生場所としては、田畑や山林などの屋外や居宅内といった屋内での被害が減少している。これは農業従事者の減少や、住居内にトイレや風呂などが設置されるなどの生活様式の変化が影響していると考えられる。

　奄美群島におけるサトウキビの栽培戸数は、1955年には2万6529戸であったが、栽培戸数は徐々に減少し、1975年には約半数、1995年には1万戸を切り

2010年現在6850戸となっている[21]。奄美群島のサトウキビの栽培面積は、1955年は4316ha、その後1965〜1990年は約9700〜9400haに増加したが、1995〜2010年には約7700〜6400haまで減少している。奄美大島・徳之島におけるサトウキビの栽培面積と人口1000人当たりのハブ咬傷者数には、必ずしも相関関係があるわけではない。確かに徳之島ではサトウキビ栽培面積が多く、伊仙町を筆頭に被害者が島全体で多いのに対し、奄美大島で咬傷被害者が多発する宇検村・大和村のサトウキビ栽培面積は少ない（**図12-3**）。これは、千葉・小野寺が指摘するように、徳之島のハブ被害は、ハブの餌となるネズミ類を食べにハブが耕作地に出没することに起因して

いる[22]。つまり、徳之島はサトウキビ農業を中核としているがゆえにハブと接触するリスクが高い。一方、奄美大島では、南部の大和村・宇検村・瀬戸内町といった、農業が不振な地域でハブによる被害が多い。これは、農業が不振なために、ハブを捕獲することで収入を得ようとする傾向があり、それによりハブに咬まれる被害が多くなっていると考えられる。

2. 近年におけるハブ対策事業

奄美群島では、ハブによる咬傷被害を減少させるため、行政と集落が協力しながらハブ咬傷の減少や調査研究・普及啓蒙に尽力している（**表12-1**）。行政のハブ対策事業は、ハブ駆除対策・ハブ咬傷対策・ハブ咬傷予防啓発事業からなる。ハブ駆除対策に含まれるハブ捕獲奨励買上げ事業と、ハブ咬傷予防啓発事業は県単独、それら以外は国庫補助事業である。

国によるハブ駆除対策は、実質的にはハブの生態調査を主体とし、ハブとの共存に関わる総合調査を実施している。2012年度からは「野ネズミ駆除によるハブの個体数変動調査」「ネットフェンスによるハブの移動抑制実験」「ハブの個体数調査による個体群構成の追跡」「生態系におけるハブの重要性の研究」の4事業を展開している。これらの事業は、生態系におけるハブの存在を否定せず、住民とハブの棲み分けを図ることを目的としている。

表12-1　奄美群島におけるハブ対策事業（2015年度）

事業	事業主体
●ハブ駆除対策	
・野ネズミ駆除によるハブの個体数変動調査	国
・ネットフェンスによるハブの移動抑制実験	国
・ハブの個体数調査による個体群構成の追跡	国
・生態系におけるハブの重要性の研究	国
・ハブ捕獲奨励買上げ事業	県
●ハブ咬症対策	
・ハブ毒免疫機序応用研究事業	国
・はぶウマ抗毒素（治療用血清）の購入配備	国
・粗毒確保のための生きハブ買上げ	国
●ハブ咬傷予防啓発事業	
・『HABUDAS』，市町村広報誌，パンフレット等	県
・ハブ咬傷治療法の普及	県
・ハブ教室の開催	県

（鹿児島県保健福祉部薬務課の資料により作成）

一方、県が実施する「ハブ捕獲奨励買上げ事業」は、ハブを捕獲することでハブの個体数と咬傷被害を減らすことを目的に1954年より開始された。この事業では奄美群島の保健所において生きているハブ（以下、生きハブ）を捕獲者から買上げている[23]。捕獲には狩猟免許などの資格は必要なく、住民は誰でも事業に参加することができる。年間の買上げ予定数は2万4000頭であり、国がハブ咬傷対策として実施する「粗毒確保のための生きハブ買上げ事業」の買上げ予定数1500頭に比べ、規模が大きい。

ハブ1頭当たりの買上げ価格は、1954〜57年度が300円、1958〜71年度が400円であったが、1979年度に2000円、1985年度には2600円に引き上げられた。1990年度には6000円にまで高騰したが、1994年度には4000円、2014年度には3000円に引き下げられた。奄美群島における1975〜2014年度のハブ咬傷被害と買上げ数の推移をみると、ハブの買上げ数の増加にともないハブ咬傷被害が減少していることがわかる（**図12-4**）。1975年度の買上げ数は2401頭であったが、2014年度は2万6493頭に達した。とくに買上げ価格が大幅に引き上げられた1990年度以降のハブの買上げ数の増加は著しい。さらに2009年の記録的な豪雨災害や暖冬の影響などにより、2010年度にはハブの個体数が急増した。そのため、例年2万頭前後で推移していた買上げ数は、2011年度に3万8843頭、2012年度も3万1155頭と、2年連続で3万頭を超えている。一方、咬

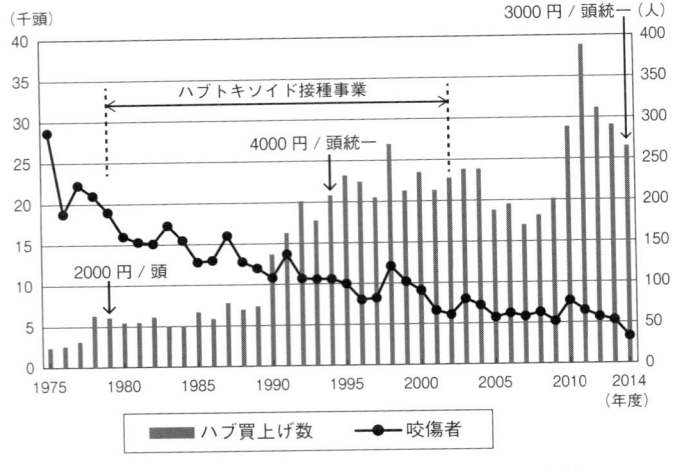

図12-4　ハブ咬傷被害と買上げ数の推移（1975～2014年度）
（鹿児島県保健福祉部薬務課資料により作成）

傷者数は1975年度に287人であったが、2014年度は33人にとどまり、約9分の1に減少した。ここからハブ買上げ事業による被害減少効果がうかがえる一方、ハブ捕獲時のハブによる咬傷被害が増加していることも考えられる。奄美大島における2014年度の月別ハブ買上げ数量をみると、4月に1108頭を買上げてから徐々に増加し、6・7月に買上げ数は8607頭と最も多くなり、年間買上げ数量の約45％を占める。その後は10月まで約1650頭前後で推移し、11～翌2月に減少し、最も少ないのが翌1・2月で247頭となっている。6・7月はハブの活動が活発になる交尾・産卵期に当たり、ハブの行動範囲が人家周辺や畑などに及ぶため、容易に発見・捕獲される。

　ハブ咬傷対策では、1954年度から実施されている「はぶウマ抗毒素の購入配備」「粗毒確保のための生きハブ買上げ事業」に加え[24]、2012年度からは「ハブ毒免疫機序応用研究事業」を進めている。国庫補助事業は、長期間にわたる調査、治療薬の研究・開発など規模が大きく、外部機関に委託されることもある。

　ハブ咬傷予防啓発事業は、ハブ対策推進協議会、市町村、保健所が三位一体となって行っている。ハブ対策推進協議会は、群島におけるハブ咬傷被害を減少させる目的で1987年に発足した。同協議会が毎年3月に発行しているハブに関する情報誌『HABUDAS』では、咬傷者数・買上げ数に加え、ハブの生態、ハブに咬まれないための注意点などが記載されている。さらに、ハブ対策推進協議会は毎年、奄美大島・加計呂麻島・請島・与路島・徳之島の小学生を対象に、ハブ咬傷予防対策ポスターのコンクールを行い、毎年600作品ほどの応募の中から低学年・中学年・高学年の3部門で最優秀賞に選ばれた3作品を『HABUDAS』に掲載している。また最優秀賞・優秀賞作品は、各市町村、学校、その他関係団体にポスターが配布される。こうした『HABUDAS』や市町村広報誌、パンフレットなどによる広報のほか、医療関係者によるハブ咬傷治療法の普及、咬傷予防法や携帯用毒吸出器の使用方法などを学ぶハブ教室という講習会が実施されている。ハブ教室は、県から瀬戸内町手安にある東京大学医科学研究所奄美病害動物研究施設に委託され、奄美大島、徳之島で毎年開催されている。とくに島外から来た新任の公務員や教職員、小中学校の児童生徒を対象に実施され、住民全体がハブに対する危機意識を共有する。ハブ教室では、ハブの生態、咬傷予防対策、被害への対処法、携帯用ハブ毒吸出器の使い方について学習する[25]。2015年度のハブ教室は、4～7月に18回開催され、計104人が参加した。

　県費単独事業は、費用や人材に限りがあるため、国庫補助事業よりも小規模な活動が多い。しかし、広報誌の発行やハブ教室の開催など、国庫補助事業では対応できない、より実態に即した対策を実施しており、奄美群島のハブ対策におけるソフト面を担っている。1954年に開始され

た国庫補助・県費単独両事業により咬傷者は減少し、2014年の年間咬傷者数は37人と1954年の調査開始以来最少となった。国によるハブの調査研究、県による啓発事業などを通して正しい治療と対処法が住民に浸透した結果と考えられる。

Ⅲ　マングース導入によるハブ撲滅の難しさ

　フイリマングースは、食肉目マングース科であり、本来はイラク・インド・ネパール・中国南部・海南島に生息する外来種である。マングースは、19世紀後半～20世紀初頭にかけて西インド諸島やハワイ諸島などでサトウキビ畑におけるネズミ被害を防ぐために導入された。

　日本においては、1910（明治43）年に東京帝国大学の渡瀬庄三郎が、ガンジス川河口のカルカッタ（現コルカタ）付近で捕獲したマングースを沖縄へ十数頭放獣したことに始まる。これは、マングースによる直接的なハブの捕食と、ハブの餌になるネズミの捕食によってハブが減少する効果を同時にねらったものである。こうした天敵となる動物による生物的防除は、農薬などの薬剤を使わない点で残留毒性が低く、効果の持続性が期待される。しかし当時は、生物的防除は目新しかったこともあり、ハブ以外の在来種への影響は十分に検討されなかった。奄美群島では、ネズミ対策のために1942～57年に本州のニホンイタチが数千頭放獣されているが定着しなかった。

　奄美大島では、1979年にマングースが導入された。導入後は、1年間に1km程の速度で分布域が拡大し、2009年には瀬戸内町内で初めて生息が確認された。

　マングースは昼行性で、主に単独生活を行う。一夫多妻の傾向はあるが、テリトリーは厳密ではなく、奄美大島における1頭あたりの平均行動圏は5～14haと推定されている。小型脊椎動物から大型脊椎動物までさまざまな動物を捕食する。導入したマングースの直接・間接的な影響により、奄美大島の生態系は大きくバランスが崩された。さらに、1990年代に、旧名瀬市を中心にマングースによる野菜や果実、養鶏等への農業被害が大きくなったことから、1993年から奄美市名瀬で、1995年から大和村で、1998年より奄美市住用町で、マングースの有害捕獲が開始された。県から市町村への補助として1996年から1頭当たり900円の報奨金が交付され、ピークの1999年には1495頭が捕獲された。マングース生息数の減少により2003年度に市による有害捕獲は終了した。

　一方、希少な在来種が捕食されている状況から、2000年より当時の環境庁によるマングース駆除事業が開始された[26]。2005年度からは、分布域の外縁部や森林内などでの捕獲作業の強化・充実のため、「奄美マングースバスターズ」（以下、AMBとする）という捕獲作業等の専門職業集団を編成し、雇用している。AMBは2000～14年に約3万2000頭のマングースを捕獲・除去した。防除事業によりマングースの低密度化に成功した結果、近年では在来種の回復傾向が確認されている[27]。現在もAMBによるマングース駆除が継続して実施されている。

　AMBによるハブの目撃地点とマングースの生息範囲の分布を**図12-5**に示した。島西部の山林では2000年前後からマングースが生息し、在来種が捕食され、生態系のバランスが崩れたと考えられる。AMBによるハブの目撃は、大和村や宇検村といった島西部の山林内に集中している。AMBはハブが多く生息している山林でも活動しているため、ハブと遭遇する危険にさらされる。マングースの生息範囲は島南部の山林に拡大し、2015年現在も依然としてハブの目撃が多く、マングースによるハブ撲滅は上手くいかなかったことがうかがえる。

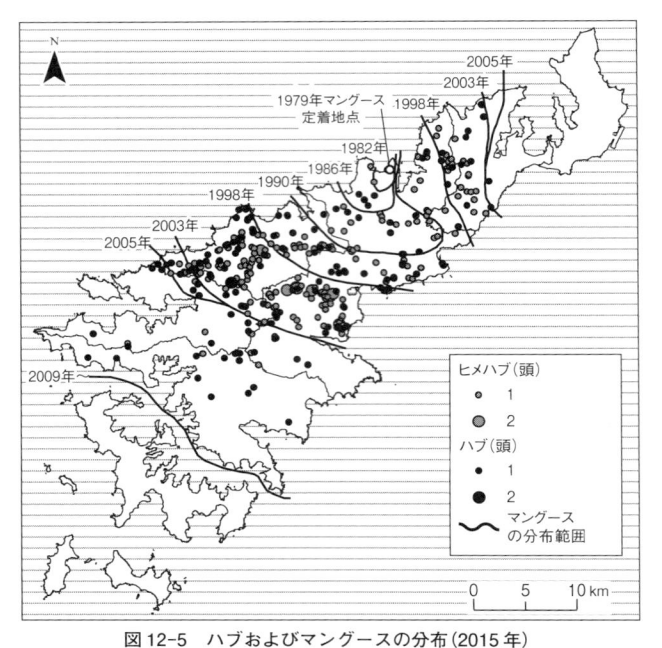

図12-5　ハブおよびマングースの分布（2015年）
（環境省のデータ、『奄美群島の概況』（2005〜15年）により作成）

このように、ハブ対策としてのマングースの導入によるハブの撲滅は失敗し、奄美大島に生息する在来種を減少させることになった。これは、人間が自然環境へ関与することの難しさを示す。また、ハブ捕獲事業によりハブ個体数が減少することで奄美大島の生態系へどのような影響があるかは、現在のところ明らかになっていない。人間によるハブの捕獲頭数が増加した場合、集落内のネズミ類が増加し、サトウキビの農業被害が増加することも予想される。さらには、集落内のネズミ類が増加し、新たなハブを集落に引き寄せる、という悪循環が生じることも考えられる。そのため、現在奄美ハブ生態・環境研究会により、ハブや餌となるネズミのモニタリング調査が実施されている。

Ⅳ　棲み分けによるハブ対策

1. 宇検村における用心棒の分布

　奄美大島では、ハブの撲滅を目指してマングースの導入や駆除を実施してきた。実際には、マングースの導入は失敗に終わり、駆除もハブ取扱い中に被害にあう恐れがあるため、ハブを絶滅するには至っていない。そこで奄美大島では、人間の生活空間である集落からハブを取り除く、棲み分けという方法を実施している。ここでは棲み分け戦略としての用心棒についてみていく。

　宇検村の各集落には、「用心棒」と呼ばれる長さ2m程度の木の棒が置かれている。用心棒は住民により設置され、ハブを見つけた際に、叩いて駆除するために用いられる（**写真12-1**）。用心棒は集落の共同作業で設置される。用心棒がいつから設置されるようになったかについての詳細は明らかではないが、宇検村佐念集落の区長への聞き取りによれば、「奄美群島復興特別措置法」による復興計画と生活改善運動の一環とし

写真12-1　用心棒
（2015年7月、橋本　操撮影）

て設置された。宇検村では、ハブを見つけたら叩き殺すことを児童生徒へ周知しており、児童生徒や地域住民がハブに出会いやすい場所に用心棒が設置されている。

　2015 年 6 月 29 日〜7 月 4 日に宇検村全集落を対象に用心棒の分布調査を実施した。GPS 端末を用いて用心棒の設置場所の位置情報を取得し、調査用紙に用心棒の素材、長さ、太さ等を記録し、写真を撮影した。

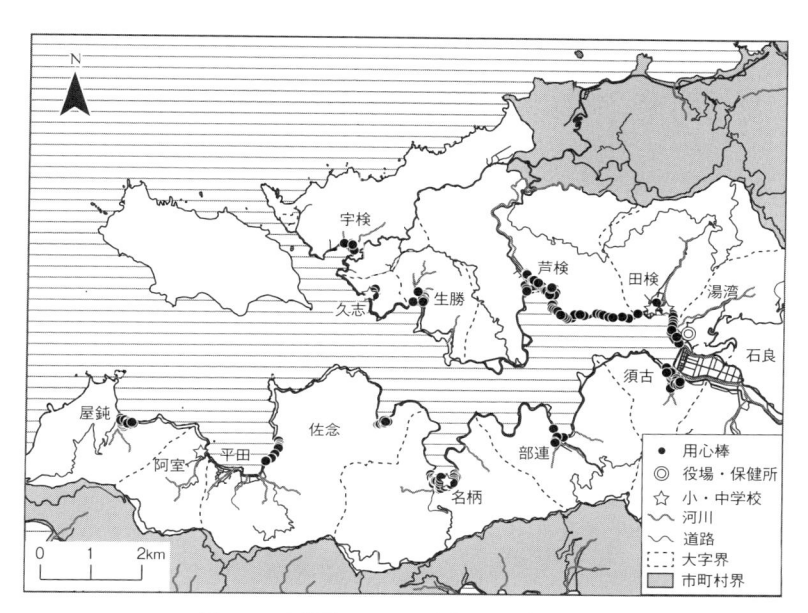

図 12-6　宇検村における用心棒の分布（2015 年）
（GPS による現地調査により作成）

表 12-2　宇検村における用心棒の集落別分布（2015 年）

類　型	集　落	本数 (本)	用心棒数 /人口(本)	材　質	平均の長さ (cm)	平均の太さ (直径, cm)	特　徴
密　集	佐　念	32	0.91	プラスチック	150.0	1.27	先端に紅白ビニールテープ
	名　柄	93	0.70	木　製	185.3	1.30	
	屋　鈍	30	0.58	木　製	180.1	2.73	
点　在	部　連	10	0.30	木　製	170.0	1.59	
	生　勝	13	0.22	木　製	149.2	2.35	
	須　古	29	0.14	木　製	184.4	1.62	先端に紅白ビニールテープ
	久　志	6	0.14	金属・木製	146.8	2.19	捕獲用の棒が多い
	芦　検	34	0.13	木　製	186.4	1.37	
	宇　検	10	0.10	木　製	139.1	2.57	
	田　検	2	0.01	竹　製	202.0	2.70	
	湯　湾	2	0.00	木　製	198.3	1.59	
未設置	石　良	0	―				
	阿　室	0	―				
	平　田	0	―				
集落間	湯湾-田検	9		木　製	198.0	2.86	先端にオレンジテープ
	田検-芦検	22		木　製	171.5	3.59	ピンク色の紐，先端に赤ビニールテープ
	平田-佐念	11		木　製	160.0	1.59	先端にオレンジテープ

（現地調査により作成）

　宇検村の14集落のうち、芦検・生勝・宇検・久志・佐念・須古・田検・名柄・部連・屋鈍・湯湾の11集落に用心棒が設置されている（**図12-6**）。用心棒は主に集落内に分布しているが、集落と集落をつなぐ道路に設置される例もある。用心棒は人間がハブと遭遇する可能性がある場所でこそ必要であるため、歩行者の通行が多い道路にも設置される。用心棒の設置本数は、全集落の平均で23.6本であるが、名柄には93本も設置されている（**表12-2**）。次いで、芦検に34本、佐念に32本、屋鈍に30本、須古に29本が設置されている。用心棒が多く設置される集落は、芦検をのぞいて焼内湾の南岸に分布する。

　住民1人当たりの用心棒の本数では、佐念の0.91本／人が最も多い。佐念では各住民が1本ずつ用心棒を備えていることになる。佐念に続いて名柄が0.70本／人、屋鈍が0.58本／人である。用心棒の設置が、ハブの棲息やハブに対する関心の高さを示すものであるとすると、これらの3集落はハブとの関わりがとくに濃厚であることが考えられる。一方、部連・生勝・須古・久志・芦検・宇検・田検・湯湾は、いずれも0.30本／人を下回る。さらに、阿室・石良・平田の3集落には用心棒が設置されていない。

2.　用心棒の設置と管理

　用心棒は個人ではなく、集落の共同作業で採取・製作・設置されてきた。そのため、用心棒の規格は集落によって大きく異なるものの、集落内部では統一されている（**表12-2**）。名柄では、毎年5月頃に区長と集落の青壮年団員が用心棒となる木を集落の共有林から伐採し、夏季に前年に使っていた用心棒と交換する。集落で設置するのは主に道路であり、個人の家屋の敷地内には前年に集落で使っていた用心棒を再利用して置いている場合もある。そのため名柄では同じ家に何本も用心棒がある家がみられる。近年では住民の高齢化が進み、用心棒に使う木の伐採が困難になった集落もある。佐念では農業用の支柱を用心棒として使用している。また、石良では1965年頃まで集落での用心棒設置を行っていたが、ハブの個体数が減少したことや、半専業的なハブ捕獲者（以下、ハブハンターとする）が存在するため、現在は設置していない。生勝と久志では、通学路にハブが出ないように、ミチサネを実施している[28]。生勝では4～5月に青年団が木を切り、棒の長さを6尺にそろえて設置する。用心棒の材はシイノキであり、先を削り「用心棒」と書いたものが家屋の門前やゲッキツの生垣に立てられている。道路以外の家屋敷地内に設置された用心棒の管理は、各家庭に任されている。

　図12-6・**表12-2**から、集落間をつなぐ道路に分布する用心棒の存在が注目される。集落域以外では、湯湾－田検－芦検間の道路、平田－佐念間の道路の一部に用心棒が分布している。このうち、湯湾－田検－芦検の道路では、用心棒が約80m間隔で設置されている。この区間に設置されている用心棒は、長さ約2m、平均の直径2.86～3.59cmの木製である。先端には目印としてオレンジまたは赤色のビニールテープが巻かれている。田検には宇検村立田検小学校および田検中学校があり、須古・湯湾・芦検からも子どもたちが通学している。通学路に設置された用心棒は、子どもたちがハブに遭遇した際に使用される。田検－芦検間では芦検のPTA、田検－湯湾間では田検の老人会が設置している。このことから、子どもたちの安全を確保するために、集落住民が組織的に用心棒を設置していることがわかる。

　用心棒によるハブ対策は集落単位が基本である。個人による用心棒設置は、ハブの個体数が多いとされる集落に見られるが、高齢化が進んだ集落や、ハブハンターが居住する集落では、個体

数にかかわらず設置数が少ない。

V　資源としてのハブ利用

1.　宇検村におけるハブ買上げとハブハンターの活動

　ハブの捕獲に集落ごとの割り当てがあった当時、捕獲したハブをそうめんの箱に入れ、集落のアシャゲのガジュマルにつるしておいた[29]。現在の宇検村役場には、買上げたハブの一部を保健所に引き渡すまで一時保管する施設がある。村では、ハブの啓発のためにこの施設を「蛇・みぃじゃー」と名づけて、生きたハブを村民に公開している(**写真 12-2**)。

　1954 年に開始されたハブの買上げ制度は、ハブ駆除のためのインセンティブである。この制度を利用してハブ捕獲を現金収入源とするハブハンターが出現した。一般の住民にとっても、ハブ捕獲を収入の補助的手段とする考えは根づいており、自家用車のトランクに捕獲用のハブ棒とハブ保管箱を常備する住民は多い。しかし 2014 年度のハブ買上げ価格の引き下げは、かれらをハブ捕獲から遠ざけるきっかけとなった。1 頭6000 円で買上げられていた 1990〜95 年度には、ハブ捕獲の経験が浅い住民も報奨金を目当てに捕獲に勤しんだ。この時期に買上げ数は増加したが、咬傷者数は必ずしも減少せず、むしろハブ捕獲の際に被害に遭う住民が増加した。県・市町村は、増えすぎたハブ捕獲者と住民の安全を考慮し、買上げ価格の引き下げに踏み切った。住民によるハブ駆除を奨励する現行制度については、公衆衛生政策からの賛成と生態系の撹乱の観点からの反対論、咬傷の危険性を指摘する声が存在する[30]。

　ハブハンターの活動を明らかにするため、2015 年 6 月 29 日〜7 月 4 日にハブハンター 3 名、SG 氏(湯湾集落)、WH 氏(田検集落)、TS 氏(須古集落)への聞き取り調査、およびハブ捕獲の参与観察を実施した。2013 年度の宇検村における集落別ハブ買上げ実績を**表 12-3** に示す。2013 年度における宇検村のハブ買上げ数は 1785 頭であり、宇検村の人口が 1843 人であるこ

写真 12-2　宇検村役場の展示施設「蛇・みぃじゃー」
(2015 年 7 月、橋本　操撮影)

表 12-3　宇検村における集落別ハブ買上げ実績(2013 年度)

集落	頭数	頭数／人口	持込み回数	提供者数(人)
湯湾	827	1.83	349	27
須古	225	1.09	89	11
平田	156	1.77	73	8
名柄	148	1.10	89	13
佐念	115	3.29	73	4
部連	87	2.72	42	3
阿室	58	0.87	38	8
芦検	50	0.19	43	14
宇検	40	0.41	34	13
田検	30	0.18	27	9
屋鈍	19	0.32	17	6
久志	15	0.34	11	5
生勝	8	0.13	7	3
石良	7	0.07	7	5
合計	1785	0.97	899	129

(宇検村役場資料により作成)

とから、人口1人当たりのハブ提供数は0.97頭である。なかでも、宇検村役場の資料によると、湯湾のSG氏は2013年度に406頭のハブを捕獲し、118回保健所に持ち込んでいる。また、SG氏はハブの活動が低下する12〜2月にかけても26頭捕獲している。この時期に集落内に出没するハブは少ないため、SG氏はハブを捕獲するために山中に赴いていることがうかがえる。SG氏のハブ捕獲収入は年間120万円を超える計算となる。

　須古・平田・佐念・部連においても、1人で100頭前後のハブを捕獲している住民がいるが、かれらの捕獲時期はハブの活動が活発になる3〜7月に集中する。かれらの活動は、現金収入とともに、住民をハブ咬傷から守ることを目的としていると考えられる。須古のTS氏は、須古や他の集落の区長よりハブ捕獲の依頼を受けている。TS氏は、自宅のある須古集落周辺でハブを捕獲している（**図12-7**）。TS氏は基本的に集落周辺を中心に、林道を通って一部山林にも入りながら夜間に車で見回っている。20時頃に1時間ほど集落周辺を探索し、一度帰宅した後22時頃に再び出かける。TS氏はハブの捕獲経験から、気温や天気などからハブが出る日を推測している。2015年は約18日間で40〜50頭のハブを捕獲したこともある。TS氏によれば、危険を冒して山中に入らなくても、集落周辺で無視できない金額になるほどのハブを捕獲することが可能、とのことである。

　田検のWH氏は、河内川河口の干拓地でマンゴーを栽培するかたわら、ハブ加工品の製造販売を行っている。製品原料の確保が彼の目的である。WH氏は4〜6月を中心に年間約100頭のハブを捕獲する。捕獲範囲は瀬戸内町や大和村まで及ぶ。捕獲の時間帯は20〜21時で、気温や天気、潮の満ち引きなどからハブの行動を推測している。WH氏の活動の結果、田検ではハブの生息が減少し、田検における用心棒設置数の減少につながっている。

　ハブハンターの活動目的は、副収入確保・集落の安全確保・商品原料の確保、と異なるが、結果として集落でのハブの減少に貢献している。捕獲されたハブは、保健所に買上げられた後、一部はハブ血清の製造に使用されるが、一般向けのハブの製品のために払い下げられる。

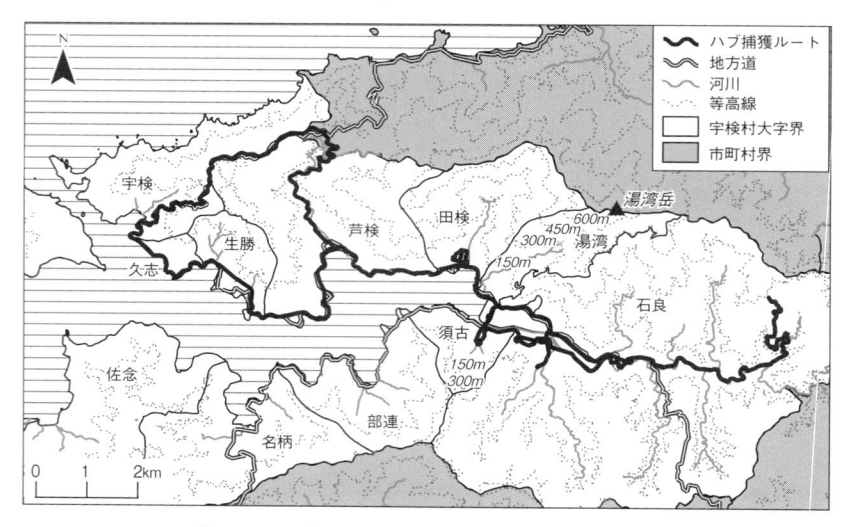

図12-7　ハブハンターTS氏の行動範囲（2015年7月）
（GPSによる実測により作成）

2.　商品としてのハブ

　奄美大島で捕獲されているハブは、一部はハブ血清の製造に使用されているが、他に一般向け
のハブ製品の加工に利用される。奄美大島でのハブ製品の販売は、1935（昭和10）年頃に旧名瀬
町で副業的にハブを捕り、乾燥ハブや粉末を旅館などに販売する商人が現れたことに始まる[31]。
日本復帰後の1954年からハブ買上げ制度が開始され、本格的にハブを捕獲する人が現れると、
ハブ製品の加工技術が発展した。1957年頃からハブ独特の模様を生かし、名瀬市の土建業経営
者であるNT氏を中心に、皮細工の製作が始まった。NT氏は、ハブ皮を鞣し、ネクタイや草履
を試作して高い評価を受けた。1960年には「N物産」を設立し、ハブ加工事業を本格的に開始し
た。当時はハンドバッグやベルト、がま口、草履などが主な製品であったが、製作過程で使用す
る台紙や牛革の入手が困難であったため、加工できる数に限りがあった。しかし、買い求める人
が後を絶たず、生産が追い付かないほどであった。

　現在、保健所はハブ製品の加工製造販売業者（以下、業者とする）へ入札によりハブを払い下げ
ている。入札に参加する条件は、①毎年履歴書を提出すること、②1年以上業務実施実績がある
こと、③奄美大島・徳之島内に拠点があり、ハブをすぐに取りに来られること、であり奄美大島・

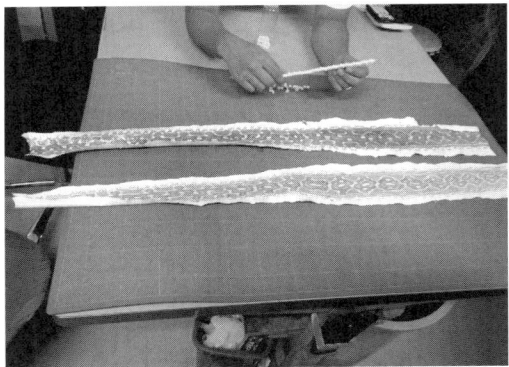

写真 12-3　H屋におけるハブ製品の展示販売と製作
（左：2015年6月、白井海斗氏撮影、右：2015年7月、橋本　操撮影）

写真 12-4　AKHセンターにおけるヘビ類の展示と生きハブのショー
（2015年6月、橋本　操撮影）

徳之島以外の業者は実質的に参入できない。現在、奄美大島の業者は3社のみである。

　N物産に代わり、現在名瀬永田町ではHM氏が1948年に開業した「H屋」が、ハブ加工品を製作している（**写真12-3**）[32]。H屋は開業当時、ハブの乾物・粉末・油を主な商品としていたが、1968年から小物やアクセサリーを主力商品とした。H屋では、住民が捕獲したハブを大きさに応じた価格で買上げている[33]。買上げたハブは、商品の製造、展示、ショーで用いられている[34]。また、代表取締役のHT氏が「ハブと愛まショー」というパフォーマンスを1日に3回開催している。このショーでは、ハブの生態や咬傷者の事例などが説明され、ハブに咬まれた時に用いるハブ毒吸引器の使用方法が示されるほか、HT氏によるハブ捕獲の実演を観覧できる。

　奄美市名瀬長浜町のAKHセンターは、和歌山県出身のNE氏が1974年に設立した。この施設は、生物としてのハブに焦点を当て、観光客にハブの生態を理解してもらうことに重点を置く。そのため、館内ではハブ胆などの保健食品、ハブ酒やハブ加工品の販売にとどまらず、国内外の蛇類の飼育展示（**写真12-4**）や、「ハブとマングースの決闘」を観覧できた[35]。生きたハブを用いたショーは、H屋の「ハブと愛まショー」においても実施されているが、「ハブとマングースの決闘」では、水槽の中に入れられたハブとマングースが生死をかけて戦う日本で唯一の観光施設として、観光客が多く訪れるきっかけとなった。AKHセンターでは、2012年4月まで「ハブとマングースの決闘」に使用するハブを住民から買上げていたが、同年5月にショーが廃止となって以降は、飼育展示用のハブを入れ替える際に買上げるのみである。

　宇検村田検のW農園では、個人でハブ油・ハブ粉を製造している。代表のWH氏は、宇検村農業委員会委員長・商工会理事を務める傍ら、ハブハンターとしても活動している。加工品に使用されるハブは、WH氏が自ら捕獲したものも利用している。主な商品は、切り傷・やけどなどに効果があるハブ油や、ハブの身と骨を粉末状に加工し、滋養強壮に優れたハブ粉などであり、いずれも自社作業場で製造されている。W農園で製造されたハブ商品は、インターネットショッピングでも購入することができる。

　奄美大島では、毎年ハブによる咬傷被害が発生しており、住民にとっては「ハブは危険な生物である」という認識が定着している。その反面、H屋などの業者によって製造されるハブ商品は、奄美らしさに富んだ土産物として本土からの観光客に受け入れられ、奄美大島の工芸品としての地位を築いている。H屋の「ハブと愛まショー」やAKHセンターなどで行われているハブの展示は、ツーリズムのアトラクションとして機能している。奄美大島において、ハブは島民の生活を脅かす存在であるとともに、観光を中心とする産業の基盤となっている。元々ハブ買上げ制度は、ハブを撲滅するために実施されてきたが、捕獲時にハブに咬まれる被害者が増加したため、撲滅はあきらめざるを得なかった。しかし、ハブと人間が棲み分けるという点では、集落周辺からハブを取り除くことに成功している。ハブの商業的利用は、ハブ買上げ制度が開始されたことで副産物的に生じたが、ハブを撲滅してしまうと利用できなくなる。そのため、業者が限定的であり、結果的に持続的に利用できるだけの捕獲・利用にとどまっていると考えられる。

Ⅵ　奄美大島におけるハブへの人びとの対応

　奄美大島におけるハブと人の関係は、**図12-8**のように整理できる。
　かつては、ソテツ採取・大規模な開墾・燃料となる薪等の採取・建築材の伐採などの山林作業

が活発に行われていたが、現在ではほとんど山林に入ることがなくなった。そのため、ハブと人の接触は、主に集落で発生している。行政はマングースによる生物的防除やハブ買上げ制度によりハブの撲滅を試みたが、上手くいかなかった。マングースによる撲滅対策は奄美大島の自然環境を破壊し、農作物被害が生じたため、現在はAMBが駆除している。ハブの捕獲はハブに咬まれる危険性が高く、ハブの撲滅は困難であるため、結果的に奄美大島の人びとは集落内からハブを取り除き、人間の生活空間とハブの生息空間を分割する棲み分けを選択した。行政は血清・講習会・買上げ制度といった対策を組み合わせて、咬傷被害の防止に努めている。ハブ買上

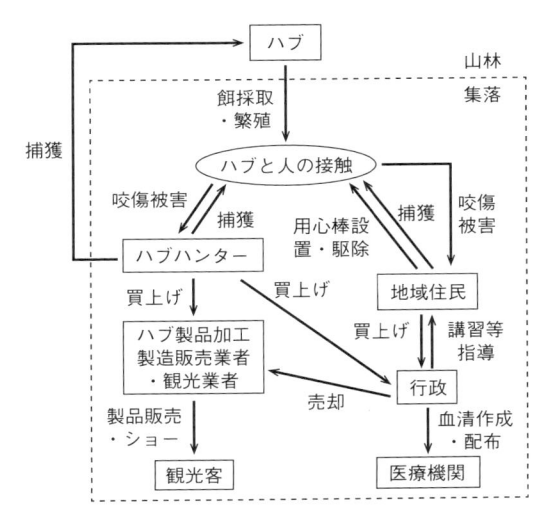

図 12-8　奄美大島におけるハブと人の関係構造

げ制度により、ハブの個体数・咬傷被害ともに減少させることに成功している。一方で、ハブ取り扱い中にハブに咬まれる被害は毎年一定数あり、被害はなくならない。地域住民は、従来同様にハブを怖いものとみなし、人間の生活圏とハブの行動圏を棲み分ける手段として用心棒を設置し、生活圏における駆除を継続している。

　奄美大島における経済の困窮、ハブ買上げ制度による捕獲奨励により、半専業的なハブハンターが現れた。ハブハンターや地域住民が捕獲したハブは、基本的に行政が買上げ、一部は血清の製造に使用し、残りは捕獲したハブを商品として利用する観光業や、ハブ製品の加工製造販売業者へ払い下げられる。業者が作った製品やショーは、奄美らしいものとして観光客へ提供される。

　以上のように、奄美大島におけるハブへの人びとの対応は、ハブ被害を怖いものとして人間の生活圏とハブの行動圏を棲み分ける対策を講じてきた一方、経済的利益の源泉としてハブを利用するという複雑な関係性ができあがっている。ハブを撲滅することが困難なため、奄美大島の人びとは棲み分けによるハブとの空間的な分離を選択した。加えてハブの商業的利用は、ハブの撲滅が困難なら、むしろ集落へ出没するハブを利用してやろう、という奄美大島の人びとの自然環境に対するたくましさの表れだといえる。

　商業的目的でのハブ捕獲が増加すれば、ハブの個体数は減少する。ハブ買上げ制度の単価引き下げ、捕獲が集落周辺を中心に限定的であること、ハブ市場に参加できるのは奄美大島および徳之島の業者に限定されていることから、ハブの乱獲は防がれている。しかし、ハブ捕獲事業によるハブの個体数の減少が生態系に与える影響については、現在のところ明らかになっていない。さらにマングースの導入の失敗事例は、ハブ以外の在来種への影響などについて検討せずに、安易に自然環境に人間が手を加えることへの警鐘と受け止めることができよう。ハブの生息状況や生息環境の分析は今後も課題であり、ハブの個体数や餌となるネズミの個体数に関するモニタリング調査研究の継続が求められる。

＜注および文献＞

1) ①沢井芳男・川村善治・海老沢功・鈴木重任・小此木　丘・本間　学・三橋　進・田中　寛・外間善次・山川雅延・屋嘉　勇「1964 年の奄美大島および沖縄におけるハブ咬症の現況について」熱帯医学会報 7-2、1966、18-24 頁。②沢井芳男・川村善治・福山民夫・加藤孝一・海老沢　功・鎮西　弘・小此木　丘・本間　学・福島英雄・外間善次・山川雅延・屋嘉　勇・世嘉良直・大西弘道・宮城英雅・大宜味　肇「1965 年より 1967 年にわたる奄美大島及び沖縄におけるハブ咬症の現況について」熱帯 3-10、1968、56-70 頁。

2) ①佐々　学・田中　寛・和田芳武・利岡静一・川井順志・元井悦郎・昇　善久・小熊　讓・大島正光・池田研二・小野継男・松下仁六「報告書　奄美大島におけるハブの生態に関する研究(昭和 45 年度)」熱帯 5-3、1971、166-174 頁。②佐々　学・田中　寛・和田芳武・石井　明・利岡静一・鈴木　博・元井悦郎・昇　善久・川井順志・池田研二・大島正光・山岸　宏・小野継男・田中弘美「報告書 —— 奄美大島におけるハブの生態に関する研究(昭和 46 年度) —— 」熱帯 6-3、1972、121-132 頁。③佐々　学・田中　寛・和田芳武・松田　肇・鈴木　博・昇　善久・川井順志・池田研二・岩사矩成・大島正光・小野継男・松下仁六「報告書 —— 奄美大島におけるハブの生態に関する研究(昭和 47 年度) —— 」熱帯 7-2、1972、87-96 頁。

3) ①平岩馨邦・太田嘉四夫・宇田川竜夫・佐藤淳夫・松井孝爾・内田照章「奄美群島生物調査報告 —— 特に鼠と蛇との関係を追及して —— 」九州大学農学部学芸雑誌 16-4、1958、525-546 頁。②三島章義「ハブに関する研究 —— Ⅰ. 奄美群島産ハブの食性について —— 」衛生動物 17-1、1966、1-21 頁。

4) ①水上惟文・小野継男・中本英一「奄美大島におけるハブ捕獲数の周期的変動」爬虫両棲類学雑誌 7-4、1978、81-84 頁。②水上惟文・藤井光昭・田中　満「奄美大島におけるハブ捕獲数の周期的変動(第二報)」爬虫両棲類学雑誌 8-3、1980、95-99 頁。③服部正策「ハブ —— その現状と課題 —— 」南太平洋海域調査研究報告 36、2002、15-21 頁。

5) ①竹中　践・森口　一「ハブの生殖履歴による生殖状況分析」(国土交通省鹿児島県生身ハブ生態・環境研究会『平成 25 年度　ハブとの共存に関わる総合調査事業報告書』2013) 51-54 頁。②竹中　践・森口一「生殖の状況に関する卵巣分析調査」(国土交通省鹿児島県生身ハブ生態・環境研究会『平成 26 年度ハブとの共存に関わる総合調査事業報告書』2014) 44-46 頁。

6) 前掲 4) ③。

7) 前掲 4) ①。

8) 前掲 3) ②。

9) 千葉徳爾・小野寺　淳「奄美大島のハブ咬害」東北地理 30-3、1978、117-125 頁。

10) 水上惟文「奄美諸島におけるハブ属の生理・生態」爬虫両棲類学会報 2004-1、2004、11-17 頁。

11) 名越左源太「南島雑話」(宮本常一・原口虎雄・比嘉春潮編『日本庶民生活史料集成 第 1 巻』三一書房、1968) 3-115 頁。

12) 前掲 9)。

13) 捕獲したハブの首を切り、区長にもっていくと米を 1 升もらえた。これをイッショウガマチといった。

14) 前掲 9)。

15) ハブ血清は、体内のハブ毒を無害化させるために、医療機関等で咬傷者に投与される。血清の投与が早いほど、後遺症などのリスクを減らすことができる。現在は、ハブから抽出した毒液を「血清馬」に少量注入し、半年～1 年かけて馬の体内でできた抗体を「血清」として精製したものが、各医療機関等へ配布されている。

16) 前掲 9)。

17) 前掲 9)。

18) ①皆村武一「奄美群島振興開発事業と奄美経済社会の変容」島嶼研究 3、2002、17-45 頁。②大城郁寛「戦後復興期における後進地域開発政策 —— 奄美群島復興計画について —— 」琉球大学経済研究 70、2005、17-43 頁。

19) 前掲 10) によると、インフルエンザの予防接種と同様に、あらかじめハブ毒に対する抗体を人がもって

いれば、もしハブに咬まれても二次応答で軽く済み、治療までの時間を稼ぐことができるという考えである。

20) 谷川健一編『蛇（ハブ）の民俗』三一書房、1998。

21) 鹿児島県大島支庁総務企画課編『奄美群島の概況　平成 23 年度』2012。

22) 前掲 9)。

23) 県からの補助金に加え、同額を市町村も支出することになっている。2014 年度以降は、県と市町村から 1500 円ずつ支給され、1 頭 3000 円となっている。

24) 「粗毒確保のための生きハブ買上げ事業」で住民から買上げたハブから抽出した毒液を血清馬に注入し、馬の体内で作られた抗体を精製して、血清として各医療機関へ配布する事業が「はぶウマ抗毒素の購入配備」である。

25) 同施設ではハブ教室を開催するために特定動物の許可を得て生きハブを飼育しており、保管施設外に持ち出す際には県知事に「特定飼養施設外飼養・保管届出書」を提出し、小中学校で生きハブの捕獲実演をしている。

26) 2005 年からは環境省による外来生物防除事業が実施されている。

27) 鹿児島県大島支庁総務企画課編『奄美群島の概況　平成 28 年度』2017。

28) ミチサネは道端の雑草を焼き払うことを指す。

29) アシャゲは、集落にある祭祀施設である。

30) 前掲 4) ③、前掲 9)。

31) 越間　誠『奄美 静寂と怒濤の島 —— 日本復帰から平成への記録 ——』南方新社、2002。

32) H 屋創業者の HM 氏は、優秀なハブハンターであり、ハブ捕獲棒の考案などハブ対策の技術向上に貢献した功績から、2001 年にハブ撲滅推進協議会より感謝状が贈られた。

33) H 屋では、住民が捕獲したハブを、600 g から買上げている。価格は 600 ～ 699 g が 3000 円、700 ～ 799 g が 4000 円、800 g ～ が 5000 円である。

34) 生きたハブを飼育展示する場合は、特定動物の許可が必要である。

35) 動物愛護の観点から、ハブとマングースの決闘は 2012 年 5 月より禁止され、現在はビデオ上映のみとなっている。なお、決闘後死んだハブは皮製品などに再利用されていた。

（橋本　操）

索　引

配列は 50 音順。現地読みの項目には読みを付した。

執筆者（執筆順、*印は監修者、**は編者）

*平 岡 昭 利 （Hiraoka Akitoshi）下関市立大学 名誉教授

**須 山 聡 （Suyama Satoshi）駒澤大学文学部 教授

山 元 貴 継 （Yamamoto Takatsugu）中部大学人文学部 准教授

荒 木 一 視 （Araki Hitoshi）立命館大学食マネジメント学部 教授

淡 野 寧 彦 （Tanno Yasuhiko）愛媛大学社会共創学部 准教授

植 村 円 香 （Uemura Madoka）秋田大学教育文化学部 准教授

**宮 内 久 光 （Miyauchi Hisamitsu）琉球大学国際地域創造学部 教授

中 條 曉 仁 （Nakajo Akihito）静岡大学教育学部 准教授

**助 重 雄 久 （Sukeshige Takehisa）富山国際大学現代社会学部 教授

筒 井 裕 （Tsutsui Yu）帝京大学文学部 准教授

髙 橋 昂 輝 （Takahashi Koki）香川大学経済学部 講師

麻 生 将 （Aso Tasku）立命館大学文学部 助教

橋 本 操 （Hashimoto Misao）愛知工業大学地域防災研究センター ポストドクトラル研究員

Research into People, Life and Industry of the Japanese Islands VI

<ruby>離島研究<rt>りとうけんきゅう</rt></ruby> **VI**

発 行 日 ———— 2018 年 10 月 1 日　初版第 1 刷

定 価 ———— カバーに表示してあります

監 修 者 ———— 平 岡 昭 利

編 者 ———— 須 山　　聡

宮 内 久 光

助 重 雄 久

発 行 者 ———— 宮 内　　久

 海青社　Kaiseisha Press

〒520-0112　大津市日吉台2丁目16-4
Tel. (077) 577-2677　Fax (077) 577-2688
http://www.kaiseisha-press.ne.jp
郵便振替　01090-1-17991

離島研究シリーズ

　離島の多くは、深刻な過疎化と高齢化に直面しているが、意外にも、人口増加を続ける島、人口を維持しながら活発な生産活動を続けている島もある。豊かな自然を活かした農業、漁業、観光の島、あるいは造船業、採石業の島など実に様々である。本シリーズは地理学的アプローチによって多様性をもつ島々の姿を明らかにしようとしたものであり、現代島嶼論の方向を示すものである。

離島研究 I

平岡昭利 編著

Ｂ５判・218頁・定価［本体2,800＋税］円・2005年第2刷・ISBN978-4-86099-201-9

離島研究 II

平岡昭利 編著

Ｂ５判・222頁・定価［本体 2,800 +税］円・2005 年刊行・ISBN978-4-86099-212-5

離島研究 III

平岡昭利 編著

Ｂ５判・220頁・定価［本体 3,500 +税］円・2007 年刊行・ISBN978-4-86099-232-3

離島研究Ⅳ

平岡昭利 編著

Ｂ５判・211頁・定価［本体3,500＋税］円・2010年刊行・ISBN978-4-86099-242-2

離島研究Ⅴ

平岡昭利・須山　聡・宮内久光 編著

Ｂ５判・244頁・定価［本体3,700＋税］円・2014年刊行・ISBN978-4-86099-292-7